全国教育科学"十三五"规划2016年度教育部青年专项课题"基于卓越小学教师培养的双导师制长效机制研究"（课题批准号 EIA160450）

# 教师教育双导师制
# 长效机制的理论与实践研究

邹吉林　著

中国商务出版社

**图书在版编目(CIP)数据**

教师教育双导师制长效机制的理论与实践研究 / 邹
吉林著. —北京：中国商务出版社，2021.9
ISBN 978-7-5103-3967-7

Ⅰ.①教… Ⅱ.①邹… Ⅲ.①师资培养—研究 Ⅳ.
①G451.2

中国版本图书馆 CIP 数据核字(2021)第 187046 号

教师教育双导师制长效机制的理论与实践研究
JIAOSHI JIAOYU SHUANGDAOSHIZHI CHANGXIAO JIZHI DE
LILUN YU SHIJIAN YANJIU

邹吉林　著

| 出版发行 | 中国商务出版社 |
| --- | --- |
| 社　　址 | 北京市东城区安定门外大街东后巷 28 号　邮政编码：100710 |
| 网　　址 | http://www.cctpress.com |
| 电　　话 | 010—64212247(总编室)　　010—64218072(事业部) |
| | 010—64208388(发行部)　　010—64515210(零　售) |
| 排　　版 | 北京亚吉飞数码科技有限公司 |
| 印　　刷 | 三河市德贤弘印务有限公司 |
| 开　　本 | 710 毫米×1000 毫米　1/16 |
| 印　　张 | 16.25 |
| 版　　次 | 2022 年 4 月第 1 版　　　印　　次　2022 年 4 月第 1 次印刷 |
| 字　　数 | 291 千字　　　　　　　　　定　　价　78.00 元 |

# 前　言

　　"国将兴，必贵师而重傅。"进入新时代，我国教师规模不断扩大。最新统计数据显示，截至 2021 年 9 月，我国教师总数已达 1792.97 万人，比 2020 年增加 60.94 万人，增幅约为 3.52％。鉴于 2020 年开展的第七次全国人口普查结果显示，大陆地区人口总体规模达到 14.1 亿人，通过平均计算可知，大约每 78 人中就有一位教师。"三尺讲台系国运"，正如习近平总书记寄语广大教师："今天的学生就是未来实现中华民族伟大复兴中国梦的主力军，广大教师就是打造这支中华民族'梦之队'的筑梦人。"足见教师职前培养与职后培训等教师队伍建设，于新时代、于中国梦意义之重大。

　　就职前教师培养而言，卓越教师培养计划是新时代教师教育振兴行动的重要举措之一。基于此，本书以教育部卓越教师培养计划承担单位 L 大学为案例，以提升卓越教师培养质量的重要抓手——双导师制为研究对象，使用定性与定量的混合方法，从理论与实践两个层面、国内和国际两种视角，系统探讨了职前教师培养过程中常用的双导师制的理论模型、国外先进经验、实施情况与效果评价，在理论梳理、国际比较与实践探索的三大基础之上，深刻总结并尝试构建教师教育双导师制的十大长效机制。

　　第一章概述了导师制与双导师制的概念、历史渊源，简要介绍了导师制与双导师制在国内外职业教育、工商教育、医护教育中的实施与研究现状，重点介绍了其在教师教育领域的实施情况、分类、优缺点以及新形势与新发展。

　　第二章详细梳理了教师教育导师制的十大理论模型，包括社会建构主义理论、社会学习理论、文化—历史活动理论、定位理论、合作反思理论、榜样学习理论、五因素指导模型、整合指导理论、整体指导理论模型、职前职后指导连续体理论。每一种理论模型都概述了其在教师教育领域中的主要理论主张和观点，并进一步阐述了其对于教师教育研究与实践的重要意义。

　　第三章为本研究的主体部分，通过在 L 大学的行动研究和案例研究，使用问卷调查法和访谈法，实证而系统地考察了教师教育双导师制在 L 大学的实施现状与多次改进过程。经过了双导师制的摸索期、落实期与完善期，L 大学扎实推进，逐步形成了一系列常态化的长效机制，但仍有尚需进一步完善之处。

第四章从比较教育视角,综述了发达国家和地区关于教师教育导师制与双导师制的众多前沿研究,高度总结了这些教师教育先进国家在双导师制长效机制探索上值得我们学习和汲取的有益经验。

第五章为本研究的重中之重,基于上述理论与实证研究,详细而全面地设计了教师教育双导师制的十大长效机制,具体包括双导师遴选分配机制、职责分工机制、身份认同机制、培训准备机制、沟通协作机制、指导落实机制、监督推进机制、考核评价机制、质量保障机制、激励惩罚机制。

本书系全国教育科学"十三五"规划 2016 年度教育部青年课题"基于卓越小学教师培养的双导师制长效机制研究"(课题批准号 EIA160450)的成果。

拙作付梓之际,感激之情溢于言表。因我校学科发展和团队建设需要,我由认知神经科学研究转向教师教育与教师心理研究,个人研究道路转型之痛苦,恰如研究范式转换之艰难。一方面,这是本课题延期的重要原因;另一方面,这一历史机遇也为个人成长提供了难得的另一种可能。因此,首先要感谢母校临沂大学对人才的培养和珍视,一路走来,我有幸见证并参与了母校的高速发展。还要感谢持家有道的爱妻,能让我远离柴米油盐而专心科研,妻贤如此,夫复何求?感谢父母和岳父母,你们的耳提面命,儿铭记在心。更要感谢帮助和鼓励我转型的领导长辈和良师益友,包括李中国教授、张洪高教授、马晓春教授、张震教授、李树军教授、赵金霞教授、曹彦杰教授、张文娟教授、胡青教授、姜开岩副教授、白金山书记、魏元栋书记,以及教师教育研究省级人才团队成员。帮助过我的导师、同事还有很多,在此一并感谢,如有遗漏,敬请原谅。没有你们的赏识提携与支持帮助,就没有这本书的顺利出版。

在本书写作过程中,我深感教师教育研究对大学教务管理经验和领导能力要求较高,若缺乏教师教育相关领导管理经验,则对做出来的研究、写出来的文字总会感觉信心不足。因此,管理经验有限的我也深知错误在所难免,还请各位专家贤达和同行朋友不吝赐教,金玉良言请发至电子邮箱:zoujl@lyu.edu.cn,定虚心接受、知错必改。

作　者

2021 年 9 月

# 目　录

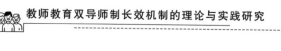

# 绪　论

如何有效地培养高质量的卓越教师？这一新时代教师教育研究主题吸引了众多研究者探索，虽然谜题尚未解开，但毋庸置疑，双导师制是其中一个重要答案。双导师制的具体模式与实施细节虽有争议，但双导师制手段有效，这少有争论，并在近年来已写入包括教师教育、工程教育、职业教育、农业教育、医学教育等各类人才培养的教育政策文件中，详见下表。

**近 20 年来推广实施"双导师制"的部分人才培养教育政策汇总表**

| 时间 | 政策名称 | 发文字号 | 双导师制表述 |
|---|---|---|---|
| 1999.1.20 | 关于制订在职攻读工程硕士专业学位研究生培养方案的指导意见 | 学位办〔1999〕7 号 | 学位论文由校内具有工程实践经验的导师与工矿企业或工程部门内经单位推荐的业务水平高、责任心强的具有高级技术职称的人员联合指导。来自企业的导师由学校按程序办理聘任手续 |
| 2007.3.30 | 关于下达《翻译硕士专业学位设置方案》的通知 | 学位〔2007〕11 号 | 可以实行双导师制，即学校教师与有实际工作经验和研究水平的资深译员或编审共同指导 |
| 2007.5.9 | 国务院办公厅转发教育部等部门关于教育部直属师范大学师范生免费教育实施办法（试行）的通知 | 国办发〔2007〕34 号 | 要安排名师给免费师范生授课，选派高水平教师担任教师教育课程教学，建立师范生培养导师制度 |
| 2009.3.19 | 教育部关于做好全日制硕士专业学位研究生培养工作的若干意见 | 教研〔2009〕1 号 | 建立健全校内外双导师制，以校内导师指导为主，校外导师参与实践过程、项目研究、课程与论文等多个环节的指导工作 |

续表

| 时间 | 政策名称 | 发文字号 | 双导师制表述 |
|---|---|---|---|
| 2010.7.29 | 国家中长期教育改革和发展规划纲要（2010—2020年） | 无 | 大力推进研究生培养机制改革，建立以科学与工程技术研究为主导的导师责任制和导师项目资助制，推行产学研联合培养研究生的"双导师制" |
| 2011.9.5 | 教育部、财政部关于实施幼儿教师国家级培训计划的通知 | 教师〔2011〕5号 | 倡导"双导师制"（为学员配备高校专家和一线优秀教师进行指导） |
| 2011.10.8 | 教育部关于大力推进教师教育课程改革的意见 | 教师〔2011〕6号 | 形成高校与中小学教师共同指导师范生的机制，实行双导师制 |
| 2011.10.14 | 科技部、人力资源和社会保障部、教育部、中国科学院、中国工程院、国家自然科学基金委员会、中国科协关于印发国家中长期科技人才发展规划（2010—2020年）的通知 | 国科发政〔2011〕353号 | 全面推行产学研合作教育模式和"双导师"制 |
| 2012.3.16 | 教育部关于全面提高高等教育质量的若干意见 | 教高〔2012〕4号 | 专业学位研究生实行双导师制 |
| 2013.3.29 | 教育部、国家发展改革委、财政部关于深化研究生教育改革的意见 | 教研〔2013〕1号 | 建设专兼结合的导师队伍，完善校所、校企双导师制度 |
| 2013.4.9 | 教育部办公厅、财政部办公厅关于做好2013年"国培计划"实施工作的通知 | 教师厅〔2013〕2号 | 落实"双导师"责任制 |

续表

| 时间 | 政策名称 | 发文字号 | 双导师制表述 |
|---|---|---|---|
| 2013.11.4 | 教育部、人力资源社会保障部关于深入推进专业学位研究生培养模式改革的意见 | 教研〔2013〕3号 | 大力推广校内外双导师制,以校内导师指导为主,重视发挥校外导师作用 |
| 2014.8.18 | 教育部关于实施卓越教师培养计划的意见 | 教师〔2014〕5号 | 实行高校教师和中小学教师共同指导师范生的"双导师制" |
| 2016.2.23 | 国务院学位委员会关于印发国务院副总理、国务院学位委员会主任委员刘延东同志在国务院学位委员会第三十二次会议上讲话的通知 | 学位〔2016〕4号 | 建立导师分类评聘、分类考核评价制度和岗位动态调整机制,完善校内外"双导师"制,优化导师队伍结构 |
| 2016.3.15 | 教育部、中华全国总工会关于印发《农民工学历与能力提升行动计划——"求学圆梦行动"实施方案》的通知 | 教职成函〔2016〕2号 | 建立校企双导师制 |
| 2016.3.17 | 教育部关于加强师范生教育实践的意见 | 教师〔2016〕2号 | 全面推行教育实践"双导师制"。师范生教育实践由举办教师教育的院校教师和中小学教师共同指导。举办教师教育的院校要安排数量足够的责任心强、教学经验丰富、熟悉中小学教育教学实践的教师,采取驻校指导、巡回指导和远程指导等多种方式进行有效指导。举办教师教育的院校要与地方教育行政部门、中小学协同遴选优秀教研员和中小学教师担任指导教师 |

续表

| 时间 | 政策名称 | 发文字号 | 双导师制表述 |
|---|---|---|---|
| 2018.5.4 | 关于制订工程类硕士专业学位研究生培养方案的指导意见 | 学位办〔2018〕14 号 | 导师指导是保证工程类硕士专业学位研究生培养质量的重要保障。培养单位应建立以工程能力培养为导向的导师组指导制,加强对工程类硕士专业学位研究生培养全过程的指导。导师组应有来自培养单位具有较高学术水平和丰富指导经验的教师,以及来自企业具有丰富工程实践经验的专家 |
| 2018.7.30 | 国务院办公厅关于转发教育部等部门教育部直属师范大学师范生公费教育实施办法的通知 | 国办发〔2018〕75 号 | 实行"双导师"制度,安排中小学名师、高校高水平教师给公费师范生授课 |
| 2018.9.17 | 教育部关于实施卓越教师培养计划 2.0 的意见 | 教师〔2018〕13 号 | 全面落实高校教师与优秀中小学教师共同指导教育实践的"双导师制",为师范生提供全方位、及时有效的实践指导 |
| 2019.5.14 | 教育部办公厅关于全面推进现代学徒制工作的通知 | 教职成厅函〔2019〕12 号 | 推广学校教师和企业师傅共同承担教育教学任务的双导师制度……完善双导师选拔、培养、考核、激励等办法 |
| 2021.7.26 | 教育部等九部门关于印发《中西部欠发达地区优秀教师定向培养计划》的通知 | 教师〔2021〕4 号 | 建立健全贯穿培养全程、与理论教学有机结合的实践教学体系,全面落实高校教师与中小学教师共同指导教育实践的"双导师制" |

　　就教师教育领域而言,双导师制尤其受到重视。2019 年 2 月 15 日,教育部举行《关于全面深化新时代教师队伍建设改革的意见》颁布一年来全国各地贯彻落实情况及下一步教师队伍建设改革思路发布会。

在教育部教师工作司司长任友群总结完一年来的落实情况之后,广东省肇庆学院教师教育学院院长肖起清热情介绍了肇庆学院振兴教师教育、推进新师范建设的举措和经验。肇庆学院创立了未来卓越教师"砚园班",形成了以双导师制等培养制度为内涵的卓越教师培养模式,"砚园班"每届毕业生已经成为用人单位最青睐的对象,已成为广东省师范生培养的品牌①。可见,在我国,双导师制已经成为卓越教师培养计划、教师教育振兴计划的重要组成部分,得到教师教育实践者及政策制定者的大力推广和落实。

肖起清院长所总结的"双导师制"卓越教师培养模式,事实上早在2014年8月《教育部关于实施卓越教师培养计划的意见》(以下简写为《意见》)中便作出了部署。《意见》指出,大力提高教师培养质量是当前我国教师教育改革发展最核心最紧迫的任务。其中,针对我国教师培养教育实践质量不高、见习实习实训等实践效果差这一普遍问题,《意见》有针对性地提出了"开展规范化的实践教学",包括实行高校教师和中小学教师共同指导师范生的"双导师制"②。该计划实施过半之时,在中期检查基础上,2018年9月《教育部关于实施卓越教师培养计划2.0的意见》出台,又进一步要求全面落实高校教师与优秀中小学教师共同指导教育实践的"双导师制",为师范生提供全方位、及时有效的实践指导③。正是在卓越教师培养计划逐步深入实施的这一大背景下,各省各校因地制宜地探索双导师制实施的不同细节模式,如广东省肇庆学院教师教育学院的经验模式。基于这一背景,本研究以L大学为案例,基于L大学的独特特点和现状调研数据,有针对性地验证并构建双导师制在遴选、实施、考评和激励等十大方面更加规范化、常态化的长效机制。

可见,双导师制的实施,是探索"三位一体"协同培养卓越教师的关键一环。换言之,在卓越教师培养背景下,双导师制的作用和地位愈发突出。但客观地讲,卓越教师培养仅是"六卓越一拔尖"计划这一高等教育人才培养改革重大举措的一部分,也呼应了当前我国高等教育"内涵建设"与"质量提升"的诉求。教师教育双导师制研究兴起,并成为政策热点

---

① 教育部介绍中共中央、国务院印发的《关于全面深化新时代教师队伍建设改革的意见》颁布一年来全国各地贯彻落实情况及下一步教师队伍建设改革思路,http://www.moe.gov.cn/fbh/live/2019/50256/twwd/201902/t20190215_369587.html

② 教育部关于实施卓越教师培养计划的意见,http://www.moe.gov.cn/srcsite/A10/s7011/201408/t20140819_174307.html

③ 教育部关于实施卓越教师培养计划2.0的意见,http://www.moe.gov.cn/srcsite/A10/s7011/201810/t20181010_350998.html

的背后,其深层次原因也许是当前整个高等教育领域本科生导师制研究语境和研究趋势所推动的。

本科生导师制并不仅局限于教师教育领域,是整个高等教育必不可少的组成部分。导师指导可能对所有专业和职业而言都是适用的,导师制应贯穿所有学科、所有专业。因此,本书先从导师制的相关概念及历史渊源开始,按照由导师制到双导师制、由高等教育再到教师教育的逻辑进行"解剖麻雀"式的细致梳理。

# 第一章　导师制与双导师制概述

学者必求师，从师不可不谨也。

——程颐

经师易得，人师难求。

——司马迁《资治通鉴》

引导我们踏上人生的旅程，导师是人生的向导。他们见识广博、经验丰富，值得信赖。在人生的道路上，他们充实我们的理想，照亮我们前行的道路，为我们解释神秘的征象，提醒我们小心诱人的陷阱，带我们发现沿途的惊喜。

——巴加 & 达洛茨①

## 第一节　相关概念的界定

"三人行，必有我师焉"，在我们的生活、学习与工作中都会遇到很多在某些方面事实上起到导师的作用的人，但严格来讲，他们并不符合导师的定义。因此，尽管对导师及导师制相关的某些概念尚有争议②，但对导师及导师指导下一个定义仍是必要的，有助于我们理解本书中所言的导师制的内涵和外延到底是什么。

### 一、导师与指导

导师（tutor）原义为监护人或保护者，中世纪后用于指教师（teacher）③。

---

① Bargar R. R. , Daloz L. A. Effective Teaching and Mentoring：Realizing the Transformational Power of Adult Learning Experiences[J]. *The Journal of Higher Education*，1988，59(4)：477.

② Franke，A. , Lars O. D. Conceptions of Mentoring：An Empirical Study of Conceptions of Mentoring during the School-Based Teacher Education[J]. *Teaching and Teacher Education*，1996，12(6)：627-641.

③ 应跃兴，刘爱生.英国本科生导师制的嬗变及启示[J].浙江社会科学，2009(3)：87-92＋128.

在佛教用语中,是指导引众生入于佛道者的通称。在高等教育领域,特指那些指导他人学习、进修,或撰写学术论文的教师或科研人员,例如研究生导师(mentor/supervisor/advisor)。细致的定义比较,参见表1-1。中文语境的"师",引申转义为老师、导师。又指榜样,如:能者为师。组词如:师傅,引申指对擅长某种技术的人的称呼,如:工程师、医师等①。

**表1-1 "导师"一词的含义汇总表**

| "导师"的定义 | 工具书来源 | 主编 | 出版时间 | 出版社 | 页码 |
|---|---|---|---|---|---|
| ①高等学校或科学研究机构中指导研究生等进修和撰写论文的人:我攻读博士学位时,李先生是我的~。②在大事业、大运动中指示方向、掌握政策的卓越的领导人:革命~ | 汉语倒排词典 | 郝迟,盛广智,李勉东 | 1987 | 哈尔滨:黑龙江人民出版社 | 679 |
| 英国高等学校实行导师制,学生入学后,由学校指定专人对学生担负教学和辅导责任,称为"导师"。导师通常指在高等学校或科学研究机关中指导人学习、进修、写作论文的人员 | 当代科学学辞典 | 向洪 | 1987 | 成都:成都科技大学出版社 | 131 |
| ①训导者,导师,教师,校长。②辅导医生 | 英汉科技大词库·第三卷 M-S | 黑龙江大学英语辞书研究室 | 1988 | 哈尔滨:黑龙江人民出版社 | 4920 |
| tutor,①家庭教师,私人教师,导师,指导教师。②助教。③监护人。④抑制,克制。⑤教,训练 | 英汉科技大词库·第四卷 S-Z | 黑龙江大学英语辞书研究室 | 1988 | 哈尔滨:黑龙江人民出版社 | 7067 |
| ①指导人进修、写学术论文等的教师或科研人员:他的~是一位著名的化学家\|在~的指导下,我们的实验终于成功了。②创立理论,掌握方针、政策等的领导者:革命~\|马克思和恩格斯是全世界无产阶级的伟大~ | 现代汉语常用词词典 | 张清源 | 1992 | 成都:四川人民出版社 | 67 |

① 高景成. 常用字字源字典[M]. 北京:语文出版社,2008.

续表

| "导师"的定义 | 工具书来源 | 主编 | 出版时间 | 出版社 | 页码 |
|---|---|---|---|---|---|
| 由专科以上学校导师制实施办法与中等学校导师制实施办法合并,于1981年修正发布,全文24条。其重点为:规定大学及独立学院新生入学时,应按其所属院系分为若干组,每组人数以20～40人为原则,每组设导师1人;专科学校应按其所属科别,每班设导师1人,均由校(院)长聘请讲师以上专任教师担任之。外籍学生另行分组,每组以10人为原则。中学每班设导师1人,由训导处从专任教师中提报校长聘兼之。同一年级在3班以上者,可设年级导师1人,由同一年级导师互选,报请校长聘兼之。各校专任教师均有担任导师的义务。各校导师对于学生的性向、兴趣、特长、学习态度及家庭环境等,应有充分的了解。对于学生的思想行为、学业及身心健康,依据各校训导计划,施以适应的指导,使其正常发展,养成健全人格。规定导师指导学生每周至少应有2小时为固定时间。导师以指导各班学生至毕业时为原则,尽可能不予更动 | 中国成人教育百科全书·心理·教育 | 林崇德,姜璐,王德胜主编;李春生分卷主编 | 1994 | 海口:南海出版公司 | 422～423 |
| 指导教师为培养研究生而建立的组织。在研究生的培养过程中,为克服导师个人指导在某些方面的欠缺,培养知识结构合理、具有较强能力的研究生,培养单位的研究生导师,通过行政或自愿的形式联合起来,组成导师组,配合导师加强对于研究生的集体培养。导师组既可以专业、教研室为单位组织,也可聘请跨学科的导师参加,人数不固定,2至3人或3至4人均可,视实际需要而定 | 研究生教育辞典 | 孙义燧 | 1995 | 南京:南京大学出版社 | 95 |

续表

| "导师"的定义 | 工具书来源 | 主编 | 出版时间 | 出版社 | 页码 |
|---|---|---|---|---|---|
| tutor organizer 导师(兼管课程安排的) | 英汉—汉英文献信息词典 | 石渤 | 1996 | 武汉:武汉大学出版社 | 421 |
| 年级导师[主任,辅导员] | 英汉—汉英文献信息词典 | 石渤 | 1996 | 武汉:武汉大学出版社 | 446 |
| n. 导师;家庭教师;个别指导 v. 当(……)导师,当(……)家庭教师 | 英汉土木建筑通用词汇 | 史冰岩,王彦波 | 1999 | 北京:中国建筑工业出版社 | 264 |
| 比喻在大事业、大运动中指示方向、制定政策的人。[例]毛泽东是中国人民的伟大导师。 | 汉语非本义词典 | 吕佩浩,陈建文 | 1999 | 北京:中国国际广播出版社 | 217～218 |
| 高等学校或研究机关中指导人学习、进修、写作论文的人员;研究生导师。在大事业、大运动中指示方向、建有丰功伟绩的人;革命导师。 | 当代汉语词典 | 莫衡等 | 2001 | 上海:上海辞书出版社 | |
| 清代:①(国子监、钦天监天文算学助教厅)助教;②(贵胄法政学堂)提调;③(大学堂、译学馆、高等学堂、高等实业学堂等)教务提调;教务长;④(度支部簿记讲习所)教务员 | 近代中国专名翻译词典 | 黄光域 | 2001 | 成都:四川人民出版社 | |
| tutor<br>n.①家庭教师;师傅;[英](大学)导师;[美]助教;(考试)辅导员②[律]监护人 vt., vi.①做(家庭)教师(教);辅导(学生);教练;训斥②监护③抑制(感情等)④[美]接受单独训练★admission～入学指导员,入学导师 automatic～自动导师(指教学机器)children's private～儿童家庭教师 home～家庭教师 moral～[英]德育指导教师 year～年级导师 | 英汉航海轮机大辞典 | 金永兴 | 2002 | 上海:上海交通大学出版社 | 1819 |

续表

| "导师"的定义 | 工具书来源 | 主编 | 出版时间 | 出版社 | 页码 |
|---|---|---|---|---|---|
| ①作名词,指"家庭教师;私人老师",但在美国大学中,它常指"助教",而在英国大学它指"导师"。②作动词,意为"辅导(个别人);教授",常常用来指在课外一个教师对一个学生的补习工作 | 当代英语惯用法词典 | 王琼,徐达山 | 2002 | 北京:北京科学技术出版社 | 1089~1090 |
| supervision 监督者;主管人,管理人;监察人,(书的)审订者～ship n.监督[管理]人的职位 ★asistant～助理监察员 automatic～自动监视器 chief～首席监事 executive～执行监控器;(管理中的)监控系统,执行监控程序 input-output～输入输出管理程序 operating system～【自】操作系统管理程序 overlay～覆盖管理程序 research～研究生导师 research team～研究组组长 safety～安全监察员 share～共用管理程序 system～【自】系统管理程序～of guardianship 监护监督人 diving～潜水监督,潜水指挥 resident～常驻监造员 workgang～工作队长～of shipbuilding 造船监造代表 | 英汉航海轮机大辞典 | 金永兴 | 2002 | 上海:上海交通大学出版社 | 1689 |
| supervisor 指定负责管理学生并对其研究(尤其在撰写论文时)进行指导的业务教师 | 澳大利亚教育词典 | 王国富,王秀玲总编译 | 2002 | 武汉:武汉大学出版社 | |
| ①高等学校或研究机关中指导别人学习、进修、写作论文的人员:博士~\|他的~是王教授。②在大事业、大运动中指示方向、掌握政策的人:马克思是最伟大的无产阶级革命~ | 小学生多功能词典 | 王新民 | 2004 | 北京:中华书局 | 166 |

续表

| "导师"的定义 | 工具书来源 | 主编 | 出版时间 | 出版社 | 页码 |
|---|---|---|---|---|---|
| 高等学校或研究机关中指导人学习、进修、写作论文的人员；在大事业、大运动中指导方向、掌握政策的人。例：李教授是文学院的博士生导师。/我们要认真学习革命导师的经典著作 | 褒义词词典 | 史继林，朱英贵 | 2005 | 成都：四川出版集团·四川辞书出版社 | |
| ①〈名〉在政治运动中能指示方向、创立理论、掌握政策的人：革命导师。②〈名〉指高等学府及科研机构中指导人学习、进修、写作论文的人：研究生导师 | 小学生应用词典 | 谢纪锋 | 2006 | 北京：语文出版社 | |
| n. private teacher, esp. one who teaches a single pupil or a very small group 家庭教师；大学导师：Mr. Lee is my tutor. 李先生是我的大学导师 | 新编学生英汉双解词典 | 任意 | 2006 | 武汉：崇文书局 | 1099 |
| ①指导人学习、进修、写学术论文的人员。②指示政治方向，创立理论，建立丰功伟绩的人：革命～ | 新华汉语词典 | 任超奇 | 2006 | 武汉：崇文书局 | 173 |
| advisor 顾问，导师 | 英汉双向建筑词典 | 喻从浩 | 2006 | 上海：上海交通大学出版社 | |
| ①university teacher who supervises the studies of a student 导师：He studies under a tutor. 他在导师的辅导下搞研究。②private teacher, especially one who teaches a single pupil or a very small group 家庭教师，私人教师：an experienced ～一位经验丰富的家庭教师/under a～在家庭教师指导下/His father employed a tutor for him. 他父亲给他请了一位家庭教师 | 高阶英汉双解词典 | 何恩春 | 2007 | 北京：商务印书馆国际有限公司 | |

续表

| "导师"的定义 | 工具书来源 | 主编 | 出版时间 | 出版社 | 页码 |
|---|---|---|---|---|---|
| 高等学校或研究机构中负责指导学习、研究、论文写作的人员 | 现代汉语分类大词典 | 董大年 | 2007 | 上海:上海辞书出版社 | 864 |
| ①佛教语。导引众生入于佛道者的通称。也指举行法会时担任唱导表白之职者。②在政治、思想、学术或某种知识上的指导者。③指学校中负责指导学生思想和学习的教师。也指在高等学校或研究单位指导研究生的教师 | 现代汉语大词典·上册 | 阮智富,郭忠新 | 2009 | 上海:上海辞书出版社 | 997 |
| 并非一定实指,可用于对在社会上有重大影响,指引社会前进方向的思想家、政治家、社会改革家的尊称,他们是整个人类的教师 | 委婉语应用辞典 | 王雅军 | 2011 | 上海:上海辞书出版社 | |
| 学习或科研的指导教师;在大事业、大运动中指示方向、掌握政策的人 | 100年汉语新词新语大辞典·上册 | 宋子然 | 2014 | 上海:上海世纪出版股份有限公司辞书出版社 | |

指导(mentoring),意思是指示教导、指点引导。"导"本与"道"为一字,本意是用头和手指导或引导行路。近代从草书"導"发展成"导",现作为规范简化字。"導"为繁体字,现有领导义①。如:导师、导演。又有传导、引导义。如:导电体、导热、导游。《汉书·路温舒传》作"则指道以明之"。周寿昌《汉书注校补》:"指道,言指画引导也。"在高等教育领域特指帮助、指教一个人学一种专门课程。

---

① 高景成.常用字字源字典[M].北京:语文出版社,2008.

表 1-2 "指导"一词的含义汇总表

| "指导"的定义 | 工具书来源 | 主编 | 出版时间 | 出版社 | 页码 |
|---|---|---|---|---|---|
| 〈动词〉指示教导，指点引导，用于褒义 | 现代汉语褒贬用法词典 | 张家太，徐彻 | 1992 | 沈阳：辽宁人民出版社 | 675 |
| guide；direct；guidance；conduct；direction | 汉英大辞典 | 吴光华 | 1999 | 上海：上海交通大学出版社 | |
| guide；direct | 现代汉英词典 | 外研社辞书部编 | 2001 | 北京：外语教学与研究出版社 | |
| 〈动词〉指引；教导 | 新华汉语词典 | 任超奇 | 2006 | 武汉：崇文书局 | 1105 |
| （动）instruct；direct | 新汉英词典 | 吴景荣，沈寿源，黄钟青等 | 2006 | 北京：中国对外翻译出版公司 | 961 |
| coaching；guidance | 现代英汉—汉英心理学词汇 | 张厚粲，孙晔，石绍华 | 2006 | 北京：中国轻工业出版社 | 670 |
| 指示教导；指点引导 | 现代汉语分类大词典 | 董大年 | 2007 | 上海：上海辞书出版社 | 866 |

续表

| "指导"的定义 | 工具书来源 | 主编 | 出版时间 | 出版社 | 页码 |
|---|---|---|---|---|---|
| guide;guideline;direct;instruct | 汉英医学常用词表达词典 | 袁宝珊主编；牛静萍，赵晓红，赵贤四等副主编 | 2008 | 兰州：兰州大学出版社 | |
| 指示教导,指点引导 | 现代汉语造句词典 | 苏新春 | 2009 | 上海：上海辞书出版社 | |
| ①指示教导；指点引导。②称教练等负责指导的人 | 现代汉语大词典·上册 | 阮智富，郭忠新 | 2009 | 上海：上海辞书出版社 | 849 |
| 指点教导。同义词：领导、引导。"指导"突出上级、长辈、师长等进行指点教导。"领导"突出统率、带领，对象多是群众、运动、战争、工作、事业等，如说"领导群众、领导人民进行抗洪斗争"。"引导"突出诱导引领，如说"积极引导消费，引导学生正确利用网络" | 现代汉语同义词典 | 贺国伟 | 2009 | 上海：上海辞书出版社 | |
| 〈动〉指示教导；指点引导。多用于书面语。近义词：指点、指引、辅导、引导、教导 | 现代汉语用法词典 | 冯志纯 | 2010 | 成都：四川出版集团·四川辞书出版社 | |

　　综合上表中的定义，我们尝试给本书中所谓的"导师指导"下个定义，即由一个经验丰富、值得信赖并德才兼备的长辈或同辈，指点那些经验不那么丰富的晚辈或同辈，分享个人的专业技能和专业建议，引导晚辈或同辈的专

业发展,以顺利达到专业发展目标,在专业理论或实践上取得成功。

就指导关系的双方而言,双方对导师指导行为也有不同的认识和看法,导致"指导"这一术语的概念也产生了不同角度的定义①。可见,导师指导常常被认为是一种复杂行为,有研究者认为导师指导可包含三个成分,分别是:关系性成分、发展性成分、情境性成分②(详见第二章第九节)。即使让"被指导的一方"来看什么是指导行为(mentoring),也能梳理出多达8个定义③,并且这些定义又可分为三大范畴,这些定义显然并不一致,研究者对此很难达成一致共识。

导师指导行为纷繁复杂,很可能因为导师所扮演的角色多种多样。有研究者总结了导师所扮演的角色多达8种,包括:教师、榜样、教练、顾问、代理人、优秀的老板/上司、完美的专业人士、英雄④。

表1-3 导师所扮演的8种角色及其解释

| 1 | 教师 | 学生时代都会遇到很多"老师",他们帮助学生掌握知识和技能。 |
|---|---|---|
| 2 | 榜样 | 优秀的榜样对一个人的专业成长和职业发展至关重要。学生要学习好榜样,远离坏榜样。 |
| 3 | 教练 | 教练意在观察学生,并为其技能的学习提供专业意见,以完成指定任务。 |
| 4 | 顾问 | 帮助学生了解自己,并在面临抉择时帮助学生了解可行的选择。 |
| 5 | 代理人 | 那些帮助学生在正确的时间选择正确的岗位,最大可能实现成功的前辈。他需要足够睿智,才能将学生逼迫到舒适范围的边缘,从而促进学生的个人成长。 |
| 6 | 优秀的老板/上司 | 老板的工作是监管,告诉学生事情应该怎么做,不应该怎么做。优秀的"老板"善于营造有益于职业成功和满足感的氛围,并传授受益终身的价值观和技能。 |

① Franke,A.,Lars O. D. Conceptions of Mentoring:An Empirical Study of Conceptions of Mentoring during the School-Based Teacher Education[J]. *Teaching and Teacher Education*,1996,12(6):627-641.

② Ambrosetti,A.,Knight,B. A.,Dekkers,J. Maximizing the Potential of Mentoring:A Framework for Pre-service Teacher Education[J]. *Mentoring & Tutoring:Partnership in Learning*,2014,22(3):224-239.

③ Gershenfeld S. A Review of Undergraduate Mentoring Programs[J]. *Review of Educational Research*,2014,84(3):365-391.

④ [美]汉弗莱. 医学院的导师制[M]. 北京:中国协和医科大学出版社,2014.

续表

| 7 | 完美的专业人士 | 导师的较高境界,完美的导师往往会得到许多代学生们的一致公认。他能够与学生建立特殊并持久的关系,这种关系可能发展成为同事情谊,甚至成为持续终身、值得信赖的朋友。 |
| --- | --- | --- |
| 8 | 英雄 | 英雄是将自己的利益放在一边而坚持正义的勇者。即使在艰难的危急时刻,在别人于困难面前退缩时,他们仍迈步向前。缺少英雄时,人们通常容易满足现状,而不追求理想。 |

　　总之,尽管关于导师角色和导师指导的定义比较难统一,但很容易形成共识的是导师指导及导师制是关于导师队伍建设的重要机制,对人才培养、立德树人具有重要的积极的作用。尤其是在教师教育领域,导师制及导师指导是职前教师培养和职后教师培训的一种重要策略。

## 二、导师制与双导师制

　　导师制指"学生的学习、品德、生活等各方面均由一位导师对其进行个别指导并全面负责的教学管理制度"①。高等教育领域的导师制是对学术型人才的培养,旨在帮助学生在专业学习中养成良好的学术品质,培养其创新精神与独立思考能力。

　　而随着经济发展,社会对人才的需求逐渐转向专业能力较强的专业型人才,不但要具备科研能力与创新能力,还要有一定的实践能力。因此,既需要理论学习又需要实践体验,便对专业型人才的培养提出了更高要求,这推动双导师制引入高等教育领域,并得到重视与发展。

　　我国高等教育领域的双导师制这一培养模式首次出现于1999年1月13日国务院学位委员会办公室、教育部研究生工作办公室发布的《关于制订在职攻读工程硕士专业学位研究生培养方案的指导意见》,在这一指导意见中,虽未明确提出双导师制的概念,但已经具备了双导师制的内涵和精神,即"学位论文由校内具有工程实践经验的导师与工矿企业或工程部门内经单位推荐的业务水平高、责任心强的具有高级技术职称的人员联合指导。"这一指导意见废止于2018年5月4日,但双导师制的精神却被保留了下来,变成了导师组的表述,即"导师组应有来自培养单位具有较高

① 秦惠民. 学位与研究生教育大辞典[M]. 北京:北京理工大学出版社,1994.

学术水平和丰富指导经验的教师，以及来自企业具有丰富工程实践经验的专家。"

实践证明，双导师制能有效促进"产、学、研"紧密合作，充分发挥了校企双方导师在理论研究、生产实践方面的各自优势，推动复合型高素质人才培养模式改革。例如，企业理论水平较高、实践经验丰富、具有高级专业技术职称的人员在中国石油大学（北京）就被聘请为企业导师，主要负责研究生的学位论文选题指导、现场学术指导、学位论文初审、工作安排等；企业导师与学校导师共同制定和实施培养计划，在论文研究、实践环节等方面进行指导（教育部简报〔2010〕第 70 期）①。

可见，双导师制一般指的是高校校内导师与一线企业、医院、中小学等校外导师共同指导本科生或研究生。但在学术界和政策实践层面，对双导师制定义中导师数量的解读尚存争议。一种理解即是政策中规定的两位导师，另一种理解则认为双导师制不仅指数量上的两位导师，也可以依据具体情境和具体情况扩展形成数量不等的导师组负责制②。例如在英国巴斯大学教育学院，实习师范生的导师分为两组四位：一组是学科教学教师，包括巴斯大学的学科教学法导师和实习学校的学科指导教师，这两种导师共同负责实习生的学科教学工作；另一组是教育与专业学习教师，包括巴斯大学的教育与专业导师和实习学校的教育专业指导教师，这两种导师共同负责实习生的教育与专业学习课程。这两组四位导师彼此协作，共同对实习生负责③。

尽管解读不一，但二者本质一致，即双导师分别来自高校校内和校外一线，分别负责对学生进行理论知识指导和实践能力指导，导师发挥各自优势，各司其职，以相互合作的方式共同培养学生，提高学生的专业技能。

也正因为对双导师制的理解不统一，才导致双导师制实施起来因地制宜、因校制宜，可谓百花齐放、百家争鸣。借鉴双导师制在不同专业领域、不同高校的具体做法，总结一套长效的实施机制，确保双导师制有效推行，这便是本书的研究目的。

---

① 教育部简报〔2010〕第 70 期，2010-04-27. http://www.moe.gov.cn/jyb_sjzl/s3165/201006/t20100622_89949.html

② 曲亚丽. 本科师范生"双导师＋"教学实践能力培养模式研究[D]. 西宁：青海师范大学，2017.

③ 纪冰心. 英美职前教师教育实习之比较研究[D]. 上海：上海师范大学，2010.

# 第二节　导师制的历史渊源

## 一、西方高等教育领域导师制起源

名义上的导师制有着漫长而悠久的历史,最早可能出自荷马史诗《奥德赛》。故事中的智慧女神雅典娜(Athena)可被视为导师的原型。她为奥德修斯(Odysseus)的儿子忒勒玛科斯(Telemachus)提供保护、教导和指引,教给他智慧。雅典娜身上具备导师的基本品质,表现出导师的多重角色,包括教练、教师、监护人、保护者以及父母等。这些角色和品质依旧被现代导师制沿用。

大多数学者公认,高等教育领域传统的导师制/师徒制/学徒制起源于14 世纪的牛津大学,其后被剑桥大学、哈佛大学相继采用,逐渐受到世界各国大学的重视,并于 19 世纪末期发展成为较为完善的、能够体现现代大学理念的教学制度。牛津大学导师制在西方高等教育中不断发展和完善,最终形成了完整的理论体系,被誉为"牛津皇冠上的宝石",是牛津大学保持一流本科教学质量的关键举措,也是牛津大学为之自豪的优良教学传统。在牛津大学,作为本科教学核心的导师制一般指的是每名本科生都配备导师,每位导师指导一名或少数几名本科生,导师与学生每周见面一次或两次,交流方式为面对面、一对一辅导。在师生的互动切磋中,导师从学业和生活上高度介入学生的生活世界,关心学生的学业发展和个人成长。有学者认为,导师制不仅是导师教学的实践模式,更是由导师定期对学生的学习、道德、生活等进行个别指导的教学制度,还包括对导师的任职资格、工作职责、工作规范进行评价、监管等多个方面的制度[①]。经过七个世纪的发展、嬗变,肇始于牛津大学的导师制行之有效,逐步成为欧美现代大学培养学生独立学习与科研的基础制度。

如果再往源头追溯,有学者认为牛津大学导师制的基础可溯至苏格拉底(Socrates)的"产婆术"[②],而苏格拉底的教学风格又是继承于古希腊并且发扬、贯穿整个西方教育传统。从历史上看,苏格拉底通过产婆术的教

---

① 杜智萍. 牛津大学现代导师制之历史探析[J]. 教育评论,2011(2):151-154.
② 何齐宗. 导师制与本科人才培养研究[M]. 北京:中国社会科学出版社,2014.

学方法,培养了一大批具有独立思考意识和批判性思维能力的公民。从现代视角来看,苏格拉底的产婆术在教学实践中事实上就是某种导师制形式,只不过苏格拉底的这种形式是非正式的导师制。而牛津大学的导师制则把苏格拉底的非正式导师制进行了课程化、职业化、制度化、正式化,在形式上越来越成熟,逐步传承演变为近现代高等教育领域的一项重要制度。

因此,可以认为,产婆术启发了导师制,牛津大学导师制也继承了产婆术的这种核心思想,其优点也在于培养学生批判性思维,教会学生独立思考和探究,而非简单地进行"传道授业解惑"等知识传授。导师制的重点在于导师培养学生质疑、分析、比较和探究能力,而非通过导师权威的独断自上而下来运行。相关实证研究采用访谈法和观察法,结果也表明牛津大学导师制确实提升了本科生批判性思维能力的各个方面[①]。

肇始于牛津大学的导师制是基于精英教育背景下培养精英人才的一种教学模式,然而时过境迁,在高等教育逐步走向大众化的今天,这种模式本身也在逐渐发生变迁,例如导师制利益相关者的双方都在剧烈变化。尤其是在我国,大学录取率逐年递增,一方面,本科生日益增多,导师带学生的数量也不免急剧增长,生师比过大导致一对一的导师指导几近不可能,一对多的团体指导等小规模教学在现实中越来越常见;另一方面,作为导师制的另一方利益相关者,由于外部科研压力过大或对导师指导工作态度不端正等主客观原因,导师花在指导学生上边的时间和精力都在锐减。因此,本书探讨导师制在新时代的长效机制便具有了时代价值和现实意义。

## 二、中国高等教育领域导师制起源与发展

在中国传统文化的语境下寻找导师制的蛛丝马迹,我们会发现与苏格拉底同时代的另一位东方伟大哲学家、思想家——被尊为"万世师表"的孔子。"孔子育人,各因其才",孔子在教学中因材施教,推崇个别指导。因此,春秋末期以孔子为代表的古代私塾教育可视为我国导师制的雏形。较多学者比较了孔子与苏格拉底教学方法的异同,发现"(导师制)这种教育观念历史上曾在分别以孔子和苏格拉底为中心的东西方古老的哲学传统中具有迷人的历史相似性及显著的差异""在中国和希腊,师生关系看

---

① Cosgrove R. Critical Thinking in the Oxford Tutorial: A Call for An Explicit and Systematic Approach[J]. *Higher Education Research and Development*, 2011,30(3):343-356.

起来是极为不同的"①。相比于牛津导师制，古代书院教育为构建适合我国高等教育的导师制提供了更加深厚而丰富的教育本土资源②。

至南宋时代，书院林立，以朱熹的白鹿洞和陆九渊的象山等书院最具代表性。朱熹按学校性质、任务、程度与学生年龄，分大学与小学，十五岁以前上小学，之后才上大学。小学教给学生一些具体的东西，大学才传授学生义理。课程设置方面，朱熹将《大学》《中庸》《论语》《孟子》汇成"四书"，依次教授，之后有"五经"，此外还有《白鹿洞书堂讲义》等辅助教材。朱熹的白鹿洞书院集我国古代书院、学校教育之大成，他在教学中采取了展礼、升堂讲说、认真读书，自行理会、互相切磋、质疑问难、优游山水之间等多种多样的教学形式。他采取的教育制度，用现代教育科学分析，可称之为"导师制"，即由主讲学者主持书院的一切教学活动，在德行、德艺各方面对生徒全面指导。朱熹复兴白鹿洞书院，是中国教育史上的一个重要事件，是在一千多年后总结、继承孔孟学校教育经验的一次重要实践。它对后来书院的发展、学校的建设，乃至导师制都产生了重大影响。

至晚清时代，作为戊戌变法的"新政"之一，京师大学堂于 1898 年 7 月 3 日成立，是中国近代第一所由中央政府建立的综合性大学。1912 年 5 月 4 日，京师大学堂更名为北京大学，旋即冠"国立"，是中国历史上第一所冠名"国立"的大学。中国近现代高等教育领域的导师制也起源于此。

## (一)导师制的引入与发展

牛津大学导师制给我国近现代大学人才培养提供了巨大启示。1917 年，蔡元培任北京大学校长后，他积极倡导"思想自由，兼容并包"的方针并大力推进教学体制的全方位改革，即废除年级制，全面采用学分制，同时引进了导师制。此后，国内许多高校纷纷效仿。

1937 年，浙江大学校长竺可桢基于当时中国高等教育制度只重知识传授、轻品格修养的弊端，积极在浙江大学推广试行本科生导师制，坚持师生互选的原则，为本科生配备导师。受条件限制，一名导师大约需指导十余名本科生。在导师制的指导内容上强调品格修养、指导次数上规定每学期至少十余次，取得了良好的教育教学效果，在当时影响不小。他认为导师制有如下优点：一是教学侧重于导师的指导与启发；二是师生关系和谐融洽；三

① ［英］大卫·帕尔菲曼．高等教育何以为高——牛津导师制教学反思［M］．北京：北京大学出版社，2011．

② 张欣．我国古代书院教育对本科生导师制实践困境的启示［J］．教育评论，2021(5)：120-127.

是除传授知识外,更强调对学生思想的陶冶与完美人格的塑造。

1938 年至 1944 年间,当时的政府教育部先后颁布《中等以上学校导师制纲要》《实施导师制应注意之各点》等相关政策文件,发挥了纲领性的指导作用①。例如,1938 年 3 月 1 日,当时的政府教育部公布《中等以上学校导师制纲要》,其中规定设"导师"训导"学生思想"②。统一的规章制度出台后,国内其他高校如清华大学、武汉大学、厦门大学等也纷纷开始试行导师制,并结合本校实际拟定实施细则。这一时期的导师制"在一定程度上确实起到了促进高等教育发展的功用,使学校的教育效能得以提升"。但由于当时国民党"党化教育"的加强,政府对导师制实施监管,导师制训育化与政治化趋势越来越明显,引起师生对导师制的强烈不满并开始抵制。由于当时大学机构之间、师生之间的矛盾越来越激烈,导师制最终于 1946 年 7 月被废止③。

1949 年新中国成立后,我国全方位学习苏联经验,各类大学收归国有,高校管理模式也开始效仿苏联实行"学年制",取代了"学分制",因此导师制未能得到进一步发展。

20 世纪 80 年代,高校扩招,大学生招生规模和数量急剧扩大,学年制越来越不能满足高校对人才培养的要求。而学分制具有灵活的特性,有利于优秀人才脱颖而出,伴随着学分制实施的导师制也随之重新兴起。以武汉大学、浙江大学、北京大学等为代表的一大批高校在部分院系乃至全校尝试实行本科生导师制。

武汉大学于 1982 年秋开始实行导师制。一般由教学经验较丰富、学术水平较高的讲师以上职称的教师担任导师,从学生入学到毕业,学生的成长由导师全面负责,侧重学业方面的指导。1982 年 8 月,学校印发《武汉大学教师指导学生责任制(简称导师制)试行条例》和关于首次聘请 117 位教师担任学生导师的通知,规定自 1982 年下学期起,在 82 级及以后各级学生中普遍试行导师制④。

1986 年学校进一步采取措施,完善导师制。这些措施主要有:

(1)将导师工作正式列入教师工作规范。学校规定,除研究生导师和专职从事科研的教师外,大多数教师有担任本科生导师的职责。将是否做过学生导师纳入评聘副教授和教授职称的重要标准之一。

① 刘振宇.论民国时期高校导师制的施行[J].高教探索,2012(6):94-99.

② 丁长青.中外科技与社会大事总览[M].南京:江苏科学技术出版社,2006.

③ 喻永庆,周洪宇.规约与自主:民国时期大学导师制的历史考察(1938—1946 年)[J].高等教育研究,2019,40(4):75-82.

④ 谢红星.武汉大学校史新编:1893—2013[M].武汉:武汉大学出版社,2013.

（2）针对不同年级学生分别配备不同导师。对低年级学生，从公共课和专业基础课任课教师中选配导师，侧重思想政治教育和学习方法的指导。对高年级学生，从专业课教师中选配导师，加强选修课程和业余科研的指导，并相比低年级适当减少导师指导的学生人数。对个别成绩特别优异的学生，则专门配备教学经验丰富和学术水平较高的副教授或教授担任其导师。

（3）切实做好导师工作管理。校、院（系）两级确定一名分管导师工作的负责人，经常联系，及时给予支持和帮助；定期组织优秀导师交流工作经验，树立和表彰导师工作的先进典型；在必要时，灵活调整教师工作，以保证履行导师的职责，等等。

实行导师制符合教育教学规律。武汉大学的实践表明，导师能结合专业教学对学生进行思想政治教育，帮助学生树立正确的人生观和世界观；导师能帮助学生快速适应从中学到大学的过渡，进入大学学习状态；导师能因材施教，帮助学生选修课程；教师可以向学生传授治学经验，进行学术熏陶，在激励学生攀登科学文化高峰的过程中密切社会主义大学新型的师生关系。简而言之，实行导师制在武汉大学更好地发挥教师教书育人的主导作用，并进一步使学分制的优越性得到彰显。

2000年初，浙江大学率先在农业与生物技术学院实行本科生全程导师制，2002年底在全校一、二年级全面推行。2002年10月，北京大学实行本科生导师制试点，学校为让本科生提前介入科研，培养创新能力，设立了专项基金，为数十名本科生配备了一流导师，指导他们开展独立研究，有的学生直接参与导师主持的国家重大科研项目中。2003年，该校在本科生中全面实行导师制。2005年1月，教育部在文件《关于进一步加强高等学校本科生教学工作的若干意见》中明确指出："有条件的高校要积极推行导师制，努力为学生全面发展提供优质和个性化的服务"①。由此，本科生导师制逐渐受到全国各高校的推崇。

### （二）双导师制的出现与推广

"双导师制"在我国高等教育政策中的出现仅有22年，时间虽短，但受到政策制定者高度重视。

1999年1月，国务院学位委员会办公室、教育部研究生工作办公室出台《关于制订在职攻读工程硕士专业学位研究生培养方案的指导意见》（学位办〔1999〕7号），对在职工程硕士的培养方式提出规定："学位论文由校内

---

①　中华人民共和国教育部．关于进一步加强高等学校本科生教学工作的若干意见．教师〔2005〕1号．

具有工程实践经验的导师与工矿企业或工程部门内经单位推荐的业务水平高、责任心强的具有高级技术职称的人员联合指导。来自企业的导师由学校按程序办理聘任手续。"首次提出这种"校内导师与企业导师"的双导师合作培养模式,虽尚未出现"双导师制"这一术语,但已具备了双导师制的内涵。

2007年1月,关于下达《翻译硕士专业学位设置方案》的通知(学位〔2007〕11号)明确提出"双导师制"这一术语,明确指出"可以实行双导师制,即学校教师与有实际工作经验和研究水平的资深译员或编审共同指导。"

2009年,全日制专业学位硕士研究生扩招,教育部紧接着出台了《关于做好全日制硕士专业学位研究生培养工作的若干意见》,指出要"建立健全双导师制,以校内导师指导为主,校外导师参与实践过程、项目研究、课程与论文等多个环节的指导工作。吸收不同学科领域的专家、学者和实践领域有丰富经验的专业人员,共同承担专业学位研究生的培养工作"。此外,《国家中长期教育改革和发展规划纲要(2010—2020年)》提出:"大力推进研究生培养机制改革。建立以科学研究为主导的导师责任和导师项目资助制,推行产学研联合培养研究生的'双导师制'。实施研究生教育创新计划。"以上两个文件虽然未对"双导师制"实施细则做具体规定,但是进一步明确了"双导师制"的培养机制,为各培养单位推行该制度提供了政策依据。

在教师教育领域中,2007年5月,《国务院办公厅转发教育部等部门关于教育部直属师范大学师范生免费教育实施办法(试行)的通知》(国办发〔2007〕34号)指出,在培养国家首批免费师范生时"要安排名师给免费师范生授课,选派高水平教师担任教师教育课程教学,建立师范生培养导师制度",首次提到在导师制中纳入中小学高水平名师。2011年9月,《教育部财政部关于实施幼儿教师国家级培训计划的通知》(教师〔2011〕5号),首次在职后教师教育领域倡导"双导师制"(配备高校专家和一线优秀教师指导幼师学员)[①]。随后,2011年10月,《教育部关于大力推进教师教育课程改革的意见》,要求"形成高校与中小学教师共同指导师范生的机制,实行双导师制",首次在职前教师教育领域明确提出"双导师制"。2012年9月河南省教育厅首先响应,发布文件《关于河南省高等学校教育类课程试行"双导师制"的意见》[②],"为推进教师教育职前培养与职后培训一体化,创新教师培养体系,提高培养质量,提升教师队伍整体素质和水平",文件中明确要求

---

① 教育部 财政部关于实施幼儿教师国家级培训计划的通知. http://www.moe.gov.cn/srcsite/A10/s7058/201109/t20110905_146630.html

② 河南省教育厅. 关于河南省高等学校教育类课程试行"双导师制"的意见. 教师〔2012〕828号.

"对高等院校在校师范专业大学生,授课教师既有大学教师,也有来自基层的中小学教师;对进行教育实习的高年级师范生,既有来自高校的跟踪指导教师,也有来自实习中小学校的辅导教师",又进一步对双导师制的实施办法以及管理细则做出详细规定。

为推动教师教育综合改革,全面提升教师培养质量,教育部于2014年12月印发了《教育部关于实施卓越教师培养计划的意见》,要求建立高校与地方政府、中小学"三位一体"的协同培养新机制,实行高校教师和中小学教师共同指导师范生的"双导师制"。2018年1月,中共中央、国务院就新时代教师队伍建设问题发布《关于全面深化新时代教师队伍建设改革的意见》,要求推进地方政府、高等学校、中小学"三位一体"协同育人。2018年9月,教育部发布《关于卓越教师培养计划2.0的意见》,文件明确要求"全面落实高校教师与优秀中小学教师共同指导教育实践的'双导师制',为师范生提供全方位、及时有效的实践指导。"这一系列教师教育政策密集出台,凸显了教师教育双导师制这一主题亟须深入研究,紧迫性空前。

# 第三节　我国高等教育中双导师制实施现状

## 一、职业教育中的双导师制

职业教育中的"双导师制"指学生进入企业,实施企业指导教师和校内指导教师双重指导,共同实施项目、岗位任务辅导,共同实施过程性考核[①]。与传统教学模式相比,双导师制重视由校内和校外两类导师分别从理论与实践两个不同的角度出发,实现对学生进行全方位、全过程指导。"双导师制"是校企合作的直通车,是培养企业所需的专业人才的有效途径,旨在为企业培养技术应用型人才,以就业为导向,毕业后就直接能进入企业生产、管理、服务的第一线[②]。所以,职业教育研究者基本达成共识,双导师制教学模式非常适用于对应用型人才的培养。

①　赵云伟,魏召刚.基于企业群的现代学徒制人才培养模式[J].中国冶金教育,2019(5):122-124.

②　邓明阳.基于校企合作的"三位一体"双导师制人才培养模式探索[J].职业技术教育,2013,34(20):57-59.

以山东省为例,多个职业教育政策文件都明确要求实施双导师制,见表1-4。

表1-4 近年来山东省推广实施"双导师制"的职业教育政策汇总表

| 时间 | 政策名称 | 发文字号 | 双导师制表述 |
|---|---|---|---|
| 2008.11.7 | 山东省人民政府办公厅转发省教育厅等部门关于进一步加强专业学位研究生教育工作的意见的通知 | 鲁政办发〔2008〕62号 | 重视和加强校外指导教师队伍建设,认真落实双导师制,积极吸收相关行业有丰富实践经验和较高理论水平的人员参与培养活动 |
| 2011.2.23 | 山东省教育厅 山东省发展和改革委员会 山东省经济和信息化委员会 山东省财政厅 山东省人力资源和社会保障厅关于印发《山东省高等教育内涵提升计划(2011—2015年)》的通知 | 鲁教高字〔2011〕1号 | 加强研究生联合培养基地建设,实现高校与科研院所、企业及院校之间研究生教育资源共享,推行完善产学研联合培养研究生的"双导师制" |
| 2012.12.4 | 山东省人民政府关于加快建设适应经济社会发展的现代职业教育体系的意见 | 鲁政发〔2012〕49号 | 探索符合专业学位研究生教育规律的办学管理体制和培养模式,推行产学研联合培养研究生的"双导师制" |
| 2016.3.15 | 教育部 中华全国总工会关于印发《农民工学历与能力提升行动计划——"求学圆梦行动"实施方案》的通知 | 教职成函〔2016〕2号 | 建立校企双导师制 |
| 2016.10.27 | 关于加强普通本科高校实践教学工作的通知 | 鲁教高函〔2016〕14号 | 鼓励高校和实践教学基地安排责任心强、实践教学经验丰富的人员共同指导学生实习实训,推进实践教学"双导师制"。完善教师到企业和基层一线实践锻炼制度,激励教师承担实验、实习(实训)教学任务,参与实验室和实习实践基地建设,并将其作为职称评聘、岗位考核的重要依据 |

续表

| 时间 | 政策名称 | 发文字号 | 双导师制表述 |
|---|---|---|---|
| 2017.7.19 | 关于贯彻落实国家《学位与研究生教育发展"十三五"规划》的实施意见 | 鲁教研字〔2017〕2号 | 加强导师队伍建设……鼓励教师流动,完善校内外"双导师制",优化导师队伍结构 |
| 2017.10.16 | 省政府关于印发山东省"十三五"教育事业发展规划的通知 | 鲁政发〔2017〕33号 | 以提升职业能力为导向,创新专业学位研究生培养模式,建立产学研联合培养机制,实施校企合作"双导师制"研究生培养。遴选建设一批符合职业需求、突出实践能力、产学结合的示范性研究生教育联合培养基地 |
| 2018.1.31 | 省教育厅等三部门关于开展山东省高校产业教授选聘工作的通知 | 鲁教人字〔2018〕3号 | 推行产学研联合培养研究生的"双导师制",探索试行本、专科生导师制,安排产业教授参与学生指导工作,并为其提供教学条件 |
| 2018.11.3 | 山东省人民政府关于贯彻国发〔2014〕19号文件进一步完善现代职业教育政策体系的意见 | 鲁政发〔2015〕17号 | 推行产学研联合培养研究生的"双导师制" |
| 2019.5.14 | 教育部办公厅关于全面推进现代学徒制工作的通知 | 教职成厅函〔2019〕12号 | 推广学校教师和企业师傅共同承担教育教学任务的双导师制度……完善双导师选拔、培养、考核、激励等办法 |

续表

| 时间 | 政策名称 | 发文字号 | 双导师制表述 |
|---|---|---|---|
| 2019.6.17 | 关于全面推进现代学徒制工作的通知 | 鲁教职字〔2019〕7号 | 双导师队伍建设。实施学校教师和企业师傅共同承担教育教学任务的双导师制度,建立健全双导师的选拔、培养、考核、激励制度,形成校企互聘共用的管理机制。建立灵活的人才流动机制,加大学校与企业之间人员双向挂职锻炼、横向联合技术研发和专业建设的力度,打造专兼结合的双导师团队。……制订学徒、企业导师、双导师遴选、师带徒、学徒实习安全等管理办法 |
| 2020.5.7 | 山东省教育厅关于开展山东省产教融合研究生联合培养示范基地立项建设工作的通知 | 鲁教研函〔2020〕1号 | 鼓励各培养单位设立"产业(行业)导师",健全产业(行业)导师选聘制度,构建专业学位研究生双导师制 |

除山东省之外,其他省市各综合性大学和职业院校等也纷纷探索双导师制的实施,虽然具体的实施模式等细节各异,但都重视双导师制对各行各业职业教育人才培养的积极作用。详见表1-5。

**表 1-5　我国各省综合性大学和职业院校双导师制实践探索概况一览表**

| | | | |
|---|---|---|---|
| 江苏省 | 江苏大学 | 党支部对青年教师实行"双导师制":一方面选聘业务精湛、学术一流的专家教授担任他们的学术导师,另一方面选聘党风正、党性强的老党员担任他们的党员导师,从两个层面促进青年教师的培养,促使他们成为学术和党员队伍的骨干力量 | 姚瑾.建立在学科上的"战斗堡垒"[N].福建日报,2006-07-12(005). | 2006.07.12 |

"对高等院校在校师范专业大学生,授课教师既有大学教师,也有来自基层的中小学教师;对进行教育实习的高年级师范生,既有来自高校的跟踪指导教师,也有来自实习中小学校的辅导教师",又进一步对双导师制的实施办法以及管理细则做出详细规定。

为推动教师教育综合改革,全面提升教师培养质量,教育部于 2014 年 12 月印发了《教育部关于实施卓越教师培养计划的意见》,要求建立高校与地方政府、中小学"三位一体"的协同培养新机制,实行高校教师和中小学教师共同指导师范生的"双导师制"。2018 年 1 月,中共中央、国务院就新时代教师队伍建设问题发布《关于全面深化新时代教师队伍建设改革的意见》,要求推进地方政府、高等学校、中小学"三位一体"协同育人。2018 年 9 月,教育部发布《关于卓越教师培养计划 2.0 的意见》,文件明确要求"全面落实高校教师与优秀中小学教师共同指导教育实践的'双导师制',为师范生提供全方位、及时有效的实践指导。"这一系列教师教育政策密集出台,凸显了教师教育双导师制这一主题亟须深入研究,紧迫性空前。

# 第三节　我国高等教育中双导师制实施现状

## 一、职业教育中的双导师制

职业教育中的"双导师制"指学生进入企业,实施企业指导教师和校内指导教师双重指导,共同实施项目、岗位任务辅导,共同实施过程性考核[①]。与传统教学模式相比,双导师制重视由校内和校外两类导师分别从理论与实践两个不同的角度出发,实现对学生进行全方位、全过程指导。"双导师制"是校企合作的直通车,是培养企业所需的专业人才的有效途径,旨在为企业培养技术应用型人才,以就业为导向,毕业后就直接能进入企业生产、管理、服务的第一线[②]。所以,职业教育研究者基本达成共识,双导师制教学模式非常适用于对应用型人才的培养。

---

①　赵云伟,魏召刚.基于企业群的现代学徒制人才培养模式[J].中国冶金教育,2019(5):122-124.

②　邓明阳.基于校企合作的"三位一体"双导师制人才培养模式探索[J].职业技术教育,2013,34(20):57-59.

以山东省为例，多个职业教育政策文件都明确要求实施双导师制，见表1-4。

表1-4　近年来山东省推广实施"双导师制"的职业教育政策汇总表

| 时间 | 政策名称 | 发文字号 | 双导师制表述 |
|---|---|---|---|
| 2008.11.7 | 山东省人民政府办公厅转发省教育厅等部门关于进一步加强专业学位研究生教育工作的意见的通知 | 鲁政办发〔2008〕62号 | 重视和加强校外指导教师队伍建设，认真落实双导师制，积极吸收相关行业有丰富实践经验和较高理论水平的人员参与培养活动 |
| 2011.2.23 | 山东省教育厅 山东省发展和改革委员会 山东省经济和信息化委员会 山东省财政厅 山东省人力资源和社会保障厅关于印发《山东省高等教育内涵提升计划（2011—2015年）》的通知 | 鲁教高字〔2011〕1号 | 加强研究生联合培养基地建设，实现高校与科研院所、企业及院校之间研究生教育资源共享，推行完善产学研联合培养研究生的"双导师制" |
| 2012.12.4 | 山东省人民政府关于加快建设适应经济社会发展的现代职业教育体系的意见 | 鲁政发〔2012〕49号 | 探索符合专业学位研究生教育规律的办学管理体制和培养模式，推行产学研联合培养研究生的"双导师制" |
| 2016.3.15 | 教育部 中华全国总工会关于印发《农民工学历与能力提升行动计划——"求学圆梦行动"实施方案》的通知 | 教职成函〔2016〕2号 | 建立校企双导师制 |
| 2016.10.27 | 关于加强普通本科高校实践教学工作的通知 | 鲁教高函〔2016〕14号 | 鼓励高校和实践教学基地安排责任心强、实践教学经验丰富的人员共同指导学生实习实训，推进实践教学"双导师制"。完善教师到企业和基层一线实践锻炼制度，激励教师承担实验、实习（实训）教学任务，参与实验室和实习实践基地建设，并将其作为职称评聘、岗位考核的重要依据 |

续表

| 时间 | 政策名称 | 发文字号 | 双导师制表述 |
|---|---|---|---|
| 2017.7.19 | 关于贯彻落实国家《学位与研究生教育发展"十三五"规划》的实施意见 | 鲁教研字〔2017〕2号 | 加强导师队伍建设……鼓励教师流动,完善校内外"双导师制",优化导师队伍结构 |
| 2017.10.16 | 省政府关于印发山东省"十三五"教育事业发展规划的通知 | 鲁政发〔2017〕33号 | 以提升职业能力为导向,创新专业学位研究生培养模式,建立产学研联合培养机制,实施校企合作"双导师制"研究生培养。遴选建设一批符合职业需求、突出实践能力、产学结合的示范性研究生教育联合培养基地 |
| 2018.1.31 | 省教育厅等三部门关于开展山东省高校产业教授选聘工作的通知 | 鲁教人字〔2018〕3号 | 推行产学研联合培养研究生的"双导师制",探索试行本、专科生导师制,安排产业教授参与学生指导工作,并为其提供教学条件 |
| 2018.11.3 | 山东省人民政府关于贯彻国发〔2014〕19号文件进一步完善现代职业教育政策体系的意见 | 鲁政发〔2015〕17号 | 推行产学研联合培养研究生的"双导师制" |
| 2019.5.14 | 教育部办公厅关于全面推进现代学徒制工作的通知 | 教职成厅函〔2019〕12号 | 推广学校教师和企业师傅共同承担教育教学任务的双导师制度……完善双导师选拔、培养、考核、激励等办法 |

| 时间 | 政策名称 | 发文字号 | 双导师制表述 |
|---|---|---|---|
| 2019.6.17 | 关于全面推进现代学徒制工作的通知 | 鲁教职字〔2019〕7号 | 双导师队伍建设。实施学校教师和企业师傅共同承担教育教学任务的双导师制度,建立健全双导师的选拔、培养、考核、激励制度,形成校企互聘共用的管理机制。建立灵活的人才流动机制,加大学校与企业之间人员双向挂职锻炼、横向联合技术研发和专业建设的力度,打造专兼结合的双导师团队。……制订学徒、企业导师、双导师遴选、师带徒、学徒实习安全等管理办法 |
| 2020.5.7 | 山东省教育厅关于开展山东省产教融合研究生联合培养示范基地立项建设工作的通知 | 鲁教研函〔2020〕1号 | 鼓励各培养单位设立"产业(行业)导师",健全产业(行业)导师选聘制度,构建专业学位研究生双导师制 |

　　除山东省之外,其他省市各综合性大学和职业院校等也纷纷探索双导师制的实施,虽然具体的实施模式等细节各异,但都重视双导师制对各行各业职业教育人才培养的积极作用。详见表 1-5。

**表 1-5　我国各省综合性大学和职业院校双导师制实践探索概况一览表**

| | | | | |
|---|---|---|---|---|
| 江苏省 | 江苏大学 | 党支部对青年教师实行"双导师制":一方面选聘业务精湛、学术一流的专家教授担任他们的学术导师,另一方面选聘党风正、党性强的老党员担任他们的党员导师,从两个层面促进青年教师的培养,促使他们成为学术和党员队伍的骨干力量 | 姚瑾.建立在学科上的"战斗堡垒"[N].福建日报,2006-07-12(005). | 2006.07.12 |

续表

| | | | | |
|---|---|---|---|---|
| 山东省 | 山东大学 | 双导师制:提高理论与实践相结合的能力<br>"双导师制"是由指导教师和合作导师为主,共同组成的一种导师组负责制度 | 仇方迎,程翠玉,苏红燕.山大新模式:一个学生两个导师三种经历[N].科技日报,2007-12-06(007). | 2007.12.06 |
| 北京市 | 清华大学 | 实验班的大四整整一年,设置为实践教育和研究训练时间,地点在微软等国际知名的IT公司,指导教师采用双导师制,以保证教学的规范性和工程实践的先进性 | 清华大学新闻中心记者　程曦,卢小兵.国际大师授课清华本科生[N].北京日报,2008-10-29(015). | 2008.10.29 |
| 湖北省 | 武汉大学国际软件学院 | 2009年深圳易思博工程师与学院教师实行双导师制,对应届毕业生进行了毕业设计 | 武汉大学国际软件学院:中国精英软件人才的摇篮[N].光明日报,2009-06-25(007). | 2009.06.25 |
| 新疆维吾尔自治区 | 新疆轻工职业技术学院 | 为了帮助年轻教师尽快成长,学院对年轻教师实行双导师制,即校内一名导师、校外一名导师 | 蒋夫尔,马树超.高素质教师队伍是这样打造出来的[N].中国教育报,2010-05-27(003). | 2010.05.27 |

续表

| | | | | |
|---|---|---|---|---|
| 天津市 | 天津职业技术师范大学 | 实行双导师制度。学校遴选思想和业务素质过硬的专业教师担任校内导师,负责指导学生专业和师范教育课程的学习。聘请中等职业学校优秀教师担任校外导师,负责指导学生教学实践能力的训练 | 教育部简报〔2010〕第 217 期 | 2010.11.22 |
| 宁夏回族自治区 | 宁夏财经职业技术学院 | 宁夏财院校企合作培养实用型人才 | 冯舒玲.宁夏财院校企合作培养实用型人才[N].宁夏日报,2010-12-12(001). | 2010.12.12 |

## 二、工商教育中的双导师制

在商业和管理文献中,导师指导被认为是管理者,特别是人力资源经理经常使用的一个工具,以帮助新入职者融入企业,或帮助老员工过渡到新角色,从而使他们不仅学会"适应",而且由于导师指导而获得更高的工作满意度和更强的自尊心。例如,在当前较为流行的 MBA 教育中,双导师制培养模式非常适合 MBA 教育的职业性和应用性,在实施过程中对工商管理专业型硕士研究生等高层次人才培养起到了积极作用,但在数量、质量及融合度上还存在着不适应和不平衡的问题,因此,有研究者建议为提高 MBA 的含金量,打造一支符合 MBA 教育特点的双导师师资队伍,政府、高校、企业应协同育人[①]。

浙江大学在高水平产教融合中打造卓越的研究生教育,聚焦铸魂育人,以校企合作提升研究生思政教育质量。校内外协同打造研究生教育共同体,探索"校内导师＋行业导师"双导师制,引育跨专业导师团队,建立导师培养质量表征指数,引入"五好"导学团队评选机制,聘请世界 500 强的行业领袖担任导师(教育部简报〔2019〕第 34 期,2020 年 2 月 25 日)。

江西财经大学 MBA 学院通过企业家与教师同台授课、双导师制等方式弥补教师对实际情况了解的不足,使教育能更好地贴近企业客观实际,使

---

培养的人才能够更加符合企业的需求①。河北大学工商学院为加强就业的导向作用,鼓励学生在实习单位进行毕业设计(论文)选课,实行学院与实习单位共同选派论文指导教师的双导师制②。

### 三、医护教育中的双导师制

国外较多研究表明,乡村医生不足,医疗行业从业人员劳动力紧缺,医学教育面临许多医生培养和培训方面的挑战③。例如,有人批评医学毕业生因过度专科化导致从医技能与大众需求不匹配,临床技能不够扎实,对专业不够投入,甚至医德缺失。在如此背景下,医生职业精神教育的重要性显得前所未有。而导师制作为医生职业精神教育的重要工具,具有不可替代的作用和意义。优秀的导师医生可为医学生树立学习榜样,这种榜样作用以及指导活动是培育医学生职业精神必不可少的"催化剂"。有实证研究考察了导师制在医学教育中的影响,发现导师制能带来更高的职业满足感、社会心理支持感及职业成就感④。令人惊讶的是,虽然医学教育或采用传统的一对一导师制,或采用团队导师制形式,但医学教育者们几乎都没有接受过相关的导师培训。

整体上,医学教育的导师制实施自成体系,例如,有研究总结了医学教育的一种连续一贯的导师制,从临床前医学生,到见习阶段医学生,再到住院医生、临床教师、临床研究者,整个医生培养全环节都存在导师制⑤。正如一项较新研究评价了医学硕士生导师制的有效性和可持续性,结果表明,导师制是有效的,且这种效果可长期持续⑥。这对本书探讨教师教育领域双导师制的长效机制具有启发意义。

我国五年制本科医学教育过程中实行双导师制,主要是结合医学专业的知识特点,通过校内基础导师和校外临床实践导师的双向指导,加强学生学习过程中理论与实践的紧密联系,尽量避免学生知识脱节。我国的医学研究生教育在研究生培养的指导方式上,实行导师制或导师加指导小组制,

① 徐光明,胡文烽. 树立特色品牌 培养创新人才[N]. 中国教育报,2008-10-29(003).

② 华筑信. 关于独立学院及其人才培养模式的思考[N]. 中国教育报,2008-12-15(006).

③ [美]汉弗莱. 医学院的导师制[M]. 北京:中国协和医科大学出版社,2014.

④ Wear D,Zarconi J. Can compassion be taught? Let's ask our students.[J]. *Journal of General Internal Medicine*,2008,23(7):948-953.

⑤ [美]汉弗莱. 医学院的导师制[M]. 北京:中国协和医科大学出版社,2014.

⑥ Caruso T J,Kung T,Piro N,et al. A Sustainable and Effective Mentorship Model for Graduate Medical Programs[J]. *Journal of Graduate Medical Education*,2019,11(2):221-225.

强调独立自学、独立工作能力的培养。由导师或导师指导小组负责制订培养方案和培养计划,指导研究生学习①。

2012年5月,《教育部 卫生部关于实施卓越医生教育培养计划的意见》(教高〔2012〕7号)发布,"卓越医生教育培养计划"正式实施,明确规定"建立导师制,强化临床能力培养,提升医学生的临床思维能力"。2018年9月,再次在意见1.0的基础上,又进一步强化了双导师制,发布了《教育部 国家卫生健康委员会 国家中医药管理局关于加强医教协同实施卓越医生教育培养计划2.0的意见》,其中明确规定"医学院校教师队伍发展规划要着力加强基础医学师资和临床带教师资队伍建设,优化基础医学师资学科专业结构,积极引导高水平临床医师从事临床和基础教学工作,建设一批由基础和临床教师融合的教学团队。"通过校内基础医学师资和校外临床带教师资的共同培养,以提高医学人才的培养质量。

新时代互联网技术也为医学教育双导师制提供了便利条件。有研究者使用问卷调查了双导师和学生对双导师制的需求,基于需求分析,开发设计了双导师制管理信息系统,构建了一套医学本科生"双导师制"管理平台,以辅助双导师制教学模式的实施与管理②。

除了医生培养,在护士培养中也广泛使用双导师制。一项新研究开发了护士培养的双导师制,护士长和大学教师作为双导师,共同指导护士实习生以实现护士实习生的临床经验和学术计划③。这种双导师制指导模式的实施创造了学术—临床的伙伴关系,促进了循证实践、质量改进和临床知识的融合,为护士实习生和医疗保健环境带来了积极效果。

## 四、教师教育中的双导师制

教师教育导师制具有不同于医学教育、工商教育、法律教育等其他职业的独特之处,皆因学校教室情境和课堂文化是教师教育的常见场域,故导致师范生的教育实践和专业教学实习的起止时间等组织安排与其他职业教育存在差异。

---

① 中国军事后勤百科全书编审委员会. 中国军事后勤百科全书:卫生勤务卷[M]. 北京:金盾出版社,2002.

② 张春艳. 医学本科生"双导师制"管理系统平台构建研究[D]. 昆明:昆明理工大学,2016.

③ Dolan D M,Willson P. Triad Mentoring Model:Framing an Academic-Clinical Partnership Practicum[J]. *Journal of Nursing Education*,2019,58(8):463-467.

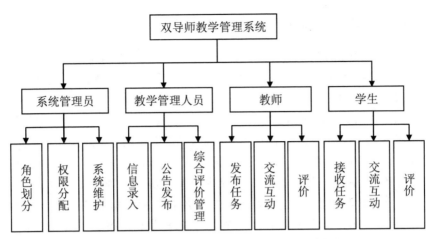

**图 1-1　双导师制 Web 系统功能模块结构图（摘自张春艳，2016）**

事实上，现代师徒制或导师制也在教师培养和培训中应用了较长时间[1]，并日益发挥重要作用。需注意的是，教师教育中双导师制的应用与实施不仅限于职前教师培养，还在刚毕业工作的新教师等入职培训及职后培训上发挥着重要作用[2][3]，有助于解决新教师招聘和留任问题[4]。有研究发现导师制的有效指导是影响新教师留任的一个重要因素[5]，也是激发有经验教师追寻完整的教学职业生涯的重要手段[6]。只不过本书研究主题聚焦在教师教育中的职前教师培养问题上，较少涉猎职后教师培训领域的双导师制。本研究中的"双导师制"特指在高校与地方政府、中小学"三位一体"协同培养的新机制指导下，由高校教师和中小学教师联合组成，各方"权责明晰、优势互补、合作共赢"协同培养师范生的教师教育制度。

① Oban M., Atay D., Yemez N. History of Mentoring in Pre-Service Teacher Education in Turkey[J]. *Eğitim Fakültesi Dergisi*, 2021:1-12.

② Debolt G P. *Teacher Induction and Mentoring: School-Based Collaborative Programs*[M]. State University of New York Press, 1992.

③ Huling-Austin, L. Research on Learning to Teach: Implications for Teacher Induction and Mentoring Programs[J]. *Journal of Teacher Education*, 1992, 43(3):173-180.

④ National Education Association. Supporting Teacher Induction and Mentoring Programs in Light of COVID-19. https://www.nea.org/professional-excellence/student-engagement/tools-tips/supporting-teacher-induction-and-mentoring Published:04/14/2021

⑤ Pinkston S P. *Characteristics Associated with Successful Mentoring and Induction Programs of New Teachers*[D]. Capella University, 2008.

⑥ Bressman S, Winter J S, Efron S E. Next Generation Mentoring: Supporting Teachers Beyond Induction[J]. *Teaching & Teacher Education*, 2018, 73:162-170.

### （一）教师教育双导师的各自角色

教师教育中的双导师制，有很多种表述。一般指的是大学校内导师（university supervisors；tutor），提供学术支持和情感支持；中小学校外导师，又称合作导师（cooperating teachers；mentor；classroom-based mentor teacher），提供实习指导和实践支持。在教师教育中，双导师共同参与师范生培养，但双方的任务、角色、权责各有侧重，在理论知识与实践技能上应形成优势互补。校内导师即高校导师，侧重学生理论知识的指导，培养学生扎实的专业知识，培养学生的综合素质，帮助学生了解教育理论前沿动态，引领学生树立现代教育理念；校外导师即中小学导师，侧重培养学生的教育教学能力，帮助学生夯实教学基本功，提高学生的课堂教学技能与管理水平，帮助学生形成良好的职业道德和专业情感。

大学导师和中小学合作导师二者各自角色不同。有研究表明，印度教育部官方（教师教育国家委员会）虽然提供了关于大学导师和中小学合作导师角色与职责的详细指南，但仍然发现二者没有遵守指南，实习工作仍然像过去几年那样没有改进[1]。这说明双导师对自己角色的认知根深蒂固，不易改变。教师教育领域导师的常见角色[2]，详见表1-6。

**表1-6　教师教育领域导师的 11 种常见角色**

| 角色 | 角色描述 |
| --- | --- |
| 支持者<br>（supporter） | • 协助师范生的个人和专业发展（Kwan & Lopez-real，2005）<br>• 包容和接受师范生（Maynard，2000）<br>• 罗列总结概括（Kilcullen，2007）<br>• 给出诚实、批判性的反馈（Hall et al.，2008）<br>• 在任务执行中提供建议（Maynard，2000）<br>• 提供针对不愉快情况的保护（Hill，Del Favero & Ropers-Huilman，2005）<br>• 为师范生提供支持（Hall，et al.，2008；Hill et al.，2005） |

① Najmuddeen P，Areekkuzhiyil. What Mentors and Supervisors Do? An Analysis in the Light of NCTE School Internship Framework and Guidelines for Two Year B Ed Course[J]．*Edutracks*，2019，18（9），26-33.

② Ambrosetti A，Dekkers J. The Interconnectedness of the Roles of Mentors and Mentees in Pre-service Teacher Education Mentoring Relationships[J]．*Australian Journal of Teacher Education*，2010，35（6）：42-55.

续表

| 角色 | 角色描述 |
|---|---|
| 榜样示范者<br>（role model） | • 用实例来帮助师范生（Greene & Puetzer，2002）<br>• 展示专业行为（Maynard，2000；Kilcullen，2007）<br>• 展示任务（Kilcullen，2007）<br>• 设置和维护标准（Bray & Nettleton，2006）<br>• 为师范生整合理论和实践（Kilcullen，2007） |
| 推动者<br>（facilitator） | • 提供执行任务/工作的机会（Hall et al.，2008）<br>• 允许师范生"发展自我意识"（Maynard，2000）<br>• 提供指导和支持（Bullough et al.，2003；Maynard，2000） |
| 评估者<br>（assessor） | • 为师范生的表现提供基于标准的评分/分数（Kwan & Lopez-real，2005）<br>• 就进度作出明智的决定（Kilcullen，2007） |
| 合作者<br>（collaborator） | • 使用团队式的方法（Hall et al.，2008）<br>• 为师范生提供一个安全的环境（Fairbanks，Freedman & Kahn，2000；Webb，Pachler，Mitchell & Herrington，2007）<br>• 与师范生分享和反思（Webb et al.，2007）<br>• 协助师范生（Webb et. al.，2007）<br>• 认同师范生的需要（Webb et. al.，2007） |
| 朋友<br>（friend） | • 扮演重要的朋友（Kwan & Lopez-real，2005）<br>• 提供友谊或同志情谊（Kwan & Lopez-real，2005）<br>• 鼓励师范生尝试新的任务或挑战（Kwan & Lopez-real，2005）<br>• 以建设性的方式提供关于弱点的建议（Kwan & Lopez-real，2005） |
| 教练员/老师<br>（trainer or teacher） | • 提供关于执行任务的具体指导（Bray & Nettleton，2006）<br>• 教授基本技能（Bullough et al.，2003）<br>• 提供资源（Bullough et al.，2003）<br>• 使用明确的教学传授技能和知识（Fairbanks et al.，2000） |
| 保护者<br>（protector） | • 照顾师范生（Hill et al.，2005）<br>• 与他人一起提升师范生的形象（Hill et al.，2005）<br>• 保护师范生免受不愉快的情况（Hall et al.，2008）<br>• 为师范生的行为辩护（Hall et al.，2008） |

续表

| 角色 | 角色描述 |
|---|---|
| 同事<br>(colleague) | • 将师范生视为已经是这个职业的一部分(Bray & Nettleton,2006)<br>• 该组织中师范生的倡导者(Bray & Nettleton,2006) |
| 评价者<br>(evaluator) | • 评估师范生的进展(Le Maistre et al.,2006;Kilcullen,2007)<br>• 提供反馈(Le Maistre,et al.,2006;Killcullen,2007)<br>• 与师范生进行相互评估(Greene & Puetzer,2002) |
| 交流者<br>(communicator) | • 分享专业知识及技能(Lai,2005)<br>• 提供多元化的沟通方法(Bray & Nettleton,2006)<br>• 就进展提供意见,以进一步发展学习(Jewell,2007) |

类似地,有权威综述总结了合作导师参与教师教育的 11 种方式,代表 11 种角色,具体而言是,教学反馈的提供者(providers of feedback)、教师职业的守门人(gatekeepers of the profession)、教学实践的榜样模范(modelers of practice)、教学反思的支持者(supporters of reflection)、知识的收集者(gleaners of knowledge)、语境的提供者(purveyors of context)、关系的召集者(conveners of relation)、社交关系的发起人(agents of socialization)、实践的倡导者(advocates of the practical)、教学改革的遵守者(abiders of change)、孩子们的教师(teachers of children)①。

**(二)教师教育导师制中的师范生角色**

**1.师范生角色**

师范生作为导师所带的学徒,其角色取决于师范生对导生互动的反应,还受到师范生经验、感知、解释以及导生关系本身等因素的影响,因此师范生需要较多角色去扮演,详见表 1-7。

---

① Clarke,A.,Triggs,V.,Nielsen,W. Cooperating Teacher Participation in Teacher Education:A Review of the Literature[J]. *Review of Educational Research*,2014,84(2),163-202.

### 表 1-7　师范生常见的 5 种角色①

| 角色 | 角色描述 |
| --- | --- |
| 贡献者<br>（contributor） | 作为贡献者,师范生协助完成一些任务,与导师并肩工作 |
| 主动参与者<br>（active participant） | 学员利用导师给的机会发展自己的专业技能和知识。他们主动做事,自愿承担一些任务,并参与教学工作的方方面面。师范生积极听取导师建议并根据建议采取行动 |
| 合作者<br>（collaborator） | 师范生与导师一起制订计划、实施计划并反思一些任务的完成情况 |
| 反思者<br>（reflector） | 师范生以口头和书面形式对自己的表现、行为和学习情况进行反思,并与导师讨论这些反思,以便答疑解惑,助力专业发展 |
| 观察者<br>（observer） | 作为观察者,师范生观察导师是如何完成任务或行动的,并做观察笔记。讨论这些观察结果,以便发展与教学工作相关的技能和知识 |

#### 2. 师范生对导师的评价

师范生对导师的评价还算客观,既有积极一面,又有消极一面②。师范生在实习期间也会尝试评价合作导师的角色及指导行为,结果表明大多数导师都是称职负责的,仅少数导师敷衍塞责（16 位导师中仅有 2 位不负责任）③。师范生在参加教学实习时,会对他们实习的学校合作导师及导师制有一定的感知和认识。一项研究发现,师范生更喜欢那些能从他们身上学到东西的导师,而不喜欢那些对他们评判打分的导师,而且师范生也期待着

①　Ambrosetti, A. , Knight, B. A. , Dekkers, J. Maximizing the Potential of Mentoring: A Framework for Pre-service Teacher Education[J]. *Mentoring & Tutoring : Partnership in Learning* , 2014,22(3):224-239.

②　Alemdag E, Simsek P Ö. Pre-service Teachers' Evaluation of Their Mentor Teachers, School Experiences, and Theory-Practice Relationship[J]. *International Journal of Progressive Education* ,2017,13(2):165-179.

③　Izadinia, Mahsa. Talking the Talk and Walking the Walk:Pre-service Teachers' Evaluation of Their Mentors[J]. *Mentoring & Tutoring : Partnership in Learning* ,2015,23(4):341-353.

导师们给他们提供学习的机会，并能充分利用机会①。

### （三）卓越教师培养计划对双导师制的要求

2014 年和 2018 年，卓越教师培养计划 1.0 和 2.0 依次发布，对双导师制提出了越来越明确的要求，也激发了学者们的研究热情。

表 1-8　卓越教师培养计划 1.0 和 2.0 对双导师制的要求对比

| 卓越教师培养计划 1.0 | 卓越教师培养计划 2.0 |
| --- | --- |
| 开展规范化的实践教学。建立标准化的教育实践规范，对"实践前—实践中—实践后"全过程提出明确要求。实行高校教师和中小学教师共同指导师范生的"双导师制" | 着力提高实践教学质量。全面落实高校教师与优秀中小学教师共同指导教育实践的"双导师制"，为师范生提供全方位、及时有效的实践指导 |

经过文本内容分析，可清晰看出，卓越教师培养计划 1.0 和 2.0 在实行双导师制上，具有明确共识，一致要求实行双导师制，而且值得一提的是，卓越教师培养计划 1.0 和 2.0 都不只是要求在实践教学这一单一环节中实施双导师制，而是要求将双导师制"贯穿培养全过程"。换言之，双导师制是对师范生"实践前—实践中—实践后"全过程、全部教育环节提出的明确要求，而非仅针对教育实践、教学实习环节。

再进一步细致分析，可发现卓越教师培养计划 2.0 是对卓越教师培养计划 1.0 的升级和进一步改革，表现在双导师制的表述上，具体而言，有两点推进。一是从"实行"到"全面落实"，这意味着双导师制从理念到行动的全面转变，从 2014 年的积极倡导逐步过渡到 2018 年的全面落实；二是从"中小学教师"到"优秀中小学教师"，这意味着对中小学合作导师这一重要角色和职能的要求全面提高了，从 2014 年对合作教师的基本要求甚至没要求，逐步拔高到 2018 年的优秀要求。

总之，深入对比研究卓越教师培养计划 1.0 和 2.0 的异同之处，深感对双导师制的实施由"自愿"要求升级到"强制"要求，全方位落实双导师制已成为高校、地方政府与中小学"三位一体""权责明晰、优势互补、合作共赢"协同培养新机制的题中必有之义，而不仅是题中应有之义。

---

①　Ambrosetti A. Mentoring and Learning to Teach：What do Pre-service Teachers Expect to Learn from Their Mentor Teachers？［J］. *International Journal of Learning*，2010，17（9）：117-132.

### (四)师范类专业认证对双导师制的要求

进入新时代,党和人民对有理想信念、有道德情操、有扎实学识、有仁爱之心的"四有"好老师的需求愈发强烈。培养好老师,要从师范类专业认证开始提出明确要求。培养什么样的教师、如何培养教师以及为谁培养教师等根本性问题,都是需要师范类专业认证必须深入思考、认真回答的问题。

2017 年 11 月,教育部印发《普通高等学校师范类专业认证实施办法(暂行)》(以下简称《办法》)。《办法》明确提出,结合我国教师教育实际,分类制定中学教育、小学教育、学前教育、职业教育、特殊教育等师范类专业的认证标准,作为开展师范类专业认证工作的基本依据。2019 年 10 月 17日,教育部又进一步印发了《职业技术师范教育专业认证标准》和《特殊教育专业认证标准》,标志着我国三级五类师范专业认证标准体系正式建立起来。

第一级认证定位于专业办学基本监测要求,第二级认证定位于专业教学质量合格要求,第三级认证定位于专业教学质量卓越要求。师范类专业认证的二、三级标准在课程与教学、合作与实践等方面凸显教师教育特色;职业技术师范教育专业认证的二、三级标准在实践操作能力、职业指导、工匠精神、创新创业、双师型教师等方面凸显职教特色;特殊教育专业认证的二、三级标准在康复训练、特殊教育认同、人道主义精神、融合教育等方面凸显特教特色。

就双导师制而言,在中学教育、小学教育、学前教育专业认证标准的二级与三级中,合作与实践维度、师资队伍监测指标,对双导师制的含义与措施、导师队伍建设的数量与质量均提出了明确要求。详见表1-9。

值得注意的是,在师范类专业认证标准的《注释》中,对专任教师、兼职教师以及校外实践导师都做出了明确规定。具体而言,专任教师指根据普通本科学校设置暂行规定相关内容的制定,指学校本专业在职教职工中具有教师资格,专门从事教学工作的人员。兼职教师指来自教学一线的中学/小学/幼儿园教师。校外实践导师指校外中小学、幼儿园中指导师范生教育实践的教师。实习生数与校外实践导师比例=实习生数/校外实践导师数。教育服务经历指在中学/小学/幼儿园从事教学、管理、研究等工作。

中职教师培养中,产业导师是指指导师范生专业实践或开设课程的企事业单位专业技术人员或高技能人才。中职教师培养中甚至开始提倡"三导师制"。"三导师制"是指为培养职业技术师范生实行高校教师和产业导师共同指导师范生专业实践,高校教师和中等职业学校教师共同指导师范生教育实践的制度。

**表 1-9　学前教育、小学教育、中学教育、职业教育、特殊教育专业认证标准（二级、三级）中对双导师制的相关要求**

| 专业 | 级别 | 维度 | 监测指标 | 参考标准 |
|------|------|------|----------|----------|
| 学前教育 | 第二级 | 合作与实践 | 导师队伍 | 实行高校教师与优秀幼儿园教师共同指导教育实践的"双导师"制度。有遴选、培训、评价和支持教育实践指导教师的制度与措施。"双导师"数量充足，相对稳定，责权明确，能够有效履职 |
| | | 师资队伍 | 数量结构 | 专任教师数量结构能够适应本专业教学和发展的需要，生师比不高于 18∶1。硕士、博士学位教师占比本科一般不低于60%、专科一般不低于 30%，高级职称教师比例不低于学校平均水平，且为师范生上课。幼儿园一线兼职教师素质良好、队伍稳定，占教师教育课程教师比例不低于 20% |
| | 第三级 | 合作与实践 | 导师队伍 | 实行高校教师与优秀幼儿园教师共同指导教育实践的"双导师"制度。有遴选、培训、评价和支持教育实践指导教师的制度与措施。"双导师"数量足，水平高，稳定性强，责权明确，协同育人，有效履职 |
| | | 师资队伍 | 数量结构 | 专任教师数量结构能够适应本专业教学和发展的需要，生师比不高于 16∶1。硕士、博士学位教师占比本科一般不低于80%、专科一般不低于 40%，高级职称教师比例高于学校平均水平，且为师范生上课、担任师范生导师。幼儿园一线兼职教师队伍稳定，占教师教育课程教师比例不低于 20%，原则上为省市级学科带头人、特级教师、高级教师，能深度参与师范生培养工作 |

续表

| 专业 | 级别 | 维度 | 监测指标 | 参考标准 |
|------|------|------|----------|----------|
| 小学教育 | 第二级 | 合作与实践 | 导师队伍 | 实行高校教师与优秀小学教师共同指导教育实践的"双导师"制度。有遴选、培训、评价和支持教育实践指导教师的制度与措施。"双导师"数量充足,相对稳定,责权明确,有效履职 |
| | | 师资队伍 | 数量结构 | 专任教师数量结构能够适应本专业教学和发展的需要,生师比不高于 18:1,硕士、博士学位教师占比本科一般不低于 60%、专科一般不低于 30%,高级职称教师比例不低于学校平均水平,且为师范生上课。配足建强教师教育课程教师,学科专业课程教师能够满足专业教学需要。基础教育一线兼职教师素质良好、队伍稳定,占教师教育课程教师比例不低于 20% |
| | 第三级 | 合作与实践 | 导师队伍 | 实行高校教师与优秀中学教师共同指导教育实践的"双导师"制度。有遴选、培训、评价和支持教育实践指导教师的制度与措施。"双导师"数量足,水平高,稳定性强,责权明确,协同育人,有效履职 |
| | | 师资队伍 | 数量结构 | 专任教师数量结构能够适应本专业教学和发展的需要,生师比不高于 16:1,硕士、博士学位教师占比本科一般不低于 80%、专科一般不低于 40%,高级职称教师比例高于学校平均水平,且为师范生上课、担任师范生导师。配足建强教师教育课程教师,学科专业课程教师能够满足专业教学需要。本科具有半年以上、专科具有三个月以上境外研修经历的教师占教师教育课程教师比例不低于 20%,基础教育一线的兼职教师队伍稳定,占教师教育课程教师比例不低于 20%,原则上为省市级学科带头人、特级教师、高级教师,能深度参与师范生培养工作 |

续表

| 专业 | 级别 | 维度 | 监测指标 | 参考标准 |
|---|---|---|---|---|
| 中学教育 | 第二级 | 合作与实践 | 导师队伍 | 实行高校教师与优秀小学教师共同指导教育实践的"双导师"制度。有遴选、培训、评价和支持教育实践指导教师的制度与措施。"双导师"数量充足,相对稳定,责权明确,有效履职 |
| | | 师资队伍 | 数量结构 | 专任教师数量结构能够适应本专业教学和发展的需要,生师比不高于 18∶1,硕士、博士学位教师占比一般不低于60%,高级职称教师比例不低于学校平均水平,且为师范生上课。配足建强教师教育课程教师,其中学科课程与教学论教师原则上不少于 2 人。基础教育一线兼职教师素质良好、队伍稳定,占教师教育课程教师比例不低于20% |
| | 第三级 | 合作与实践 | 导师队伍 | 实行高校教师与优秀中学教师共同指导教育实践的"双导师"制度。有遴选、培训、评价和支持教育实践指导教师的制度与措施。"双导师"数量足,水平高,稳定性强,责权明确,协同育人,有效履职 |
| | | 师资队伍 | 数量结构 | 专任教师数量结构能够适应本专业教学和发展的需要,生师比不高于 16∶1,硕士、博士学位教师占比不低于80%,高级职称教师比例高于学校平均水平,且为师范生上课、担任师范生导师。配足建强教师教育课程教师,其中学科课程与教学论教师原则上不少于 3 人,具有半年以上境外研修经历教师占教师教育课程教师比例不低于20%。基础教育一线的兼职教师队伍稳定,占教师教育课程教师比例不低于20%,原则上为省市级学科带头人、特级教师、高级教师,能深度参与师范生培养工作 |

续表

| 专业 | 级别 | 维度 | 监测指标 | 参考标准 |
|------|------|------|----------|----------|
| 职业技术师范教育 | 第二级 | 合作与实践 | 导师队伍 | 实行高校教师与产业导师、职业学校教师共同指导实践的"三导师"制度。有遴选、评价和支持专业实践和教育实践指导教师的制度与措施。"三导师"数量充足,相对稳定,责权明确,有效履职 |
| | | 师资队伍 | 数量结构 | 专任教师数量结构能够适应本专业教学和发展的需要,生师比不高于 18∶1,硕士、博士学位教师占比不低于60%,高级职称教师比例不低于学校平均水平,且全员为师范生上课。配足建强教师教育课程教师团队,其中专业教学法教师原则上不少于 2 人。兼职教师素质良好、队伍稳定,能够满足中等职业学校专业教师培养的需要,与专任教师比例不低于 1∶5 |
| | 第三级 | 合作与实践 | 导师队伍 | 实行高校教师与产业导师、职业学校教师共同指导实践的"三导师"制度。有遴选、评价和支持专业实践和教育实践指导教师的制度与措施。"三导师"数量充足,结构合理,水平高,稳定性强,责权明确,协同育人,有效履职 |
| | | 师资队伍 | 数量结构 | 专任教师数量结构能够适应本专业教学和发展的需要,生师比不高于 16∶1,硕士、博士学位教师占比不低于80%,高级职称教师比例高于学校平均水平,且全员为师范生上课、担任师范生导师。配足建强教师教育课程教师团队,学校建有专业教学法教研室,每个专业至少有两名专业教学法教师。有计划选派教师赴海外进修、访学,具有半年以上海外进修、访学经历的教师达到较高比例。兼职教师素质良好、队伍稳定,能够满足中等职业学校教师培养的需要,与专任教师比例不低于 1∶5,原则上为高级职称或高技能人才,能深度参与师范生培养工作 |

续表

| 专业 | 级别 | 维度 | 监测指标 | 参考标准 |
|---|---|---|---|---|
| 特殊教育 | 第二级 | 合作与实践 | 导师队伍 | 实行高校教师与优秀特殊教育教师共同指导教育实践的"双导师"制度。有遴选、培训、评价和支持教育实践指导教师的制度与措施。"双导师"能够满足实践教学需要,相对稳定,责权明确,有效履职 |
| | | 师资队伍 | 数量结构 | 专任教师数量结构能够适应本专业教学和发展的需要,生师比不高于 18：1,硕士、博士学位教师占比本科专业不低于 60%,专科专业不低于 30%,高级职称教师比例不低于学校平均水平,且全员为本专业学生上课。特殊教育背景教师占比不低于本专业专任教师总数的 25%,特殊教育学校等机构兼职教师队伍稳定,占特殊教育课程教师比例不低于 20% |
| | 第三级 | 合作与实践 | 导师队伍 | 实行高校教师与优秀特殊教育教师共同指导教育实践的"双导师"制度。有遴选、培训、评价和支持教育实践指导教师的制度与措施。"双导师"数量足,水平高,稳定性强,责权明确,协同育人,有效履职 |
| | | 师资队伍 | 数量结构 | 专任教师数量结构能够适应本专业教学和发展的需要,生师比不高于 16：1,硕士、博士学位教师占比本科专业不低于 80%、专科专业不低于 40%,高级职称教师比例高于学校平均水平,且为本专业学生上课、担任本专业学生导师。特殊教育背景教师占比不低于本专业专任教师总数的 30%。具有半年以上(专科三个月以上)境外研修经历的教师占比不低于本专业专任教师总数的 20%。特殊教育学校等机构兼职教师素质良好、队伍稳定,占特殊教育课程教师比例不低于 20%,原则上为省市级学科带头人、特级教师、具有高级职称教师及相关专业人员,能深度参与师范生培养工作 |

特殊教育教师培养中,特殊教育背景教师指专任教师中在本科、硕士、博士阶段至少有一个阶段是修读特殊教育(或教育康复)专业的教师;或在本科、硕士、博士阶段是非特殊教育(或非教育康复)专业,入职后具有一年以上特殊教育(或教育康复)专业进修经历的教师。专任教师指根据普通本科学校设置暂行规定,学校本专业在职教职工中具有教师资格、专门从事教学工作的人员。兼职教师指来自一线特殊教育学校/特殊教育(资源、指导、研究)中心/中学/小学/幼儿园的教师和康复机构/医疗机构的专业人员。

### (五)我国教师教育机构双导师制实践探索与研究概况

双导师制在我国高职院校、医护院校和师范院校的人才培养研究中日渐成为热门话题,成为培养人才职业技能的有效方式。就国内师范院校和综合性大学教师教育机构而言,在过去传统上一般指由高校教师指导其毕业论文,而由中小学教师指导其实践教学[①]。但在当前,尤其是 2014 年卓越教师培养计划发布之后,双导师制的实施越来越倾向于贯穿人才培养全过程,尤其是在教学实习、教育实践环节的实施更为重要。例如,山东省于 2016 年 6 月 29 日发布《关于加强师范生教育实践做好实习支教工作的意见》(鲁教师字〔2016〕10 号),专门就教育实践环节的双导师制实施模式及细则做出明确规定:"加强实习指导。师范生实习支教实行高校教师和中小学教师共同指导的'双导师制',高校和市、县(市、区)教育局分别安排选配指导教师,采取驻校指导、巡回指导和远程指导等多种方式,进行有效指导。高校的指导教师应由责任心强、教学经验丰富、熟悉中小学教育教学的教师担任,市、县(市、区)教育局的指导教师应从教研员、各级名师、特级教师、教学能手等骨干教师当中,遴选有责任心的人员担任。高校和市、县(市、区)教育局、中小学要建立指导教师责任分工和激励机制,引导优秀教师主动承担实习支教指导任务,明确实习指导工作职责,对实习支教指导教师可根据其工作情况合理计算教学工作量,并在教师考核、职称(职务)评聘和表彰奖励等方面给予倾斜。可结合实际情况,组建由高校教师和中小学教师联合组成的指导教师团队,经常性地开展专题研究、协同教研、教学工作坊研讨、集中培训等,形成持续发展机制,全面提高指导教师的专业化水平和实践指导能力,推动实习支教工作质量不断提高。"

但不少师范院校也对双导师制进行创新,使之产生了不同的表现方式

---

　①　朱顺东.基于"双导师制"的校外教育实践存在的问题及思考——以丽水学院小教专业为例[J].丽水学院学报,2014,36(6):95-100.

和变式。搜索公开发表的期刊论文可发现,沈阳师范大学"3+1"教师教育培养模式建立了专业发展导师制,聘请基础教育经验丰富的小学教师担任师范生的专业发展导师,与教学法教师、教研指导教师形成教师专业发展队伍①;西南大学教育学院构建了小学教育专业的双导师制三种模式:大一大二以学术导师为主的导学模式、大三以实践导师为主的导教模式、大四以学术导师为主的导研模式②;大庆师范学院小学教育专业构建实施了校内校外全程式指导,对于校内导师而言,全程式的指导既包括完成正常授课任务,还需承担"包干"学生四年的职业技能训练,见习、实习带队,学业、职业规划等任务。同时,校内导师结合自己的专业特长及任教课程,在专业理论知识教学过程中,融入、渗透实践教学内容。对于校外导师而言,全程式的指导主要在学生大学四年期间,结对定向指导5~8名学生各学期的见习、研习、实习以及个别学生毕业论文的写作③。与此类似,常州工学院师范学院初步探索了小学教育专业从大一开始且师范生可中途灵活选择调整导师的"全过程双导师制"④,同样实施大学四年学习生活全程指导的还有黄淮学院音乐学院的音乐教师培养模式⑤;此外,河南师范大学⑥、首都师范大学音乐教育专业⑦、福建师范大学化学教育专业⑧、丽水学院小学教育专业⑨、周口师范学院⑩、黄冈师范学院外国语学院英语教育专业⑪、湖南科技

① 靳希斌. 教师教育模式研究[M]. 北京:北京师范大学出版社,2009.

② 靳玉乐,朱德全,范蔚,等. 小学教育专业(本科)"延伸课堂"的实践探索[J]. 高等教育研究,2009(3):74-81.

③ 杨松柠."协同育人"机制下实践教学"双导师制"模式的构建——以大庆师范学院小学教育专业为例[J]. 黑龙江教师发展学院学报,2020,39(9):24-27.

④ 潘金林. 小学教育专业"全过程双导师制"人才培养模式初探[J]. 常州工学院学报(社科版),2010,28(6):102-105.

⑤ 王伟平. 培养音乐教师教育人才"双导师制"教学模式研究——以黄淮学院音乐表演系为例[J]. 中国高校科技,2017,S1:115-116.

⑥ 罗丹. 教师教育一体化背景下双导师制的实施策略——以河南师范大学为例[J]. 继续教育,2014,28(8):63-64.

⑦ 金奉. 基础音乐教育与高师音乐教育携手发展——首都师范大学"双导师"人才培养模式浅析[J]. 曲靖师范学院学报,2009,28(2):126-128.

⑧ 郑柳萍,颜桂炀,吴茜. 基于双导师制的卓越教师培养研究与实践[J]. 宁德师范学院学报(自然科学版),2014,26(3):294-297.

⑨ 朱顺东. 基于"双导师制"的校外教育实践存在的问题及思考——以丽水学院小教专业为例[J]. 丽水学院学报,2014,36(6):95-100.

⑩ 张浩. 教育类实践课程"双导师制"实施现状及提升路径——以周口市为中心的调查分析[J]. 周口师范学院学报,2014,31(6):131-133.

⑪ 蔡红梅."全学程双导师制"职前英语教师培养模式探究——以地方师范院校英语专业为例[J]. 湖北师范学院学报(哲学社会科学版),2014,34(1):141-144.

大学教育学院小学教育专业①、鹰潭职业技术学院教育系语文教育专业②、许昌学院数学教育专业③、洛阳师范学院④与信阳师范学院⑤等较多高校的教师教育类课程都尝试进行不同形式的双导师制改革,公开发表了一些经验教训。

除此之外,我国台湾新竹教育大学采用了一种四阶段双导师制,在半年实习期间,共计 78 小时的指导时间⑥。

截至 2021 年 8 月 1 日,以"双导师制"+"教师教育"为主题、"双导师制"+"师范教育"为主题、"双导师制"为关键词+"教师教育"为主题、"双导师制"为关键词+"师范教育"为主题,分四次在中国知网知识资源总库上检索全文,经阅读筛选,共得到有用文献 78 篇。基于 CNKI 上 78 篇文献,对我国教师教育双导师制进行计量可视化分析,结果如下。

分析总体趋势可发现,我国教师教育双导师制研究文章发表始于 2003 年《中国教育报》对北京师范大学的一篇新闻报道。2014 年和 2018 年分别为两次发文高潮,究其原因,可能是在这两年分别发布了教育部卓越教师培养计划 1.0 和 2.0,推动双导师制成为研究热点,2018 年之后近三年发文量有所回落,关注度略微下降。详见图 1-2。

分析知识资源分布可发现,发文类型主要集中在期刊论文(68 篇,占 87.18%),其次是硕士学位论文(6 篇,占 7.69%),最后是会议论文和报纸新闻(各有 2 篇,各占 2.56%)。发文期刊主要来源于《教育评论》(4 篇,占 5.13%)《中国成人教育》《教育教学论坛》《文教资料》(各 3 篇,占 3.85%)《教育现代化》(2 篇,占 2.56%)。发文作者主要为封喜桃(5 篇,占 6.41%)、宋兴甫(4 篇,占 5.13%)。发文机构主要为两家:唐山师范学院(5 篇,占 6.41%)、驻马店职业技术学院(4 篇,占 5.13%)。

①  朱华,罗海萍. 关于小学教育本科学生推行双导师制的思考[J]. 成都大学学报(教育科学版),2008(8):45-47+52.

②  官卫星,徐冬香,余亚坤. 双导师制:高师语教专业教育与基础教育对接的有效策略[J]. 语文学刊,2012(16):110-112.

③  吴志勤,张祎. "双导师制"在培养高师学生实践能力中的作用与研究[J]. 考试周刊,2013,56:153-154.

④  韩运侠,赵志国. 教师教育类课程"双导师制"的实施与思考[J]. 时代教育,2014(7):15-16.

⑤  王大磊. 教师教育"双导师制"的理论支撑与实践路径研究[J]. 广西职业技术学院学报,2013,6(5):18-21.

⑥  Lin,P. J. & Tsai,W. H.(2007). Learning in Mentoring Through the School-University Partnership. Proceedings of the International Academic Conference of Preparing Quality Science Teachers for Elementary and Secondary Schools—Perspectives of Partnership in Mentoring. Mar 31-June 2,National Taipei University of Education.

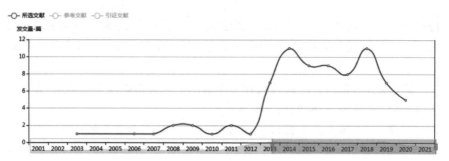

图 1-2　我国教师教育双导师制研究计量可视化分析（总体趋势分析）

分析关系网络发现，被引频次超过 10 次的论文有 7 篇，《双导师制：提高教育硕士培养质量的可能策略》（杨跃，张婷婷，2008；被引频次：44）、《全日制专业学位研究生指导教师队伍建设的探讨——以教育硕士为例》（宋强，裴金宝，2011；被引频次：40）、《双导师制与教师教育一体化》（封喜桃，2011；被引频次：14）、《双导师制：理念、行动、进路——安徽师范大学国家级地理科学特色专业师范生培养的创新探索》（刘学梅，陆林，李俊峰，2013；被引频次：12）、《教师教育类课程双导师制论析》（贺永惠，2014；被引频次：11）、《小学教育专业"全过程双导师制"人才培养模式初探》（潘金林，2010；被引频次：11）、《基于"全过程双导师制"的卓越幼儿园教师培养模式》（张建波，2015；被引频次：10）。分析关键词共现网络发现，"教师教育课程"和"教育实习"两个关键词出现次数最多，是双导师制实施的主要场域。

除了公开发表的期刊论文，也可以综合教育部简报、新闻报纸、官方网站等信息来源，梳理双导师制在国内的实施概况，详见表 1-10。

表 1-10　我国各省师范院校和综合性大学双导师制
实践探索概况一览表

| 省、自治区、直辖市 | 大学 | 举措 | 文献来源 | 时间 |
|---|---|---|---|---|
| 教育部直属 | 教育部直属六所师范大学 | 为了加强对师范生培养的指导，六所大学普遍实行双导师制。遴选了一大批优秀中小学骨干教师担任师范生兼职导师，并选派校内优秀教师承担教师教育课程教学任务 | 教育部简报〔2010〕第 61 期 | 2010.04.15 |

续表

| 省、自治区、直辖市 | 大学 | 举措 | 文献来源 | 时间 |
|---|---|---|---|---|
| 福建省 | 漳州师范学院 | 立足服务地方基础教育,推进教师教育改革创新,探索教育硕士专业学位培养模式改革。漳州师范学院采取了两种教育硕士专业学位培养模式,创新实验区在职教师培养模式。实行校内导师与实验区"副导师"的双导师制,共同研究和实施培养方案 | 教育部简报〔2011〕第 159 期 | 2011.11.03 |
| 上海市 | 上海师范大学 | 加强师资队伍建设。构建由中小学幼儿园名师、区县教研员、教师教育专家组成的兼职教师队伍,实行高校与基础教育一线教师共同指导师范生的双导师制 | 教育部简报〔2012〕第 18 期 | 2012.03.08 |
| 广东省、海南省、青海省 | 华南师范大学、海南师范大学、青海师范大学等 | 深入开展师范生到中小学实习支教工作,加强师范生职业基本技能训练,高等学校和中小学、幼儿园同时选派经验丰富的教师担任实习指导教师 | 教育部简报〔2012〕第 147 期 | 2012.09.05 |
| 湖北省 | 华中师范大学 | 实施"名师授教工程""名师导航工程",为师范生配备校内一流名师、校外教育名家、中学特级教师 3 支名师团队 | 教育部简报〔2012〕第 147 期 | 2012.09.05 |
| 黑龙江省、河北省、内蒙古自治区 | 哈尔滨师范大学、河北师范大学、内蒙古师范大学等 | 聘请一线优秀教师做兼职导师,实行高校与中小学教师共同指导师范生的双导师制 | 教育部简报〔2012〕第 147 期 | 2012.09.05 |

续表

| 省、自治区、直辖市 | 大学 | 举措 | 文献来源 | 时间 |
|---|---|---|---|---|
| 浙江省 | 浙江师范大学 | 积极构建教师教育实践教学体系，完善实践教学模式。教育实训采用师徒"一带一"方式严格按各学科《教学技能标准》进行微格训练。实行"双导师"制，教学论教师在实习期间"驻队指导"，同时聘任中学教师进行指导 | 教育部简报〔2012〕第 177 期 | 2012.11.12 |
| 河南省 | | 从今年秋季开始，引导高等院校教育类课程试行"双导师制"，推进教师教育职前培养与职后培训一体化 | 教育部简报第 189 期 | 2012.11.22 |
| 河南省 | | 实施教师教育课程改革引导发展计划，促进高等师范教育与基础教育深度融合，试行教育类课程"双导师制"。支持和鼓励中小学、幼儿园高水平教师到高校承担教学，形成高校教师与中小学、幼儿园教师既共同指导师范生，又共同指导中小学生和幼儿的"双导师制"。<br>举办教师教育院校按照不少于本校教育类课程教师 20%的比例聘请中小学、幼儿园教师为兼职教师，安排不少于 20%的指导教师全程参与师范生教育教学实践，学科教学论、教育类课程教师在实习基地跟踪指导时间每学期不少于 5 周，并通过"顶岗置换教学"模式，着力加强师范生职业能力培养 | 教育部简报第 219 期 | 2012.12.29 |

续表

| 省、自治区、直辖市 | 大学 | 举措 | 文献来源 | 时间 |
|---|---|---|---|---|
| 北京市 | 首都师范大学 | 文化融合:大学文化与中小学文化的融通,实施真正意义上的双导师制(一个大学教师,另一个中小学教师),要求双导师全程协同指导,从制度上促成大学教师和中小学教师建立起密切的教育关系,互相学习、互相激活,融通双方的工作文化和学术文化 | 解艳华.提升大学生实践能力需制度创新[N].人民政协报,2014-10-29(010). | 2014.10.29 |
| 北京市 | 北京师范大学 | 实行高校教师和中小学教师共同指导师范生的"双导师制" | 方增泉,祁雪晶,郑伟,等.免费师范生政策需调整[N].人民日报,2015-02-12(018). | 2015.02.12 |
| 浙江省 | 宁波教育学院 | 建立标准化的教育实践规范,通过实习手册对"实践前—实践中—实践后"全过程提出明确要求,实行学院教师和幼儿园教师共同指导学生的"双导师制" | 张克勤.宁波教育学院:打造师资共同体,进行全人生指导[N].中国教师报,2015-07-22(013). | 2015.07.22 |
| 山东省 | 青岛幼儿师范学校 | 创新实施"双导师制",即学生在实习期配备两名指导教师,一名是学校专业教师,一名是幼儿园实践老师,他们一起对学生的教案、一日活动组织与指导、毕业论文撰写与答辩各环节跟进指导,共同对学生的实习给予评价。目前,青岛幼儿师范学校已有市实验幼儿园、市机关幼儿园等13所幼儿园300余名园长和教师受聘为学生的实践导师,双导师共同努力促进了实践与理论有机结合,教、学、做有机统一 | 张根健,张海青,张景美.园校联动 协同育人——记青岛幼儿师范学校园校合作育人机制[N].中国教育报,2015-11-12(012). | 2015.11.12 |

续表

| 省、自治区、直辖市 | 大学 | 举措 | 文献来源 | 时间 |
|---|---|---|---|---|
| 福建省 | 闽南师范大学 | 探索创新乡村教师培养模式。实施乡村教师人才培养专项计划，推行学科教学法教师和中小学优秀教师的双导师制，开设乡村教育、乡村文化、留守儿童关爱教育等系列课程，提升学生专业素质 | 教育部简报〔2016〕第45期 | 2016.11.07 |
| 湖北省 | 黄冈师范学院 | "四双"保障体系，即双建制班资源共享、双模块课交叉实施、双导师制全程指导、双基地练强化实践。创设了丰富多样的学习资源，营造了多科融合的学习环境 | 中国教育新闻网-中国教师报 http://www.jyb.cn/zgjsb/201702/t2017-0215_592166.html | 2017.01.25 |
| 广西省 | 河池学院 | 与当地基础教育接轨，我们实施"属地实习、三位一体管理、双导师制"的教育实习模式。全科生集中回到签约县（市）小学教育实习，由高师院校、当地教育局、实习学校进行"三位一体"管理。高师院校教师主要提供理论指导和巡回指导，聘请实习教师为实践指导教师，实行"双导师制"进行实践指导 | 中国教育新闻网-中国教师报 http://www.jyb.cn/zgjsb/201805/t2018-0529_1091466.html | 2018.05.30 |
| 河南省 | 信阳师范学院 | 信阳师范学院教师教育学院与信阳九小是教师教育协同培养基地合作单位，每年学院安排师范生到信阳九小见习、实习，聘请信阳九小优秀教师为"双导师制"校外导师，定期到信阳教师教育学院开展专题讲座和师范生教学技能训练 | 付永昌.教师志愿者课后服务活动的意义[N].中国教师报,2019-06-26(006). | 2019.06.26 |

续表

| 省、自治区、直辖市 | 大学 | 举措 | 文献来源 | 时间 |
|---|---|---|---|---|
| 浙江省 | 浙江师范大学 | 落实"双导师制",系统优化"三习一训"浙江师大英语(师范)专业将教育实践贯穿教师培养全过程,实行高校教师与优秀中学教师共同指导的"双导师制",整体设计、分阶段安排教育实践内容,精心组织体验与反思活动,构建包括师德体验、教学实践、班级管理实践、教研实践等全方位的教育实践内容体系 | 张亚萍,竺金飞.基于教研—育人共同体的大中学校协同培养职前教师模式探索[N].中国社会科学报,2019-08-16(005). | 2019.08.16 |
| 湖北省 | 湖北师范大学 | "三位一体"破解教师教育综合改革难题,创建教师教育综合改革实验区。采取高校与中小学优秀教师共同指导的"双导师制",在师德养成、社交礼仪、家校沟通等方面全方位指导。邀请当地中小学名师名校长担任兼职教师,参与人才培养方案修订、教材编写和教学研究、课程开发 | 中国教育新闻网-中国教师报http://www.jyb.cn/rmtzg-jsb/202103/t20210330_476005.html | 2021.03.30 |

总之,双导师制在全国各地的教师教育机构推广实施已久,不管是在教育部直属师范大学,还是在地方师范类大学、地方综合性高校等,双导师制可谓是"进政策、进校园、进头脑"般地全面落实了。但双导师制在我国实施过程中存在的若干问题不应轻视,比如:政府支持力度不够大、承担有教师教育任务的二级学院助力不足[①]、校外合作导师监管较少和经济待遇无法落实[②]、校内外导师沟通交流渠道稀缺[③]等问题,都可能制约双导师制实施

---

① 王念利.教育类课程实施"双导师制"的成效及问题[J].石家庄学院学报,2020,22(4):55-59.

② 王伟平.培养音乐教师教育人才"双导师制"教学模式研究——以黄淮学院音乐表演系为例[J].中国高校科技,2017,S1:115-116.

③ 张芳玲."双导师制"在我国教育硕士培养中的实施现状与改进策略[J].高教学刊,2019,24:150-152.

效果,导致双导师制流于形式。这些事实上存在的问题也是本研究的出发点和落脚点,针对这些问题,本研究尝试构建长效机制以解决问题、克服困难。

### (六)国外教师教育双导师制实施与研究概况

#### 1. 英国

英国教师教育的导师制由 19 世纪的导生制、教生制和寄宿制师范学校等培训模式,逐步发展为 20 世纪"以学校为基地"的"伙伴合作关系"的职前教师培训方案,1 学年 36 周中有 24 周接受中小学教师指导,12 周由大学导师指导进行理论学习[①]。在教育实习环节,以中小学为基地,成立由大学的教育学院、地方教育行政管理部门和实习学校组成的"伙伴关系指导小组",彼此沟通合作,落实师范生的教育实习,提高师范生的教育胜任能力[②]。英国多所综合大学参与教师教育的具体模式虽不同,但整体上,从"以大学为本"的教师教育模式,走向了大学与中小学更加平等的伙伴式关系,并且大学与中小学共同体的功能由教学生、培训教师,延伸到了共同开展研究[③]。

以英国剑桥大学教育学院小学教师培养课程为例,该课程学制为四年,学科专业学习与教育专业训练同时进行,实习方式也较为灵活,如分散实习、集中实习等。从大一开始,学生到伙伴学校进行教育见习,旨在帮助学生了解、熟悉中小学生活、环境。此后三年实习时间逐渐增加,平均达到每学年 8 周的实习时间。具体而言,教育实习分为三个阶段:第一阶段是在大二时,学生在伙伴学校进行为期 4 周的实习。实习内容包括通过小组合作备课、独立教学、观察班级活动、管理学生等实践活动,旨在锻炼学生的教学能力、合作能力和反思能力。第二阶段是大三、大四时安排的连续五到八周的正式的教学实习,这一阶段更加注重学生独立的备课、教学能力的培养,要求学生必须完成更多的独立教学任务。同时学生可以在真实情境下体验与教师工作相关的一系列活动,如组织班会、与家长交流等,锻炼其沟通能力与组织能力。第三阶段是累计达到 140~150 个半天的持续性的教育实习、教学体验活动。该阶段的实习内容包括教学、备课、管理等所有方面,要求学生能够独立应对教学情境中可能会发生的一切问题。学生在参与上述教育实习的整个过程时,都是在大学指导老师和中小学指导老师的共同指

① 靳希斌. 教师教育模式研究[M]. 北京:北京师范大学出版社,2009.
② 刘晓红,段作章. 中外几种教育实习模式的比较研究[J]. 比较教育研究,2000(4):56-59.
③ 李霞. 英国卓越教师培养的经验及启示[J]. 外国中小学教育,2015(12):38-43.

导下进行。在实习评价方面,也是由实习学校导师和大学指导老师共同评价。这种双导师合作式的培养机制对大学指导老师、学校指导老师和实习生三方均有积极作用[1]。

有研究以英国布里斯托大学(典型的以学校为基地的教师教育)和英国马耳他大学(未实行以学校为基地的教师教育)为例,比较了二者异同[2],可发现:布里斯托大学主要依靠中小学合作导师来支持师范生,表现在 9 月的前两周、10 月的后两周,而马耳他大学并未实施导师制。两所学校的教师教育课程模式比较,详见表 1-11。

**表 1-11 英国布里斯托大学与马耳他大学英语教育硕士认证项目比较**

| 周 | 月份 | 布里斯托大学 | 马耳他大学 | 周 | 月份 |
|---|---|---|---|---|---|
| 1 | 九月 | 中小学初次实习安置 | | | |
| 2 | | | | | |
| 3 | | 在大学:教学(英语和专业研究);参加讲座、研讨会、讲习班等和在学校参观见习 | | | |
| 4 | | | | | |
| 5 | 十月 | | | 1 | 十月 |
| 6 | | | | 2 | |
| 7 | | 秋季实习安置 | 大学教学(英语和专业研究),包括每周两个上午的学校见习 | 3 | |
| 8 | | | | 4 | |
| 9 | | 期中假 | | 5 | |
| 10 | 十一月 | | | 6 | |
| 11 | | | | 7 | |
| 12 | | | 现场实习安置 1 | 8 | |
| 13 | | | | 9 | |
| 14 | 十二月 | 在大学:英语和专业研究;回顾与展望 | | 10 | |

---

① 曲中林,胡海建,杨小秋. 教师教育的实践性研究[M]. 哈尔滨:哈尔滨工业大学出版社,2016.

② Smith L,Spiteri D. A Tale of Two Cities:A Comparison of the PGCE Secondary English Programmes at the Universities of Bristol and Malta,with Particular Emphasis on the Student Teachers' School-Based Experience and the Role of the Mentor[J]. *English in Education*,2013,47(3):213-228.

续表

| 周 | 月份 | 布里斯托大学 | 马耳他大学 | 周 | 月份 |
|---|---|---|---|---|---|
| 15 | | 春季实习安置介绍 | 在大学:英语和专业研究,包括每周两个上午的学校见习 | 11 | |
| 16 | | | | 12 | |
| 17 | | 圣诞休会 | | 13 | |
| 18 | 一月 | | | 14 | |
| 19 | | 春季实习安置 | 在大学:英语和专业研究 | 15 | |
| 20 | | | | 16 | |
| 21 | | | 2.5个星期考试时期 | 17 | |
| 22 | | | | 18 | |
| 23 | | | | 19 | |
| 24 | 二月 | | 在大学:英语和专业研究 | 20 | |
| 25 | | | | 21 | |
| 26 | | 期中假 | | 22 | |
| 27 | | | 在不同学校的实习安置2 | 23 | |
| 28 | 三月 | | | 24 | |
| 29 | | 复活节假期 | | 25 | |
| 30 | | | 复活节假期 | 26 | |
| 31 | 四月 | 在大学:进一步巩固和展望 | 继续实习安置2 | 27 | |
| 32 | | | | 28 | |
| 33 | | | | 29 | |
| 34 | | 暑期实习安置(可能安排在不同学校) | | 30 | |
| 35 | 五月 | | | 31 | |
| 36 | | | 在大学:英语和专业研究 | 32 | |
| 37 | | | | 33 | |
| 38 | | | | 34 | |
| 39 | | | | 35 | |
| 40 | 六月 | 在大学:针对不同学科的每周训练;最终评价指导;进入专业讲座 | 考试阶段 | 36 | |
| 41 | | | | 37 | |
| 42 | | | | 38 | |
| | | 期中假 | | 39 | |

### 2. 美国

美国从第二次世界大战后非常重视从宏观上进行教师教育政策的研究和经费投入,教师教育模式在各州高校中或多或少有所不同,但 1991 年以后,大学与中小学合作日益加强,开始建立职业发展学校(Professional Development School),实施"第五学年计划",大学教授和中小学教师的合作伙伴关系愈加频繁稳固。以美国圣地亚哥州立大学与丘拉维斯塔小学学区之间的合作为例,从师范生的安置、必修内容知识、教学技能到实习经历的特殊设计,均为大学教师与中小学任课教师(双导师)、学校管理者合作协商作出的决策(Pohan,2003);中小学指导教师带领学生先进行 300~500 小时的临床实践教学(教育见习),之后进行 10~20 周的前实习和教学实习①,还发展出了同伴式合作实习模式这种教学实习新模式,即一名中小学指导教师带两个实习生,合作进行课堂教学②。

以斯坦福大学教育学院教师教育项目(STEP)为例,该项目为保障教育实习的质量,制定了专门的实习工作协议,要求由大学指导教师和合作教师共同负责实习教师的学习与实践③。协议对双导师的选聘、职责等方面进行了详细规范。在选聘方面,大学指导教师由学院教育专家挑选和实习学校校长共同推荐,中小学指导教师通常是由资历深厚、经验丰富的教师担任。在职责方面,因为许多原先在大学课堂进行的教学转移到中小学进行,所以大学指导教师要亲自深入中小学教育教学实践;中小学指导教师负责对实习生进行直接、持续的课堂指导,还要担任小队教学工作、参与师范生的录取和教师教育课程的规划等,在教师教育课程中扮演着重要角色。STEP 对实习生采取季度性考核评价,由大学导师和中小学教师各自独立完成。毕业时,实习生要递交一份毕业档案袋,档案袋要通过大学导师和中小学导师组成的委员会鉴定④。

此外,美国各州对双导师制也有自己的培训要求和标准。而且,当前随着新冠肺炎疫情在全球范围内暴发,远程教师教育开始兴起,"互联网＋双导师制"也渐渐成为主流。

---

① 陈时见,周琴.综合大学教师教育的国际比较侧重综合大学教师教育发展的案例分析[M].重庆:西南师范大学出版社,2011.

② 靳希斌.教师教育模式研究[M].北京:北京师范大学出版社,2009.

③ https://ed.stanford.edu/step/about

④ 顾晓诗.以卓越教师培养为导向的教育实习"双导师制"研究[D].南京:南京师范大学,2020.

3. 澳大利亚

近年来澳大利亚在教师教育研究领域异军突起。针对历史上大学教师与小学指导教师之间的脱节、彼此缺乏了解，近期尝试建立起二者之间的桥梁，研究认为二者只有在师范生实习期间建立起有效的沟通关系，才能确保师范生获得支持和实习成功（Ryan & Jones，2014）。近期，澳大利亚81个大学与中小学合作伙伴的案例研究发现：成功的合作，的确关注了所有利益主体（stakeholders）的学习进步，各方都受益，同时，关注中小学生的学习进步也是所有合作方的共同目标。据此指出，成功合作的指标是建立良好关系与对话的空间（Kruger，Davies，Eckersley，Newell & Cherednichenko，2009），这对我国探索双导师制的沟通机制提供了启发和借鉴。

2011年，澳大利亚教育协会（AITSL）颁布了《澳大利亚教师教育项目的认证：标准与程序》（The Accreditation of Initial Teacher Education Programs in Australia：Standards and Procedures），对教师教育机构实施的培养方案进行鉴定，确保教师教育质量①。该鉴定方案提出了六项教师培养标准，其中，"专业体验"标准要求大学与中小学学校签订书面协议，达成伙伴合作的关系。以澳大利亚罗利山大学的"专业体验"为例，学校对指导教师双方的工作制定了详细要求。大学中的指导教师负责与学校指导教师、实习教师的联系、沟通等工作。实习学校的指导教师负责提供课程准备的帮助、以口头或书面的反馈与指导发展他们处理问题的策略、提供有关课程内容的指导、提供每节课或半天或一天的班级管理的书面评论等工作。

按照国别概述完之后，还有必要通过计量可视化分析一窥教师教育双导师制研究的全貌。截至2021年8月1日，基于科睿唯安Clarivate Analytics公司的Web of Science™所有数据库（All Databases：Web of Science Core Collection，BIOSIS Citation Index，Chinese Science Citation Databases，Inspec®，KCI-Korean Journal Database，MEDLINE，Russian Science Citation Index，SciELO Citation Index），以"mentoring"+"teacher education"为topic检索，共检索到918条文献。对教师教育导师制文献进行计量可视化分析，结果如下：

第一，根据出版时间分析，教师教育导师制日趋成为研究热点，2019年发表103篇，2020年发表100篇文献，近七年共发表565篇，教师教育导师制研究激增。如图1-3所示。由文献类型看，绝大多数都是期刊论文

---

① Accreditation of Initial Teacher Education Programs in Australia：Standards and Procedures. https：//www.aitsl.edu.au/deliver-ite-programs/standards-and-procedures

（867 篇），其中综述论文 21 篇。

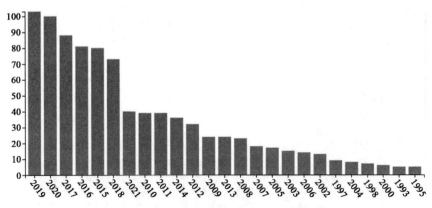

**图 1-3　教师教育导师制研究出版时间分布**

第二，国家分布表明，教师教育导师制研究主要集中在欧美，第一梯队为美国，研究成果丰硕（290 篇），其次是第二梯队英国（98）和澳大利亚（87），第三梯队为加拿大（39）、挪威（35）、土耳其（35）、南非（28）、西班牙（24）、以色列（23）、荷兰（23）等国家。如图 1-4 所示。欧美研究实力占绝对优势。这与基金资助机构的分布大体一致，欧洲委员会 European Commission（11 篇），美国国家科学基金 National Science Foundation（NSF）（8 篇），美国教育部 US Department of Education（8 篇），挪威研究委员会 Research Council of Norway（6 篇）。

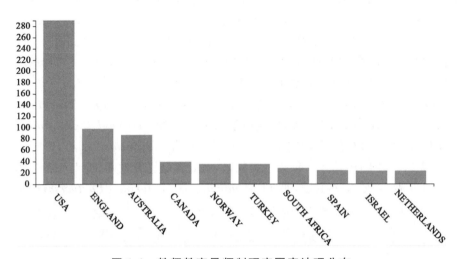

**图 1-4　教师教育导师制研究国家地理分布**

第三,作者分析表明,以色列的 Lily Orland-Barak 研究最多(10 篇),其次为荷兰的 Nico Verloop(7 篇),加拿大的 Anthony Clarke、西班牙的 Juanjo Mena 均为 6 篇。与国家分布不同的是,发文较多的作者均不是美国人,但美国作者在欧美合作网络广泛。如 1-5 所示。

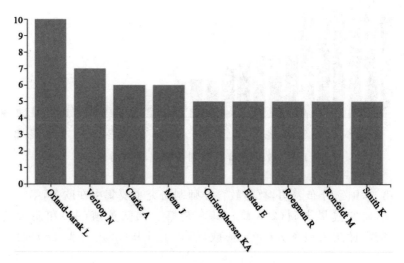

**图 1-5 教师教育导师制研究作者分布**

第四,发文期刊分析表明,研究者首选期刊为 *Teaching and Teacher Education*(82 篇,影响因子:2.686),其次为 *International Journal of Mentoring and Coaching in Education*(45 篇,影响因子:2.089)、*Journal of Teacher Education*(36 篇,影响因子:5.357)、*European Journal of Teacher Education*(32 篇,影响因子:2.250)、*Journal of Education for Teaching*(27 篇,影响因子:1.373)、*Australian Journal of Teacher Education*(22 篇,影响因子:1.51),最后为 *Asia Pacific Journal of Teacher Education*(16 篇,影响因子:1.134)、*Teachers and Teaching:Theory and Practice*(13 篇,影响因子:2.345)、*Professional Development in Education*(12 篇,影响因子:4.29)、*Teaching Education*(12 篇,影响因子:无)。如图 1-6 所示。值得一提的是,就导师制提升教师、护士等多个职业的专业发展这一主题,期刊 *Mentoring & Tutoring:Partnership in Learning* 于 2017 年第 1 期出版过一期专刊①。

---

① Irby B J,Lynch J,Boswell J,et al. Mentoring as professional development[J]. *Mentoring & Tutoring:Partnership in Learning*,2017,25(1):1-4.

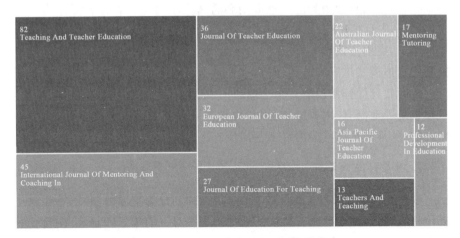

**图1-6 教师教育导师制研究期刊分布**

第五,就研究方向而言,大多数研究都集中在教育学,涉及教师教育相关的理论与实证研究;其次是计算机科学,涉及远程教师教育、"互联网＋导师制";最后是语言学、社会科学和心理学,涉及语言教师教育、团体辅导导师制等主题。如图1-7所示。

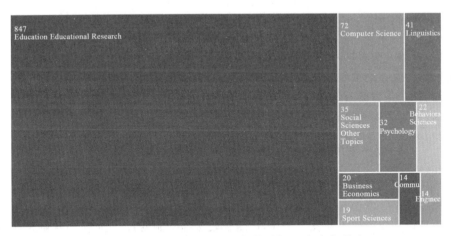

**图1-7 教师教育导师制研究学科与研究方向分布**

### (七)教师教育导师制模式细分

双导师制最常用的模式是一名学生配两名导师:一名校内导师,负责指导学生的理论知识,又称"学术导师"或"专业导师";一名校外导师,负责指导学生的教学实践,又称为"实践导师"或"职业导师"。尽管较多研究者已达成共识,职前教师培养应广泛吸纳和聘请中小学优秀骨干教师作为师资主体之一,①但在政府、高校和小学"三位一体"协同培养小学教师的改革指导框架下,突出实践导向,改革实习实践教学的旧模式,对导师制甚至双导师制的具体模式进行细分与厘清,也是一项有意义的挑战。

教师教育导师制没有一个全球通用、全国一致的统一模式,各国、各省、各校也是因地制宜、因校制宜、因材施教。导师制的模式种类多样,并不是单一的,从不同视角可分为许多不同模式。

### 1. 单导师与双导师、三导师

根据导师数量多少,我们简单地可把导师制分为单导师制、双导师制与三导师制,甚至多导师制。传统的导师制是一对一的单导师制,由该领域中经验丰富的教师为师范生提供指导。教师教育领域的双导师制,一般指的是大学导师与中小学合作导师协同合作培养职前教师②③。除了大学导师、中小学合作导师之外,若再进一步将辅导员、班主任、中小学校长、各级教育行政部门的教研员及相关专家,甚至大学导师所在课题组内的博士研究生助研或助教等角色逐一纳入导师制,便形成了三导师以及多导师制的情境。

### 2. 全程一贯导师制与实习期导师制

根据导师指导活动集中在师范生培养的某一培养环节还是培养全过程,可分为实习期导师制和全程一贯导师制。教师教育领域传统的导师制一般指实习期等教育实践环节的指导活动,而随着卓越教师培养计划的全面实施,为贯彻政策要求,贯穿实习前、中、后全部培养环节的全过程导师制,越来越深入人心。

### 3. 一对一导师制、一对二导师制、同伴导师制与团体导师制

一对一导师制(dyad mentoring)是传统的导师制模式,一位导师配一位师范生(one-to-one mentoring);随着导师制研究与实践的不断深入,导师身份和角色也不断发生变化,出现了较多导师制变式,比如一位导师带两

① 陈永明. 教师教育学[M]. 北京:北京大学出版社,2012.

② Ben-Harush A,Orland-Barak L. Triadic Mentoring in Early Childhood Teacher Education:The Role of Relational Agency[J]. *International Journal of Mentoring and Coaching in Education*,2019,8(1):1-15.

③ Ambrosetti, A., Dekkers, J., Knight, B. Mentoring Triad:An Alternative Mentoring Model for Preservice Teacher Education? [J]. *Mentoring & Tutoring:Partnership in Learning*,2017,25(1):42-60.

位师范生的一对二导师制(triad mentoring);师范生及其同学也能彼此互相指导、互相帮助的同伴导师制(peer mentoring);多位导师指导多名师范生一起完成指导任务,或言之,一组导师指导一群师范生便构成一个指导团体(group mentoring)①。

**4. 专家导师制与同伴导师制**

传统的导师制一般是指由经验丰富、德艺双馨的专家承担导师角色和职责指导。但也有例外,导师制并不总是需要高超的技术专长才能成功。在许多情况下,导师的个人素质会产生很大的不同:成为一个好的倾听者至关重要,能够鼓励和创造机会来实现隐藏的天赋,并希望帮助人们发展和成功。此时,一个善于倾听并提供帮助的好同学通常也会被邀请成为导师,形成同伴导师制②,甚至师范生彼此之间相互指导。详见本章同伴导师制部分。

**5. 正式导师制与非正式导师制**

根据是否有意设计导师制,可分为正式导师制(formal mentoring)与非正式导师制(informal mentoring)③。非正式导师制可以被看作是一种自发地、非正式地、随机地建立起来的关系,没有任何计划、结构或管理。比如,基于特殊兴趣和共同目标,在专业和个人方面建立合作的师徒关系。导师和学徒之间的讨论往往超越专业问题,更倾向于分享当前的个人问题和兴趣。与之相反,正式导师制涉及一些正式的行政结构,以最大限度地发挥其干预力量,从而提高教育环境中的教学效果。一般正式导师制具有明确的设计意图、具体的时间表,会进行导师匹配或导师指导技能培训,来促进建立和维持富有成效的指导关系。比如,职前教师教育领域中常见的实习期导师制。

在每种模式中,导师指导、导师反馈以及师范生的反思性实践,对于学科教学技能训练都具有重要作用。值得注意的是,对导师制的这些二分法、三分法甚至多分法,有可能会使曾经连贯、连续的教师教育实践彼此脱

①　Dikilitas,K.,Mede,E.,& Atay,D.(Eds.). *Mentorship Strategies in Teacher Education* [M]. IGI Global,2018.

②　Çapan,S. A. (2021). *Reciprocal Peer Mentoring: Practical Implications in Practicum* [M]. In Emerging Strategies for Public Education Reform(pp. 215-234). IGI Global.

③　Nguyen H T M. *The Design of Mentoring Programs*, In *Models of Mentoring in Language Teacher Education*[M]. Springer,Cham,2017:71-81.

节①。但笔者认为，从知识生产的角度而言，这些对导师制模式的细分，在理论上对于深入理解导师制的概念仍是有益的。

### （八）教师教育导师制的优势与局限

#### 1. 优势

教师教育导师制一方面具备了本科生导师制的共同优势，有助于导师全方位了解师范生的学情，例如：在教学方式上重视个别指导、因材施教、言传身教、循循善诱，在导生关系上善于营造平等、合作、宽松、自由、和谐的人际关系，在教学内容上理论与实践并重，德智融合。

另一方面，也具有教师教育学科独特优势，能够实现用一线卓越教师造就未来卓越教师。例如：导师制有助于将学科教学的知识和技能、理论和实践整合起来。将教育教学理论付诸行动，在行动中检验所学理论。

指导好师范生掌握有效教学的理论与实践知识，是教师教育者长期面临的困难和挑战之一。教师教育导师制的一大优点恰好就在于授人以渔，不是授人以鱼，即通过导师言传身教来传授技能、讲解教学技巧，而非仅仅教会学科教学的知识，不仅限于传道授业解惑，从而培养师范生对教师职业的自信心、自我效能感、归属感、获得感。导师制，尤其是双导师制，便成为这一"技能传授"理念实现的核心环节。

教师教育导师制优势还在于提升师范生教学能力②；能训练师范生的教学反思能力③，提高师范生的反思深度和反思层级，实习工作效果显著。教学反思是教师专业发展的重要指标，双导师制在培养师生教学反思方面颇有成效。新时代卓越教师培养应聚焦在师范生教学技能习得和发展上。

除了知识与能力这些智力因素的提升，导师制还能提升师范生的自信心和自我效能感，督促师范生更努力④；对减少职前教师的焦虑以及提高他

① Lawy R，Tedder M. Mentoring and Individual Learning Plans：Issues of Practice in a Period of Transition[J]. *Research in Post-compulsory Education*，2011，16(3)：385-396.

② Buatip S，Chaivisuthangkura P，Khumwong P. Enhancing Science Teaching Competency among Pre-service Science Teachers through Blended-Mentoring Process[J]. *International Journal of Instruction*，2019，12(3)：289-306.

③ 郭方兵. 双导师制对职前英语教师教学反思能力的影响研究——以教学学术理论为视角[D]. 长春：东北师范大学，2019.

④ Eli L，Eyvind E，Vikan S L，et al. Mentors of Preservice Teachers：The Relationships Between Mentoring Approach，Self-efficacy and Effort[J]. *International Journal of Mentoring and Coaching in Education*，2018，7(3)：261-279.

们的个人和专业知识、信心和技能至关重要①。因为导师通过差异化教学和评估技术来满足不同能力的学生的需求。

教师教育导师制实施期间,导师指导经历、导师对师范生的支持②,与教师职业认同、职业承诺、职业信念和职业满意度密切相关③。导师制能为师范生在乡村小学任教做好准备④,实现"下得去、留得住、教得好"的目标。可见,导师制对于师范生的身份建构具有关键作用⑤。

上述篇幅重点探讨了导师制对职前教师的优势,但对于新任教师的职后培训和培养而言,导师制同样具有积极作用,主要表现在:提升了新教师的教师职业认同和留任率、改进了新教师的课堂教学实践、提高了新教师所在班级学生的学业成绩⑥。

**2. 局限与挑战**

纵观国内外,双导师制这个制度也并非没有任何缺陷,比如财政紧缩的政策下,导师制实施的成本在逐渐增加,尤其是在教师培养机构中导师队伍资源短缺,学生数量庞大而导致的生师比较低,目前教师培养机构无力承担给每名学生配备一位相应研究方向的导师的任务。

此外,有研究访谈了 8 名师范生、8 位大学导师及 7 位小学导师,通过应用主题分析(applied thematic analysis)发现,导师制存在五大问题⑦:

①给师范生的教学机会较少。师范生没有适当的教学机会,束手束脚。要么被要求按照既定教学计划授课,不许尝试新的教学想法,要么被要求过高,表现得像真正的教师,而不是实习生;②导生沟通不畅。小学导师总是

① Grima-Farrell,Christine. Mentoring Pathways to Enhancing the Personal and Professional Development of Pre-service Teachers[J]. *International Journal of Mentoring & Coaching in Education*,2015,4(4):255-268.

② Moulding L R,Stewart P W,Dunmeyer M L. Pre-service Teachers' Sense of Efficacy:Relationship to Academic Ability,Student Teaching Placement Characteristics,and Mentor Support[J]. *Teaching and Teacher Education*,2014,41:60-66.

③ Perry R K. *Influences of Co-Teaching in Student Teaching on Pre-service Teachers' Teacher Efficacy*[D]. University of the Pacific,2016.

④ Naidoo L,Wagner S. Thriving,Not Just Surviving:The Impact of Teacher Mentors on Pre-service Teachers in Disadvantaged School Contexts[J]. *Teaching and Teacher Education*,2020,96(3):103185.

⑤ Yuan,Rui E. The Dark Side of Mentoring on Pre-service Language Teachers' Identity Formation[J]. *Teaching & Teacher Education*,2016,55:188-197.

⑥ Ingersoll R M,Strong M. The Impact of Induction and Mentoring Programs for Beginning Teachers:A Critical Review of the Research[J]. *Review of Educational Research*,2011,81(2):201-233.

⑦ Lu H L. Pre-service Teachers' Issues in the Relationship with Cooperating Teachers and Their Resolutions[J]. *US-China Education Review B*,2013,3(1):18-28.

批评实习生,很少表扬,导生关系紧张,彼此不信任;③小学导师自己的讲课、班级管理存在问题,无法给实习生做出榜样表率;④小学导师对实习师范生的角色认知有误,将师范生当作他的帮手,做一些与教学无关的杂事;⑤小学导师不放心实习师范生独立上课,打断实习生师范生的教学计划。

不负责任的导师依然存在,学生随之产生抵触情绪、厌学情绪等不良情绪,以及不配合、不沟通行为,沟通无效、低效,日积月累,成为导师制顺利运行的一大障碍。

此外,导师制实施起来耗时耗力。例如,在实习期间,师范生很难抽出时间备课、授课和反思。如果导生关系不健康,也会让导师制实施起来雪上加霜。例如,导师制也会导致人际关系紧张,要么导生之间会有更多摩擦,要么师范生会对导师过度依赖。

导师制对于师范生的身份建构虽然具有关键作用,尽管大多数导师是认真负责的,能够给师范生提供持续而又细致的指导反馈,与师范生建立牢固的导生关系,但不负责任的导师如果进行消极指导,则对师范生的身份建构造成伤害①。有研究表明,16位导师中,有14位比较负责,但仍有2位并不负责②。

但正因为有种种局限和不足,才推动着本研究立足我国现实,结合高校自身实际情况,深入挖掘创新导师制长效机制和实施模式。

### (九)教师教育导师制新形式与新发展

#### 1.“互联网＋导师制”

新冠肺炎疫情改变了教师教育传统的面对面指导和互动,导师逐步转向在线的观课评课和反馈,而师范生也以在线的方式获得导师的反馈。大学导师—中小学导师—师范生三者之间三向关系也发生了改变,形成了一种新的学习情境③。总之,疫情导致教师教育面对一个突然的转向:互联网化、远程教学。

---

①　Yuan, Rui E. The Dark Side of Mentoring on Pre-service Language Teachers' Identity Formation[J]. *Teaching & Teacher Education*, 2016, 55:188-197.

②　Izadinia, Mahsa. Talking the Talk and Walking the Walk: Pre-service Teachers' Evaluation of Their Mentors[J]. *Mentoring & Tutoring Partnership in Learning*, 2015, 23(4):341-353.

③　Murtagh L. Remote Tutor Visits to Practicum Settings and the Changing Dynamics Between University Tutors, School-based Mentors and Pre-service Teachers[J]. *Journal of Further and Higher Education*, 2021:1-14.

事实上,在新冠肺炎疫情之前,E-mail刚刚兴起的早期互联网时代,就已有研究初步探索了导师与师范生长达一个学期的E-mail讨论,导师与师范生对该项目反响强烈,都认为在讨论中产生了有价值的学习[1]。后来又有研究考察了通过Skype等互联网聊天软件进行的虚拟导师指导,发现虚拟指导体验虽与传统指导不同,但总体上仍然是有价值的,虚拟指导反而能避免传统面对面指导所具有的问题和挑战[2]。新冠肺炎疫情期间的导师制是必要的,而且在提高师范生反思上证明是有效的[3]。

多个国家也在积极探索职前教师[4]和在职教师[5]疫情期间的导师制实施策略和路径。除了职前教师的导师制,职后教师的导师制也受到互联网的影响。一项研究发现巴西小学新手教师在接受线上导师制时与导师建立了专业情感纽带,拓宽了专业知识,加强了与同伴之间的合作,掌握了在线教育技术,促进了专业成长[6]。

关于线上导师有效指导及"互联网＋导师制"的研究,现在较为稀缺。相关定义和概念尚未达成共识,在描述"互联网＋导师制"时,经常使用的概念有:在线指导(online mentoring)、电子指导(electronic mentoring, E-mentoring)、虚拟指导(virtual mentoring),其中一个共同特征是:当无法实现面对面指导时,使用计算机会议系统来支持导生之间的指导关系。一项研究考察了线上导师制期间常用工具,Zoom meeting会议居首(54%),Google meeting会议其次(21%),Microsoft teams微软团队会议(17%),

① Hallenbeck M,Bockorny J,Schnabel G,et al. *First-hand Knowledge of Learning Disabilities*: *Online Mentoring for Preservice Teachers*. [C]. Academic Accommodations,2000,Poster Presentation at the Annual Convention of the Council for Exceptional Children Vancouver,British Columbia April 8,2000.

② Reese,J. Virtual Mentoring of Preservice Teachers Mentors' Perceptions[J]. *Journal of Music Teacher Education*,2016,25(3):39-52.

③ Murtagh L. Remote Tutor Visits to Practicum Settings and the Changing Dynamics Between University Tutors,School-based Mentors and Pre-service Teachers[J]. *Journal of Further and Higher Education*,2021:1-14.

④ Tarihoran N. Mentoring EFL Teaching During the Covid-19 Pandemic[J]. *İlköğretim Online*,2021,20(1):717-726.

⑤ National Education Association. Supporting Teacher Induction and Mentoring Programs in Light of COVID-19. https://www.nea.org/professional-excellence/student-engagement/tools-tips/supporting-teacher-induction-and-mentoring Published:04/14/2021

⑥ Mizukami,M. da G. N.,Reali,A. M. de M. R.,Tancredi,R. M. S. Construction of Professional Knowledge of Teaching:Collaboration between Experienced Primary School Teachers and University Teachers through an Online Mentoring Programme[J]. *Journal of Education for Teaching*,2015,41(5):493-513.

Cisco WebEx 思科网络会议使用率最少(8%)①。

有研究进一步将"互联网＋导师制"分成三类：同步（synchronous）、异步（asynchronous）、混合式（blended）导师制②。其中，异步指导不需要即时反应，给导生双方留出了充足的反思时间和研究时间。这些不同形式的"互联网＋导师制"破除了时空限制，尤其是对那些家住乡村偏远地区的师范生，避免了实习工作因疫情而停摆的可能，丰富了在线指导形式，推动了传统导师制不断进化。但这种"互联网＋导师制"也并非完美，而是优缺点并存③，详见表 1-12。

表 1-12 "互联网＋导师制"的优缺点比较

| 优点 | 缺点 |
| --- | --- |
| 非常便利，打破时空局限 | 无法匹配合适的导师 |
| 登录灵活，任意时间任意手机设备都能登录 | 导生双方持续不断的投入较难 |
| 导生之间的地位差异不明显 | 中断时间过久后，导生关系需重新建立 |
| 一定程度的匿名性，可以鼓励学生大胆提一些面对面交流时不可能提的问题 | 缺少身体姿态等非言语线索，沟通可能不畅 |
| 减少工作成本，无需出差，随时工作 | 有必要严管、规划、培训导师与参与者的沟通技巧 |
| 可扩展性强，只要软硬件允许，容纳参与者的数量不限 | |
| 可以在线群聊，有能力培养一组学习者 | |

正因为"互联网＋导师制"优缺点并存，有研究创新了一种线上线下混

① Tarihoran N. Mentoring EFL Teaching During the Covid-19 Pandemic[J]. *İlköğretim Online*，2021，20(1)：717-726.

② Tarihoran N. Mentoring EFL Teaching During the Covid-19 Pandemic[J]. *İlköğretim Online*，2021，20(1)：717-726.

③ Mueller S. Electronic Mentoring as an Example for the Use of Information and Communications Technology in Engineering Education[J]. *European Journal of Engineering Education*，2004，29(1)：53-63.

合式双导师制（hybrid Ementoring model）①，一定程度上避免了纯粹互联网线上导师指导的弊端。

### 2. 同伴导师制

同伴导师制（peer mentorship），又译为朋辈导师制、同辈导师制，它是近年来新涌现出的与双导师制显著不同的另一种指导方式。因为在师范生实习期间，同伴发挥着与大学导师和中小学导师都不同的作用，在实习中扮演着显著不同的角色。

同伴导师制指有着类似背景并从事类似工作的一组人，他们经常见面，彼此成为导师。同伴导师制有时还可以辅以一个高年资的导师或一个相对有经验的同伴向其他低年资的同事"介绍经验"。在学校缺乏有经验的导师或传统的一对一导师机会有限的情况下，经常会实行同伴导师制。例如，加拿大安大略大学使用同伴导师制创新教育实习模式，将新手（一年级师范生）与导师（二年级或三年级师范生）结成对，形成同伴导师制，在新手第一学年的第二学期进行，这种新手与导师的配对，通常被安排在同一个课堂环境中，旨在加强对师范生教学技能的支持和协作②。

同伴导师制是教师培养和培训的新途径。这种方法如果组织得当，通过类似团队支持的活动，能促进参与者彼此合作、相互评判、相互激励，接受来自同伴的反馈、批评和鼓励，提高自信心，从而促进师范生或年轻教师实现专业发展目标。因为很多导师身兼数职，同时承担很多不同的工作和角色，甚至个别导师忙得不可开交，无暇顾及自己带的所有学生。此时，同伴便可以作为导师发挥作用。同伴导师制虽然不能替代传统导师制，但可以解决传统导师缺位时无人指导的困境，是对传统导师制的一种有益补充，并且二者可以共存，发挥着协同作用③。表 1-13 是同伴导师制与传统导师制的优缺点比较。

———————

①　Bock M，Caballero M，O'Neal-Hixson K. The TCSEFP Hybrid Ementoring Model：A Distance Education Mentoring Model[J]. *Educational Renaissance*，2020，9(1)：23-30.

②　Grierson A，Wideman-Johnston T，Tedesco S，et al. *Teacher Candidates' Perceptions of Participating in a Peer Mentorship Practicum Model*[M]. Toronto：Higher Education Quality Council of Ontario，2014.

③　Lu H L. Collaborative Effects of Cooperating Teachers，University Supervisors，and Peer Coaches in Pre-service Teachers' Field Experiences[J]. *Journal of Educational Research and Development*，2014，10(1)：1-22.

表 1-13　同伴导师制与传统导师制的优缺点比较

| | 同伴导师制 | 传统导师制 |
|---|---|---|
| 优点 | 轻松互惠的关系——允许双向反馈 | 有明确"领导"的正式关系 |
| | 获得多种来源的信息 | 观点单一 |
| | 创新性职业发展的潜力 | 同质性的倾向 |
| | 维持时间长 | 维持时间短 |
| | 对于个人生活问题能获得更多的反馈和支持 | 重点主要集中在职业相关问题上 |
| | 更私人的支持和友谊 | 更职业化的支持 |
| | 提高了低年资教师、少数族裔、女性找到导师的可能性 | 高年资教师的数量与低年资教师的需求不匹配 |
| 缺点 | 相同等级同事之间的竞争 | 与事业有成的高年资导师没有竞争关系 |
| | 普遍缺乏职业上的经验,缺少顾问的角色 | 工作时间长,经验丰富,更好起到顾问的作用 |
| | 缺少介绍和提供机会的能力 | 丰富的社会关系和知识能为学生发现更多机会 |
| | 对于完成任务缺乏责任感 | 可能是由于导师与学生的等级差异产生的动力,能提高学生的表现,促进完成任务 |

**3. 适应性导师制**

适应性导师制(adaptive mentorship model),以前又叫情景化督导(contextual supervision),起源于情景化领导力方法(situational leadership approaches),在教师教育、商业管理、农业教育、护士教育等领域有广泛应用。例如有一项研究采用了大学教授大导师与两位研究助理小导师(一位博士小导师、一位硕士小导师)共同构成了适应性导师制,一起完成了为期 7 个月的硕士课程授课指导,同时大学教授又指导这位博士和这位硕士。这种模式不是"以导师为中心的",而是要求更多地考虑学生的需求、兴趣和声音,导生双方的需求是互惠的、协作的、发展的和基于信任的。①

　　在教师教育领域,加拿大女王大学在为期 12 周的师范生实习期,尝试采用了这种适应性导师制,详见图 1-8②。大学导师(faculty liaison)与中小学导师(associate teacher)一起工作,共同指导师范生(teacher candidate),构成双导师制。大学导师的职责是在中小学校园内指导师范生教学,监管和推动师范生实习,一位大学导师带大约 20 名师范生。与传统的双导师制不同的是,导生关系更深入,指导更有效。

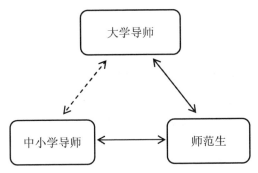

**图 1-8　适应性导师制的三重指导关系**

　　实习期间,双导师与师范生构成三重指导关系(triad mentorship):第一重是大学导师(师)与师范生(徒)之间的指导关系,第二重是中小学导师(师)与师范生(徒)之间的指导关系,第三重是大学导师与中小学导师之间的指导关系。这三重指导关系特点各不相同。

　　大学导师的主要角色和责任是作为师范生的咨询师和顾问,在实习期间发布信息、保持定期不断沟通和支持;作为"批判式朋友",给师范生观课、评课、议课,提供反馈和建议;同时,大学导师还要与中小学导师保持不断沟通,在实习期间通过给中小学导师共享相关信息,讨论师范生的表现和进展,从而给中小学导师一些建议,指导并支持中小学导师。

　　理所当然地,在实习期间,中小学导师与师范生的指导关系最为密切。中小学导师的责任是引导师范生熟悉学校和课程,明确双方职责,召开日常

　　①　Godden L, Tregunna L, Kutsyuruba B. Collaborative Application of the Adaptive Mentorship model: The Professional and Personal Growth within a Research Triad[J]. *International Journal of Mentoring and Coaching in Education*,2014,3(2):125-140.

　　②　Chin P,Kutsyuruba B. *The Potential of the Adaptive Mentorship Model in Teacher Education Practicum Settings*[P]. Adapting Mentorship Across the Professions,Detselig Enterprises Ltd,Calgary,2011:361-378.

会议,并与师范生沟通现在进行的教学和课程。具体而言,中小学导师有 5 个方面任务:①观察师范生的课堂教学和日常管理;②指导师范生备课、考试评测、课堂管理;③提供给师范生持续不断的建设性的正式反馈,既包括口头反馈,又包括书面反馈,以增强师范生的自我评价;④指导师范生构建有效教学策略;⑤与师范生讨论他们的教学表现和进展以及专业成长。总之,中小学导师对师范生的指导天天进行。如果师范生遇到困难,中小学导师就负责提供一个具体的教学计划,或者是通过榜样示范来向师范生演示通过什么样的教学方法和教学技术能解决困难。

# 第二章  教师教育导师制的理论模型

从内涵和外延上来讲,教师教育领域的导师制理论是教师学习理论(teacher learning theories)的一部分。教师学习理论是教师教育导师制概念的基础,为教师教育导师制研究提供了分析框架。

理论影响实践,作为实践者,教师们一般对学习如何改变实践会感兴趣。然而,很多教师可能没意识到自己其实也是"理论家",他们关于教与学、关于教师专业发展都有一些自己的理解,只不过他们缺少梳理自己理论的机会。鉴于此,本章便从国内外海量文献中,详细综述这些作为教师教育导师制基础的理论模型。

## 第一节  社会建构主义理论

维果茨基(Vygotsky)的社会建构主义理论(social constructivism),又称社会文化理论,是大多数教师教育导师制研究的理论基础。

在社会建构主义理论的丰富内容中,联合活动(joint activity)和最近发展区(zone of proximal development, ZPD)两大概念可作为教师教育导师制的理论基础。维果茨基认为,大多数学习活动不是孤立获得的,而是在社会情境下通过与他人互动获得的。然而,这种互动需要发生在最近发展区才行。

最近发展区被定义为"个体目前的日常行为与可集体生成的社会活动新形式之间的距离"。最近发展区有三个方面含义。第一,学习涉及多个人,不仅仅涉及一个人尝试单独构建学习,这突出了互动的对话本质,可以为师范生提供一个与其他能力较强的导师或同伴一起工作的机会,是非常有价值的。第二,个人在分享和构建知识方面具有主动作用。第三,学习参与者之间的互动,被认为是动态的和辩证的①。最近发展区的概念说明在社会互动和交往情境下,导师可以为师范生个人学习作出贡献,不管导师是长辈还是同辈。这种合作学习,在教师教育导师制的指导行为中比比皆是。很多教师教育研究都发现长辈导师和同辈导师提供的支持都能促进师范生的认知发展,师范生通过社会互动和对话,有机会与长辈导师或同辈导师共同构建知识。从社会建构主义理论来看,知识必须通过师范生主动参与社会互动才能构建出来。

总之,教师教育中的社会建构主义理论强调了职前教师与其合作教师(导师)之间的社会互动对于有效指导的重要性。

# 第二节　社会学习理论

在社会建构主义理论的基础之上,温格(Wenger)又进一步提出了社会学习理论(social learning)②,认为学习是一种社会现象,通过社会互动来分享激情、分享知识、分享特长。作为社会动物,人类自己才是学习的中心,学习这种实践活动必然导致人与人之间相互参与。因此,他的理论引入了三个重要概念:相互参与(mutual engagement)、共同事业(joint enterprise)、共享资源(shared repertoire)。这三个核心概念对社会学习理论至关重要。

具体到教师教育领域,首先,相互参与是导生指导关系,甚至是整个导师制的基础。导生双方积极对话才能相互参与,相互参与会涉及亲密关系,也会涉及权利和控制。这依赖于导师和师范生的性格、指导风格以及二者角色之间的平衡。有些师范生会将自己在实习期间遇到的挑战和困难,视为消极的东西。师范生对自己没有清晰的自我认识,会导致专业知识的学习比较肤浅,此时师范生与导师的友好沟通和对话参与对于克服这些挑战和困难就显得至关重要。

其次,共同事业指的是导生双方有共同的专业发展目标,即顺利完成教育实习工作。导生沟通是导师制完成共同目标的重要一步行动。导生的良好沟通能让师范生融入学校,自由选择课堂教学技能,能帮助师范生建立专业自信,拥有主观幸福感,推动持续不断的合作。

---

① Nguyen H. *Models of Mentoring in Language Teacher Education*[M]. Springer International Publishing,2017.

② Sheridan L, Young M. Genuine Conversation: The Enabler in Good Mentoring of Pre-service Teachers[J]. *Teachers & Teaching* ,2017,23(6):658-673.

最后,共享资源指的是导师制和导师指导行为涉及一些坦率的、开诚布公的、共享的交流和对话,比如关于教学、测评等话题。有研究者认为,对师范生而言,真正有效的导师指导,不仅仅是一些简短的教学技术上的建议和情感支持,更是导师和师范生共享一些做法,共同行动①。

# 第三节　文化—历史活动理论

文化历史活动理论(cultural-historical activity theory,CHAT)由芬兰学者恩格斯托姆(Engeström)以维果茨基的文化—历史理论②和列昂节夫(Leont'ev)的活动理论为基础,于20世纪七八十年代所创建,是活动理论的第三代("third generation" of activity theory),可以用人类活动系统的三角结构来表示(图2-1),旨在从理论上解释现代世界中由重重叠叠的活动系统组成的复杂网络以及文化多样性③。

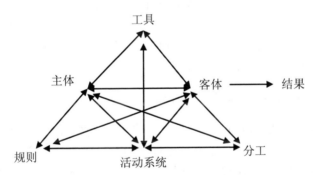

**图 2-1　文化—历史活动理论视角下人类活动系统的三角结构**

文化历史活动理论认为,活动是以对象(目的)为导向的开放性系统,这种活动系统共包含六大要素:(1)主体,是指参与活动的个人或团体;(2)工

---

① Sheridan L, Young M. Genuine Conversation: The Enabler in Good Mentoring of Pre-service teachers[J]. *Teachers & Teaching*, 2017, 23(6):658-673.

② Ciavaldini-Cartaut, Solange. Moving Beyond the Reflectivity of Post-lesson Mentoring Conferences in Teacher Education and Creating Learning/Development Opportunities for Pre-service Teachers[J]. *European Journal of Teacher Education*, 2015, 38(4):496-511.

③ Tunney J. *A Model of Professional Development for Field-based Teacher Educators: Addressing Historical Problems through Local Collaboration* [D]. University of California, Irvine, 2016.

具,作为主体的资源,既可以是社会他人,也可以是文化符号及各种人工制品;(3)对象,是指该活动的动机和目的;(4)规则,是指在不同程度上影响活动的任何正式或非正式的事实、现状、条件等;(5)共同体,是指主体在参与活动时所归属的群体,它还包括活动所涉及的直接相关者及活动结果可能潜在影响的人群;(6)劳动分工,是指所有的共同体怎样分配任务。这些要素相互联系,两两之间也可能产生矛盾,最终促使活动系统的动态发展和活动对象的达成①。

如果我们把教师教育导师制中的导生交往作为活动系统,那么我们便可从这六个要素进行解读分析。

### (一)活动对象:导生交往

导师制这一活动系统的对象和目标为建立基于生命的和谐良好的导生交往,这是一种理想的师生交往状态。一方面,这样的师生交往关系尊重生命和个体的成长,使得导师和师范生能基于生命,与自身相遇,与彼此相遇,共同迈向"理解和生存于世界的更真实途径的精神之旅"。另一方面,和谐良好的导生交往不仅可以促成活动系统内部各要素的发展与进步,而且能够指向好的结果——真理的获得、修养的提升、精神的重塑……正如一切高级心理机能需要通过人与人的交往而形成,真正的教育也需要在面向心灵的师生交往的作用中生成。

### (二)活动主体:导师和师范生

导生交往包括导师和师范生两类主体。一方面,在实习实践教学中,师范生既是学习的主体,也是导师指导过程中与导师直接相遇的对象。师范生通过与导师建立主动或被动的联系,使自身在教学技能、道德修养、情感精神等方面获得一定程度的发展和提高。另一方面,导师是导师制指导过程的主体。他们需要在指导过程中通过敞开自身的心灵,运用各种指导技巧,或解释描述或演示说明主要的实习实践内容,有目的地让师范生习得真正的教学技能,并使其教师职业道德与伦理获得升华。

### (三)活动工具:导师指导

在活动系统中,工具作为主体的资源,既可以是社会他人,也可以是文化符号及各种人工制品。导师指导是师生交往的主活动。动态的导师指导

---

① 郭芬云,孟欣.文化——历史活动理论视角下的师生交往研究[J].中国成人教育,2021(11):52-58.

活动过程构成了导生交往的外部文化工具。一方面,导师指导是指以导师和师范生为主要人物,以教学实习为主要事件,包含课堂物质空间、精神空间和社会空间的有机生态环境。在此生态环境中,形成了导生交往所依托的文化氛围。另一方面,语言作为一种文化符号和中介,其本身蕴含的意义和变化的形式就代表了一种文化,这种文化主要通过导师的指导内容和指导方法渗透到导师指导活动中。其一,指导内容是指在导生交往之间所共同传递的事物,包括知识技能、师德伦理、教学理念等。其二,指导方法是导师所运用的,为达到指导目的所使用的具体方法,包括讲授法、对话法等。

### (四)活动规则:影响导生交往的条件和事实

在活动系统中,一定的条件和事实会形成正式或非正式的规则,与活动对象相互作用,并在一定程度上对其进行规制和约束。对于导生交往活动来说,这些事实条件主要包括两方面。一方面,在教学实习实践环境中,导生交往目的主要为使实习师范生能够掌握各种各样的教学技能,顺利完成实习目标。这在某种程度上加强了对师范生的技能训练,却忽视了对善和美的追求。另一方面,随着师范生扩招数量越来越多,作为师范生的导师要面对的是数目众多且性格各异、能力不齐的师范生,导师疲于应对,指导活动过于追求完成数量,可能就忽视了指导质量。

### (五)导生共同体

个人在社会集体中生存生长,这些集体也会对活动系统的对象和结果产生影响。在以导生交往为导向的教师教育导师制活动系统中,导师和师范生所归属和面对的主要有三类共同体。第一,导师归属于整个导师群体,同时,师范生也需在一些场合与导师群体相遇。导师群体不仅是在同一所学校共同存在的关系,还共同享有教师文化,会对知识或某一问题相互交流看法,会共同关注实习师范生的实习教学和专业发展。第二,师范生归属于整个实习师范生群体,同时,导师也需面对不同的师范生群体。以实习基地为单位,每个师范生都在自己群体中成长。他们两两结伴,三人成行,或探讨教学实习,或分享趣事,形成了各种各样的群体亚文化。第三,以实习教学为基点,导师和师范生又形成了导生共同体。他们以传授知识、吸收知识为主要目的,通过每次指导活动中的相逢和了解,促进彼此之间的交流和认识。

### (六)劳动分工:导师和师范生各自的角色与职责

在以教学实习为基本文化中介的导生交往过程中,导师和师范生作为主体,首先要认识自身作为完整个体、作为导师、作为师范生的角色。其次,他们应承担各自在导生交往中的不同任务和职责,并根据具体的情况进行角色和职责的恰当转变。最后,导师和师范生还应发挥其主体的作用,与系统中的其他要素进行关联整合,为导生交往活动系统的再构建提供理念和实践的支持。

# 第四节　定位理论

定位(positioning)作为一个概念,与一个人在社会关系系统中所处的地位有关。通过这些关系,个人能够在不同的互动过程中定位自己[①]。定位理论描述了中小学导师、大学导师和实习师范生在彼此三向关系中的权力和地位的妥协和调整。这种定位深刻塑造了每个参与者的角色体验[②]。换言之,定位理论提供了一种分析框架,使研究者能深入理解教师教育双导师制中的双导师和师范生三方如何理解他们各自的角色和责任,也能深入考察他们对"好教师"的理解。

何为"定位"? 定位是这样一种行为,即在个人故事的话语建构中,将流动的"部分"或"角色"分配给说话者,使一个人的行为作为社会行为变得可理解,并相对确定[③]。当个体相互作用时,他们共同构建了一个故事情节,其中每个个体都扮演一个角色,他们通过一个对话过程使这些故事情节变得清晰。在故事中,说话者给自己定位,也被别人定位,每一次定位的转变都会带来理解和行动的改变。在故事情节中,演员扮演不同的角色,他们扮演的角色以及他们如何扮演这些角色揭示了事件的意义,并给出了自己和他人的定义。进一步而言,他们开启或关闭成长的机会,并塑造自我表达的方向和形式。

定位发生在特定的意义情境下和特定的道德秩序下。人们如何定位他人以及如何被定位,反映了他们对道德秩序的看法以及他们置身于道德秩序之中的地位。因此,发言者(校长、中小学导师、大学导师)给他们

① Quinones G,Rivalland C,Monk H. Mentoring Positioning:Perspectives of Early Childhood Mentor Teachers[J]. *Asia-Pacific Journal of Teacher Education*,2019(8):1-17.

② Robert V,Bullough. Making Sense of a Failed Triad:Mentors,University Supervisors,and Positioning Theory[J]. *Journal of Teacher Education*,2004,55(5):407-420.

③ Langenhove L V,R Harré. *Introducing Positioning Theory*[M]. Cambridge,MA:Blackwell,1999.

的互动带来不同的观点或发言权,他们履行不同的职责,承担不同的责任和义务,这反映了在权力和威信上的分配差异。地位上的改变带给他们与人相处的不同方式,并开启或限制了他们理解人际互动和人际关系的可能范围。

此外,定位可能或有意或无意,或考虑不周或深思熟虑。当有意定位时,或成功或失败,因为对自己的定位总是涉及对他人的定位,而对他人的定位又总是涉及对自己的定位。一个人尝试定位另一个人,结果可能会遇到强力抗拒。例如,一名实习师范生可能会拒绝被定位为依赖他人型或拖后腿型。还有,当一个人强迫另一个人在故事情节中扮演一个原本并不想选的角色时,此时的定位可能是被迫的。比如,一名师范生有时会感到自己在被迫模仿他的实习导师、被迫模仿导师与中小学学生的相处之道。

最后,定位不需要直接在场——大学导师可以给实习师范生定位,尽管大学导师很少去学校实地探访观察实习师范生。事实上,人不在场却为他人定位,这事经常发生。比如有些雄心勃勃的政策制定者公布学校考试成绩,并承诺对成绩下降的学校进行惩罚等。不在场的情况下,八卦和小道消息也是定位他人的工具。比如:一位大学导师告诉一位校长说,一名实习师范生教学能力优秀,培养潜力巨大,结果便给这名实习师范生开启了一个以前并不存在的学习机会——去参加一场重要的教学技能大赛了。

# 第五节　合作反思理论

反思性实践者(reflective practitioner)这一理论研究传统也为教师教育导师制提供了理论源泉。反思性实践(reflective practice)在教师教育中被认为越来越重要,研究者们一致认为教师通过不断反思自己的教学经验,从经验中学习。师范生在教学实习期间学会教学的各种授课活动,更多的就是通过反复探索、反复尝试、反复训练获得各种教学经验。

杜威是第一个认识到将反思与教师教育联系起来具有重要意义的教育学家(Dewey,1933)。在杜威基础上,舍恩提出了"反思性实践"这一术语,并将这一方法应用于教师教育(Schon,1983)。他认为,有两种反思对塑造教师的思维和实践起重要作用:对行动反思(即事后反思)与在行动中反思(即事中反思)。哈顿和史密斯总结了四种不同形式的反思:技术性反思、描述性反思、对话性反思和批判性反思①。

理想情况下,师范生会使用上述一种或多种反思,导师在与师范生的各种互动过程中,也会使用各种指导策略,如对话、观察、讨论、备课或协作工作等来启发师范生反思。可见,在教师教育导师制中,知识构建的一个重要渠道便是导生一起合作,一起反思。与社会建构主义理论一脉相承,这种合作反思理论也是教师教育导师制的一个重要理论基础。

# 第六节　榜样学习理论

榜样指的是在特定的行为或社会角色中作为优秀的典范供他人模仿的人。优秀的学习榜样无处不在。无论何时何地,总有某些人,或长辈,或晚辈,在某些方面才华卓著,能成为值得你学习的榜样。当然,也有很多负面人物,如偷税漏税、吸毒、诱骗粉丝的明星,便树立了不良范例。

早在春秋战国时期,荀子就认识到榜样的作用:"不闻不若闻之,闻之不若见之,见之不若知之,知之不若行之;学至于行之而止矣。"事实上,行为榜样具有心理学和社会学的科学证据。早期的心理学家和动物学家发现动物和人类先天就具有模仿所见所闻的能力。人类的模仿行为开始得比较早,研究发现新生儿(12～21 天)就已有模仿刚看见的某种行为的倾向。班杜拉(Bandura)等以学龄期儿童为对象来研究哪些技能可通过观察学习习得,并最终开创了著名的社会学习理论。班杜拉发现,几乎所有事物均可通过观察学习习得,包括个人特质、解决问题的技能、审美偏好、恐惧症、成瘾、认知水平发育、道德判断乃至道德行为。

观察学习在教师教育领域同样重要,是教师教育必不可少的组成部分,是传承教师技能、师德伦理和社会主义核心价值观的重要方法。例如,最美教师、教书育人楷模、师德标兵等各级教师荣誉体系的建立,都是在鼓励职前和职后教师将这些优秀教师视为榜样。

此外,在师范生教育实习环节,或通过对优秀教师现场观课见习,或通过名师微课等多种多样的形式,师范生也在不断观察学习和行为模仿。甚至自己身边优秀的同学,都可以成为观察学习对象,这也是同伴导师制的理论基础。

---

① Hatton N,D Smith. Reflection in Teacher Education:Towards Definition and Implementation[J]. *Teaching and Teacher Education*,1995,11(1):33-49.

值得注意的是,教师教育导师制中的导师与榜样学习中的榜样差异也很明显。导师制中的导生双方会主动沟通交流,双方均会主动维系和发展这段关系以实现共同的目标;但榜样与师范生之间的互动交流很有限。事实上,榜样可能从来不与师范生直接接触,但仅仅通过师范生的观察,他就能极大地影响师范生的专业发展。榜样是由师范生自主选择的,他本身可能知道也可能不知道自己已成为师范生模仿的对象。从定义上讲,榜样是师范生认可的,符合优秀标准、值得效仿的人。因此,正如"情人眼里出西施",榜样学习的主动权掌握在师范生手里。榜样学习主要通过示范进行,榜样通过他们的举止激励师范生,而不是试图改造师范生。尽管榜样亦可为师范生提出忠告和建议,但师范生之所以选择他们,往往是因为他们具备某种师范生希望"继承"并应用于自己整个职业生涯的优秀特质①。

# 第七节　五因素指导模型

　　澳大利亚教师教育研究者彼得·哈德森(Peter Hudson)为了告知导师,尤其是中小学合作导师在教学实习期间所需扮演的角色,以便使导师制更有效、指导目的更明确,于2010年开发了教师教育导师制的一个新模型——五因素指导模型(five factor mentoring model)②③,并在近期逐步完善为指导有效教学项目(mentoring for effective teaching program)④。该模型专门针对中小学合作导师而开发,既是师范生教学实习期间导师制的实施实践模型,也是一个理论分析框架。

　　该理论认为,为对师范生进行有效指导,导师,尤其是中小学合作导师需具备和重点关注五大因素:个人属性(personal attributes)、体制要求(system requirements)、教育学知识(pedagogical knowledge)、榜样示范

　　① [美]汉弗莱.医学院的导师制[M].北京:中国协和医科大学出版社,2014.

　　② Hudson P. Mentors Report on Their Own Mentoring Practices[J]. *Australian Journal of Teacher Education*,2010,35(7):30-42.

　　③ Hudson P. Developing and Sustaining Successful Mentoring Relationships[J]. *Journal of Relationships Research*,2013,4(1):1-10.

　　④ Hudson P B,Usak M,Savran-Gencer A. Employing the Five-factor Mentoring Instrument: Analysing Mentoring Practices for Teaching Primary Science[J]. *European Journal of Teacher Education*,2009,32(1):63-74.

(modelling)以及反馈(feedback)①。根据这五大因素,还进一步编制了相关问卷工具,被较多研究广泛用于教师教育导师制的现状调查,方便了解导师制实施现状、导师制存在的问题与不足以及导师指导质量情况,可为教师教育政策制定者提供参考建议,以采取进一步的行动来改善导师指导质量②。

个人属性指中小学合作导师应向师范生展示恰当的、适切的人际交往技能;体制要求指中小学合作导师应表现出对国家教育政策、教育体制及教育要求的充分理解;教育学知识指中小学合作导师应从他们的教育学资源库中灵活应用有效知识和策略,帮助师范生授课;榜样示范指中小学合作导师应示范他们的想法和理念,并与师范生讨论共享,给予师范生足够的机会去实践;反馈指的是中小学合作导师进行观课后,应对师范生提供建设性的和积极的评判。

这五大因素对于师范生的教学实习具有重要意义,显著影响实习期间师范生的成长和发展。哈德森认为,若将中小学合作导师的角色细分到相应的五大因素中,便有可能加强导师指导过程,保障教师教育导师制的有效运行。

具体而言,首先,当导师指导涉及个人属性时,中小学合作导师在指导师范生时表现出色的人际交往技能,如专注、鼓励、热情、负责、支持和自愿,这明显使导生双方关系更融洽,加强导生友好关系,导生都可以舒服地扮演彼此角色,从而促进导师制指导过程;体制要求有助于师范生更清楚地了解教育体制是如何运作的,当中小学合作导师向师范生告知国家和学校的教育政策和教育体制时,师范生会理解学校如何运作,并能够全程遵守这些政策和制度。

其次,教育学知识使师范生能够有效地授课,随着教育学知识被传授给师范生,便能扩大师范生的教育学知识储备,从而开展有效的课程和教学;除了这些教育学知识之外,榜样示范有助于师范生培养积极和专业的教师态度,中小学导师可以作为榜样和模范来示范良好行为和做法,师范生观察习得这些行为和做法,并将此融入课堂教学。

最后,反馈有助于进一步提高师范生在学校进行教学实习工作的表现,在师范生授课后,中小学合作导师的反馈能使师范生对自己的教学实践更有信心,会更加积极参与反思性教学,以提高现有教学水平。

---

① Li P B,Sani B B,Azmin N A B M. Identifying Mentor Teachers Roles and Perceptions in Preservice Teachers Teaching Practicum:The Use of a Mentoring Model[J]. *International Journal of Education and Practice*,2021,9(2):365-378.

② Li P B,Sani B B,Azmin N A B M. Investigating Mentor Teachers' Roles in Mentoring Preservice Teachers' Teaching Practicum:A Malaysian Study[J]. *English Language Teaching*,2020,13(11),1-11.

# 第八节　整合指导理论

有研究者在梳理前人大量实证研究的基础上,总结出了职前教师教育导师制的4种指导取向(表2-1),进而集4种指导取向之长,提出了自己的整合指导理论(integrated teacher mentoring)[①],该理论模型如图2-2所示。该理论认为教师指导在实践中不能完全局限于其中任何一种。相反,它需要借鉴来自不同方法的指导实践,因此应整合4种指导的优点。

**表 2-1　职前教师教育导师制的 4 种指导取向在指导活动的关注点上之差异比较**

| | 个人成长取向 | 情境学习取向 | 核心实践取向 | 批判性变革取向 |
|---|---|---|---|---|
| 指导活动的关注点 | 帮助师范生发现并解决他们的个人问题 | 导师依靠自己的经验和专长,使范生融入学校文化和实践中 | 要求师范生参与观课、模仿和复现核心教学实践 | 致力于帮助师范生学会不走寻常路来教学 |
| | 支持师范生尝试他们的教学理念,而非强加导师自己的教学专长 | 要求师范生参与观课,并在导师授课后,要求师范生模仿并复现这堂课 | 支持师范生分解核心教学实践,以了解其每一个组成部分是如何工作的 | 与师范生共同思考,帮助师范生提出自己与他人在教学上的问题 |
| | 与师范生建立关系,并关心他们的个人问题和需求 | 当导师与师范生互动时,导师指导及评价的关注点聚焦在教学的技术方面及流程方面 | 通过聚焦核心教学实践的基本原理,导师与师范生共同教学,支持师范生在不同环境下进行教学实践 | 让师范生接触不同的教学理念,并支持师范生为了社会工作的目的,来描述、解释和实施这些理念 |

---

①　Orland-Barak L, J Wang. Teacher Mentoring in Service of Preservice Teachers' Learning to Teach:Conceptual Bases,Characteristics,and Challenges for Teacher Education Reform[J]. *Journal of Teacher Education*,2020,72(1):86-99.

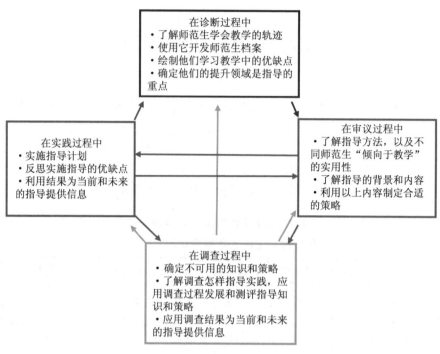

**图 2-2　职前教师导师制的整合理论**

　　职前教师教育导师制的 4 种指导取向分别为个人成长取向（personal growth mentoring approach）、情境学习取向（situated learning mentoring approach）、核心实践取向（core practice mentoring approach）、批判性变革取向（critical transformative mentoring approach），4 种指导取向在指导的假设、关注点、实证证据以及挑战等方面均不相同。

# 第九节　整体指导理论模型

　　除了传统的一对一导师制这种二元指导模式（dyad mentoring model），研究者还考察了超越了传统的一对一导师制的其他创新形式的导师制，比如：一名合作导师带两名师范生的一对二导师制这种三元指导模式（triad mentoring model），包括三个角色的相互作用，即一对一传统导师制＋同伴导师制。研究者尝试使用整体指导模型（holistic mentoring model）来解释这种三元指导模式①。

教育情境下的导师指导过程比较复杂,包括三大要素:关系性成分、发展性成分、情境性成分。这三个成分既相互独立,又嵌套在一起,构成一个整体,如图 2-3 所示。

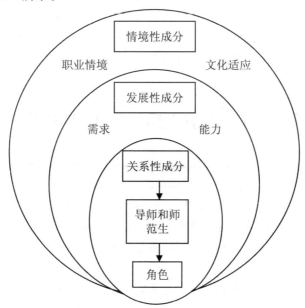

**图 2-3 教师教育中的整体指导模型**

如图 2-3 所示,关系性成分是导师指导的核心,导生之间建立起来的关系会直接影响导师制指导目标的达成。在职前教师教育中,导生之间建立起关系,这种关系是带有专业发展性质的,且在这之前导生彼此之间从未互动过。而且教师教育中的导生关系还依赖于实习时间和实习要求。

导生关系建立起来是为了专业发展或个人成长的,所以导师指导过程的发展性成分旨在帮助学徒实现他们的发展目标。因此,学徒的能力和需求会塑造师徒关系以及增强师徒互动。职前教师教育非常强调发展性成分,因为在实习期间学会教学是整个实习的核心任务。因此,教师教育导师制中的发展性成分常常关注师范生的需求以及必须完成的任务。

情境性成分将导师指导关系置于专业或职业情境之下。在职前教师教育中,学校、课堂及师范生所在年级等情境性因素都会影响导师指导关系。职前教师教育中的情境性因素聚焦在对学校文化环境的适应、对教师工作

① Ambrosetti, Angelina. Mentoring Triad: An Alternative Mentoring Model for Pre-service Teacher Education? [J]. *Mentoring & Tutoring: Partnership in Learning*, 2017, 25(1): 42-60.

行为的融入以及在教室内的具体要求。

整体指导模型中的这三大成分是什么关系？如图 2-3 所示，关系性成分是导师指导过程的核心，关系性成分中的导生角色会影响发展性成分和情境性成分。在职前教师教育中，导师和师范生的角色是为了完成专业实习安置的要求。在这种情况下，导师和师范生的角色都可以预料得到。但也要明白，导师和师范生的角色也是多种多样的，这些角色相互联系，但又随着时间、导生互动以及关系本身的变化而变化。

# 第十节　职前职后指导连续体理论

本章上述所有理论均为针对职前教师提出的理论框架。但随着职前与职后教师教育一体化趋势越来越明显，导师制的影响应该贯穿从职前到职后更广泛的阶段，师范生应该意识到不只是在职前有导师指导是必要的，在入职培训那一天起，职后有导师指导更是职业发展生涯中的一大幸事。

基于这一理念，伊丽莎白·威尔金斯（Elizabeth A. Wilkins）和珍妮·奥克拉辛斯基（Jeanne E. Okrasinski）围绕从职前准备到在职教学的连续体展开研究，并于 2015 年提出了职前职后指导连续体理论（induction continuum theory）[①]，如图 2-4 所示。

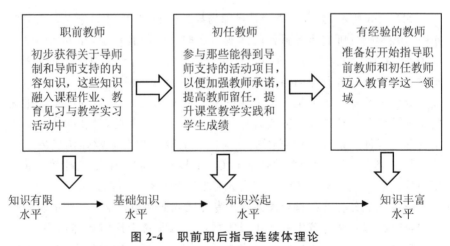

图 2-4　职前职后指导连续体理论

---

① Wilkins,Elizabeth A. ,Jeanne E. Okrasinski. Induction and Mentoring：Levels of Student Teacher Understanding[J]. *Action in Teacher Education*,2015,37(3)：299-313.

该理论根据教师对导师指导和导师制的理解水平、娴熟程度和经验层次,分为四个水平:知识有限水平、基础知识水平、知识兴起水平、知识丰富水平。这四个水平可以测出教师对导师指导表现出的知识量,因此,可作为教师职业发展不同阶段的标志。

知识有限水平:职前教师对导师指导(induction/mentoring)这一概念缺乏认识,没有相关学术知识或学术语言。职前教师可能知道他们能获得或多或少的支持,但他们不知道这种支持叫"导师指导"。

基础知识水平:职前教师知道导师指导这一概念,并且有了一定的学术知识或学术语言。这些职前教师会寻求关于导师指导的更多信息,特别是他们寻找能获得的不同支持并找到加以利用的方式,从而将其作为他们教师教育项目的一部分。

知识兴起水平:初任在职教师通过准确使用关于导师指导的相关学术知识或学术语言,来实现他们对概念的理解。这些初任教师重视导师指导和支持,在他们从职前教师过渡到入职阶段时,会利用并反思这些导师指导和支持。这些初任教师会有意识地关注增强教师承诺、提高教师留任率、加强课堂教学实践以及提升学生成绩等情况。

知识丰富水平:有经验的在职教师能够为职前教师和初任教师提供导师指导和支持,因此他们可根据自身已有经验来支持那些刚进入教师行业的新手的专业发展。

总之,在教师教育项目的早期阶段,我们尚不能期望师范生对导师指导都能充分理解,但是随着专业训练和教学实习工作开展得越来越深入,他们对导师指导的理解水平日益提高,具备了导师指导的知识和经验,并且能分析出哪些导师的支持可能对他们在教学领域的进步最有利而且这种分析能力也会逐步提高。当这些师范生过渡到他们的第一份教职时,就会向给他们指定的导师和教研员寻求帮助,同时也顺利完成职业生涯规划。最后,在经过大约五年的课堂教学后,一名经验丰富的在职教师便诞生了,他们对导师指导有着丰富的知识和经验,并能够向到他们学校实习的师范生及刚入职的初任教师提供建议,由此便完成了导师指导的连续体,保障了职前职后教师发展一体化。

# 第三章　教师教育双导师制实证研究

## 第一节　L大学教师教育双导师制
## 实施改进的行动研究

### 一、前言

　　有学者认为,地方教师教育机构是乡村教师队伍建设的主力军①。在我国教师教育领域,职前教师教育的人才培养体系是由199所师范类院校加上406所从事教师教育的综合院校组成的。在乡村教师队伍建设过程中,双一流师范类高校在教师教育方面主要是发挥学科引领作用,而为了满足我国基础教育中庞大的乡村教师队伍建设需求②,遍布全国各地、立足于服务乡村基础教育的由地方师范院校和综合性院校组成的地方教师教育机构才是真正发挥着主力军作用。

　　L大学便是地方教师教育机构的典型代表。L大学地处沂蒙革命老区,是山东省政府直属管理的综合性大学,被国家发改委列为"产教融合"重点建设高校,"山东省应用型人才培养特色名校工程"重点建设大学,拥有学士、硕士学位授予权。学校"十四五"发展规划,面向2025,展望2035,确定了"五年进'双高'、十年成'一流'"的战略规划,即到2025年,把学校建设成为区域一流、省内一流的高水平综合性应用型大学;到2035年,学校整体水平居于国内高水平综合性应用型地方高校前列。

---

① 肖起清,地方教师教育类高校是乡村教师队伍建设的主力军. http://www.moe.gov.cn/jyb_xwfb/moe_2082/zl_2020n/2020_zl47/202009/t20200904_485124.html

② 杜伟,赵德平,任立刚. 高等师范院校与基础教育协同改革与实践[M]. 北京:科学出版社,2014.

历经师专、师范学院，L 大学已拥有长达七十多年的教师教育传统，教师教育薪火相传。长期以来，以振兴沂蒙地区教师教育为己任，以努力培养造就沂蒙地区本土的卓越教师为定位，L 大学逐步形成了鲜明的教师教育特色，教师教育优势突出。一系列校内发展规划文件均明确将教师教育作为高质量发展和特色发展的重点建设学科和团队。

荀子曰："国将兴，必贵师而重傅"。进入新时代，《关于全面深化新时代教师队伍建设改革的意见》《卓越教师培养计划 2.0》《教师教育振兴行动计划》等一系列教师教育全面深化改革的指导性文件密集出台，将教师教育工作提到了前所未有的政治高度，也为 L 大学研究新时代全面深化教师教育改革提供了基础。为满足新时代国家对教师教育的一系列战略，L 大学先试先行，从理顺卓越教师培养的体制机制、创新培养模式、改进课程内容、完善教学和科研支撑等作为教师教育重点突破的领域，在教学和科研上全面深化改革。

在 L 大学，教育学院与教师教育学院合署办公，是 L 大学教师教育研究与实践的主要阵地。L 大学教育学院拥有山东省教师教育基地，下设小学教育系、心理学系、学前教育系、教育技术学系；学院拥有教育（小学教育方向）和应用心理两个专业硕士学位授权点，其中，小学教育专业是国家级"一流"专业、国家卓越教师计划建设专业（山东省唯一的小学教育专业卓越教师培养计划承担单位）、山东省高水平应用型立项建设专业、山东省特色专业和山东省应用型特色名校重点建设专业，已通过教育部师范类专业二级认证。学院还拥有教师教育研究的省级人才团队（山东省高校青创团队：新时代教师教育深化改革创新研究团队），团队紧扣全面深化新时代教师队伍建设改革的时代脉搏，为实现沂蒙地区教师教育振兴，以努力培养造就堪当民族复兴大任的大国良师为己任。力争在教师教育的理论研究领域有所突破，实践应用落地扎根，初步打造职前培养与职后专业发展一体化的教师教育研究基地的沂蒙样板。

作为地方教师教育机构的一员，L 大学在乡村教师教育领域进行了卓有成效的探索和改革实践，依据《关于加强新时代乡村教师队伍建设的意见》和《关于全面深化新时代教师队伍建设改革的意见》两份政策文件中为地方教师教育机构的人才培养和服务乡村教育等工作形成的核心指导思想和明确的工作目标、工作要求，L 大学对准新时代沂蒙地区乡村教育发展的实际需要进行教师教育改革，发挥自己熟悉沂蒙地区基础教育现实，深刻理解乡村教育、乡村教师的需要，与地方政府、中小学有良好的合作传统、基础的优势，大胆进行课程创新、教学创新、实习创新、协同创新等改革，积极推进基于 G-U-S 三位一体协同育人模式[①]的乡村卓越教师的精准培养,与地方教育行政部门和中小学通过支教实习、教师互聘等共建、共管、共享举措,协同地方,促进乡村教育和乡村教师队伍建设落到实处。在 L 大学如上所述雄厚的教师教育研究基础的滋养下,本研究继续深入探索、建构和验证在"三位一体"协同培养卓越小学教师改革背景下新双导师制的长效机制及其实施效果。

本研究聚焦到师范生实习期双导师制,原因有三。

第一,实践教学能力是卓越教师的核心素养,实习实践教学是教育部卓越教师培养计划 1.0 和 2.0 中反复强调、多次划重点的关键词,卓越教师培养计划实施过半,需加大研究力度,深挖师范生实践教学模式设计与实施效果评价。

第二,尽管双导师制也有本科四年全程一贯指导制,但双导师制一般是在师范生实习期间实施,而且师范生实习期双导师制也是研究得较为充分的一个领域。

第三,实习期间双导师制实施效果评价研究尚存争议,亟须厘清。国外有研究者认为双导师制实施效果并没有得到很好评估[②];而国内部分地方高校在总结推广本校教师教育成果和经验时,探索了卓越乡村教师培养中"双导师制"等模式,并认为取得了突出的效果[③]。L 大学作为地方综合性大学的代表,有着七十多年的教师教育传统,是山东省唯一一所教育部小学卓越教师培养计划承担单位,历来非常重视教育实习工作。

可以说,教育实习是培养卓越教师的关键环节。教育实习虽然是教师教育人才培养的一个环节,但其作用远远超出了高校自身,带有综合性的作用,无论对于师范院校还是对于实习学校的教育教学管理、改革和发展,无论是对于师范生的学习与提高、选择与就业,还是对于中小学生的学习与成长,都具有重要的促进和推动作用[④]。

教育实习工作也是 L 大学常抓不懈的教师教育教学实践类课程。在 L 大学,教育实习因师范生培养方案不同而分为两类:对于公费师范生,由山东省教育厅统一安排支教实习,一般分配在山东省各地市较落后的乡村学校,或参加援疆援藏等异地支教实习;对于普通招生和专升本的师范生,由

①　李中国,辛丽春,赵家春.G-U-S 教师教育协同创新模式实践探索——以山东省教师教育改革为例[J].教育研究,2013,(12):144-148.

②　Lawy R,Tedder M. Mentoring and Individual Learning Plans:Issues of Practice in a Period of Transition[J]. *Research in Post-compulsory Education*,2011,16(3):385-396.

③　肖起清,地方教师教育类高校是乡村教师队伍建设的主力军,http://www.moe.gov.cn/jyb_xwfb/moe_2082/zl_2020n/2020_zl47/202009/t20200904_485124.html

④　邓李梅.教育实习的理论与实践研究[M].北京:光明日报出版社,2020.

教务处牵头,由教师教育培养任务的各学院负责组织实施,就近安排在各学院的实习基地。两类实习时间一致,实习时间统一安排在第六学期一整学期(大三下半年)。基于此,本研究以 L 大学为案例,调查师范生在教育实习期间双导师制的实施效果及存在问题,旨在评价和监测双导师制。

通过综述国内外研究可发现,双导师制尚不健全,双导师制中的选拔机制、沟通机制、约束机制、教育机制、激励机制以及考评机制等均存在问题[1],双导师制的长效机制缺失,而建立长效机制则是双导师制可持续发展的有效保障。鉴于此,本研究的主要研究问题和研究目标就是:①调研小学教育专业师范生、高校导师、小学导师,摸底双导师制实施现状并动态追踪;②摸索构建一套适合省域地方高校的新的三向互聘双导师制的长效机制。

其中,研究重点为厘清双导师之间、双导师与教育行政部门之间、双导师与师范生之间的三向沟通交流机制;构建三向互聘双导师制规范化、常态化的长效机制;关注师范生的成长与进步,重点关怀落后生的实践成绩与效果,总结其提升路径和经验。研究难点在于如何在"三位一体"协同培养农村卓越小学教师改革的新框架下,进行三向互聘的双导师制的实践探索。建构稳定的"高校—地方政府—中小学""三位一体"的合作伙伴关系,追求互惠互利的三方共赢效果,以三方合作共赢、共同发展为指导原则,而非仅仅从高校一方视角应付完成小学教育专业师范生培养实践教学环节。

之所以困难,是因为:首先,由于本行动研究时间跨度较长,涉及主体较多,保持流畅沟通交流是关键;其次,两两互聘走向三向互聘的双导师制新机制,尽管要求教育行政部门作为协调方,主动促进双导师制的实现,并对此进行督导评估,但各主体如此长期参与,保持热情使行动顺利坚持下来比较困难。

本研究创新之处表现在研究内容、研究方法、研究观点上。①研究内容上,对双导师制的实施形式进行改进,由双向互聘走向三向互聘。以三方主体相互聘任的形式,突出在政府的协调统筹下,双导师之间的沟通和对话,即改传统的双向互聘的双导师制为三向互聘的双导师制,在"三位一体"协同培养小学卓越教师的改革大框架下进行双导师制长效机制的设计和探索。②研究方法上,通过行动研究,为卓越教师培养改革积累实证证据。国内双导师制研究多为理论总结,在已知所查文献中本研究首次使用定量与定性的混合设计,采用教育行动研究方法,搜集数据资料,对双导师制的实施过程和成效进行实证研究,对双导师制长效机制落实检验。③研究观点上,重视教育公平,把落后生纳入卓越教师培养。对每一名参与双导师活动

---

① 封喜桃. 双导师制与教师教育一体化[J]. 教育评论,2011,(6):54-56.

的师范生进行描述与评估,从而对本次行动研究的过程和结果进行评价判断。若落后生的个案实践教学效果改善不明显,则分析原因,有针对性地对该生提出下一轮行动计划。

本研究具有独到的学术价值与应用价值,学术理论价值体现在:①双导师制是"三位一体"协同培养职前小学教师这一理论构想和教育政策的核心组成部分,可为生态哲学视角下人才培养模式的有效性提供证据。教师教育是系统的大教育生态①,这一生态哲学取向的理论认为教师培养是一个系统化工程,单纯在大学学习不可能解决将来教学工作所需的全部知识和技能。双导师制正是这种生态哲学的应用,可使师范生在大学导师和小学导师的引领下,身临其境,从而达到对高校和小学系统的高度适应。

②双导师制一定程度上有助于解决教师教育专业化中"学术性"与"师范性"之争的理论难题。实施双导师制,促使大学与小学在培养实践教师人才方面保持联动和衔接,这种供需对接的人才培养模式,既旨在提高专业知识能力,又旨在提高一线实践能力,较好地平衡了教师教育的"学术性"与"师范性"。

实践应用价值体现在:①本研究可用于省域职前小学教师的实践教学,有助于推动双导师制的规范化、常态化。本研究的成果在于育人,可用于职前农村小学教师的实践教学。实施双导师制是提升卓越小学教师培养质量的重要举措。理想情况下,校外导师的指导让小学教育专业师范生更能体验小学教育课堂教学的实际情境,身临其境。但该举措的行动效果如何,需要在现实生活和真实教学情境下深入考察。本研究从一线调研和访谈搜集数据,有针对性地构建并验证双导师制在选拔、考评和激励等方面更加规范化、常态化的长效机制。

②本研究可为省域"三位一体"协同培养农村卓越小学教师政策的深入实施提供决策参考。双导师制的实施,是探索"三位一体"协同培养小学教师的关键一环。在此改革大背景下,探讨"双向互聘"及其创新形式如"三向互聘"的双导师制如何直接用于省域农村卓越小学教师的实践教学培养,包括:选拔、考评、激励和沟通交流等方面的机制,从而更好地为省市县各级教育行政部门、地方师范院校以及一线农村小学在职前小学教师和职后导师的师资遴选、岗位培训、考核评价等新工作上,提供决策和实施参考。

总之,本研究成果可直接用于职前小学卓越教师的实践教学培养,服务省域地方高校"校地联盟"建设,可为省域"三位一体"协同培养农村卓越小

---

① 吕康清,龙宝新. 论教育生态学视域下的教师成长力[J]. 教育理论与实践,2013(2):35-37.

学教师的长效机制提供实践层面的证据,从而为 L 大学所在市县级等各级教育行政部门、地方师范院校以及农村小学等多方教师教育主体的决策提供参考。

## 二、方法

### (一)研究方法框架

总体上,研究方法框架包括三部分:摸底实习现状、动态追踪实习进展、建构长效机制。具体而言,①调研小学教育专业师范生、高校导师、小学导师,探索实习教学三大主体的初始现状。设计和编制适合农村小学和省域高校现实的针对各主体的系列问卷,摸底省域职前小学教师的实习实践现状、导师制、双导师制初始现状情况。②多次追踪,了解不同阶段的实习教学状况,动态评估师范生的实践效果及成绩,关怀落后生。在行动研究中观察和反思,依据追踪效果,三方相互及时沟通协同,灵活改变实践教学安排或策略,不断调整行动研究。总结先进生经验,重点关注落后生,鼓励落后生,适当干预。通过在实习前、实习中、实习结束后,检验实习生在实习成绩、教学能力、教师职业认同等方面的变化。③探索三方主体之间沟通交流和对话的有效形式,以此为基础,全方位构建长效机制。尝试建立双导师之间、双导师与教育行政部门之间、双导师与师范生之间的三向一体的沟通交流机制(三向互聘的双导师制,如图 3-1 所示),其中,沟通交流机制的顺畅是三向互聘的双导师制成败的关键。

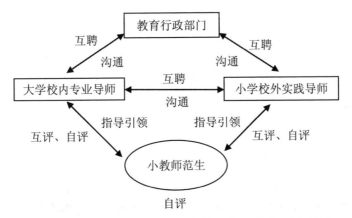

图 3-1　职前小学教师实践教学的三向互聘的双导师制

所谓三向互聘,即签订聘任合同的三方由聘任合同两两相互约束。大学和小学分别聘任教育行政部门专门人员作为监督员,教育行政部门监督与调控双导师制的顺利实施,架起大学教师与小学教师之间的沟通桥梁;教育行政部门聘任大学负责实践实习教学的副院长以及小学负责接收安排实习师范生的副校长为卓越教师培养委员会指导委员,为教育行政部门在卓越教师培养方面的决策提供理论与实践信息帮助;大学与小学二者互聘,大学聘任小学实践指导教师为大学课程论教学讲师或教授,小学聘任大学专业指导教师为任课教师的学术导师,彼此都可去对方学校兼职任教,挂职锻炼。此外,还应摸索大学专业指导教师与小学实践指导教师之间的直接沟通机制。

## (二)研究设计与具体思路

### 1. 研究设计

混合方法设计。定量与定性研究方法相结合,定量研究的自变量是三向互聘的双导师制实施,因变量是职前小学教师实习与双导师制实施效果。

### 2. 数据采集

数据采集方式为:使用问卷调查和访谈法,采集师范生和双导师自评与他评数据。所有数据都是在参与者知情同意的情况下收集的。在处理数据时,也考虑到保密性和匿名性。

研究参与者使用的目的性抽样在 L 大学抽样获得,遵从自愿报名、大学和小学导师 1∶1 对等、"三位一体"全面覆盖等原则。

### 3. 数据统计分析

使用 SPSS 21.0 进行定量分析,用于检验师范生在使用双导师制进行实习前、中、后显示的各方面差异;使用 NVivo 10 进行定性分析,用于探索和解释师范生的日记、笔记、访谈备忘录等文字记录材料,通过文本编码分析,筛选出有关实习实践的重要节点信息。

### 4. 研究程序与路线

本书笔者作为师范生的大学导师,全程参与师范生实习实践。一个典型的教育行动研究,包括:计划—行动—观察—反思四个环节。随着对研究的不断反思和深入,很可能还需要两轮或三轮循环的行动研究,即深化为:计划—行动—观察—反思—再计划—再行动—再观察—再反思①。
如图 3-2 所示。

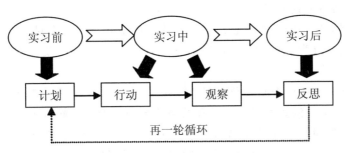

**图 3-2　本课题的行动研究路线图**

首先,计划阶段:厘清本行动研究的总体设想和行动目标,考察三向互聘的双导师制对职前小学教师实习实践成效的影响。预期通过本次行动研究,师范生在实习教学效果上有明显改善。

其次,行动阶段:对双导师制的落实和检验。本书笔者作为导师之一,一方面作为行动者,将本行动研究计划付诸实施;另一方面,作为研究者,监控行动研究进展,搜集数据资料,实时观察行动过程。此外,因本研究持续时间跨度较长,此处的"行动",还可以理解为"行动干预",既包括导师个人层面的行动措施,又包括组织单位层面的行政和教务方面对双导师制的改革和推进。

再次,观察阶段:灵活使用问卷和访谈,深入师生群体,观察师范生的课堂实践授课效果。搜集、整理、复印师范生的实习日记、教学日记,以及小学导师对师范生的评价记录,教育行政部门与大学和小学双导师交流和会议记录。

最后,反思阶段:归纳整理上述各种材料,对每一名参与双导师活动的师范生进行描述与评估,从而对本次行动研究的过程和结果进行评价和判断。分析成效高低的原因,反思教训和不足,设计进一步提升路径。

**(三)具体研究方法**

**1. 问卷调查法**

使用一系列问卷,摸底调查师范生的实习实践教学及其导师制实施现状,并多次追踪实践教学进展情况。通过调查,对实习成绩进行师范生自我

---

① 陈向明．质性研究:反思与评论[M]．重庆:重庆大学出版社,2008．

评价和双导师的他人评价相结合、平时日记评价与期末总评相结合的综合评价模式。

(1)问卷工具编制

根据双导师制中所有利益相关者的角色不同导致调查对象不同,从而将调查问卷分为三套:实习师范生、小学实习合作导师以及大学导师调查问卷。

实习师范生调查问卷分为四个维度:与导师的沟通、双导师各自的指导内容、对导师的满意度以及双导师的交流合作。参考何妍(2015)以及郭小娜(2012)的问卷工具,根据本研究实际情况,设计了共有 22 个大题组成的问卷,其中,第 9 大题包括 20 个小题,第 10 大题包括 23 个小题,第 11 大题包括 5 个小题,第 17 题包括 2 个小题,例如"两位导师是否主动询问过您的进展与难处?""在整个实习期间,您觉得您接受两位导师的指导充足吗?"以全面了解双导师制实施的具体情况。

小学实习合作导师调查问卷包含两个维度:与学生的沟通、与大学导师的沟通。问卷由 23 个题目构成组成,例如"您对实习生的指导主要有哪些方面?""在本次实习过程中,您与 L 大学带队导师就实习生的指导方面彼此沟通过吗?"

大学导师调查问卷也包含两个维度:与学生的沟通、与小学实习合作导师的沟通。问卷由 27 个题目构成组成,例如"您是否主动地与本科实习生沟通?""L 大学对您指导本科实习生是否有奖励激励?"

(2)问卷信度分析

为满足心理与教育测量学的要求,对自编的问卷工具检验内部一致性信度。在实习师范生调查问卷中,大学导师的指导内容这一维度的内部一致性系数 Cronbach's Alpha＝0.889,小学合作导师的指导内容这一维度的内部一致性系数 Cronbach's Alpha＝0.883。在小学实习合作导师调查问卷中,与学生沟通这一维度的内部一致性系数 Cronbach's Alpha＝0.786。在大学导师调查问卷中,与学生沟通这一维度的内部一致性系数 Cronbach's Alpha＝0.811。可见,三份调查问卷的内部一致性较高,问卷具有较高的可信度,可用于"双导师制"落实情况的调查研究。

(3)调查对象抽样与施测

本书笔者课题组于 2016 年 3 月使用目的性抽样选取与 L 大学教育学院双导师制有密切关系的所有利益相关者,能较好反映双导师制实施情况的师生样本共 113 人,参与实习的师范生 69 人,参与实习指导的小学合作导师 38 人,参与实习指导的大学导师 6 人。为从双导师及其所指导的师范生视角来全面了解双导师制具体的落实情况,对师范生发放 69 份问卷,回收问卷 63 份,其中因有一份未完成,予以剔除,最后得到有效问卷 62 份;对 3 所实习基地小学的合作导师共发放 38 份问卷,回收有效问卷 35 份;对大学导师发放问卷 6 份,回收有效问卷 5 份。

2. 访谈法

对三方主体六大主角进行一对一访谈,获取有关师范生实践课程与技能、经验与教训的多视角反思。三方主体、六大主角,即政府、高校和小学三方主体,小学教育专业实习生、大学导师、小学导师、大学分管实习的行政领导、小学分管实习接洽的行政领导、各级政府教育行政部门分管领导共六大主角。具体抽样方案,见数据采集部分。

(1)访谈提纲编制

访谈提纲参照郭小娜(2012)的访谈提纲,依据本研究的实际情况设计,更为全面、深入、细致地了解教育实习中双导师制的实施现状。例如:"您觉得 L 大学这种双导师制落实效果怎么样?""如何激发小学合作导师对实习生的指导热情?""在这次实习中,你的小学合作导师对你的教学有哪些帮助? 小学指导老师对你的最大帮助是什么?"访谈提纲的具体内容见附录九。

(2)访谈对象选取

在初步分析问卷调查结果的基础上,在实习结束后,选取大学和小学实习工作负责领导、大学导师以及实习师范生共 19 人作为对象,其中包括大学和小学实习安排负责领导 3 人,大学导师 6 人,实习生 10 人,导师采取面谈或电话的方式,进行有针对性的访谈。

(3)访谈资料整理与分析

在告知并征得访谈对象同意的前提下实施录音,而后对录音进行文字转录,由本书笔者所带本科生张××一人完成,转录过程是完全忠实于录音资料,以保证此项研究的可信度。转录完毕后,最终获得 19 份访谈文本,共计 20643 字,访谈时间合计 263 分钟。在整理资料过程中,笔者对每一份文本都进行了编号,包括访谈时间、访谈地点、访谈序号,如 20160330-L-0 表示该对象的访谈时间为 2016 年 3 月 30 日,L 表示该对象的访谈地点,01 表示他是第一位受访者。

访谈分析工具为 NVivo 10,编码方法为三级编码[1]:一级编码即开放式登录,就是从资料中发现概念类属,对概念类属加以命名,确定类属的

① 董志霞,郑晓齐. 技术培训机构学员专业实践能力不足的归因分析——一项基于 NVivo 的质性研究[J]. 高等工程教育研究,2014(06):80-85+111.

属性和维度,然后对研究的现象加以命名及类属化;二级编码又称关联式登录或轴心登录,主要任务是发现和建立概念类属之间的各种联系,以表现资料中各个部分之间的有机关联;三级编码又称核心式登录或选择式登录,是指在所有已发现的概念类属中经过系统分析以后选择一个"核心类属",将分析集中到那些与该核心类属有关的码号上面。本研究采用的是"从细处着手"的编码方式,自下而上的从原始资料当中推演理论的方法。

### 3. 行动研究法

行动研究是教师教育研究中的常用设计[①],课题负责人既作为学术导师参与师范生实践教学,做一名行动者;又作为研究者,搜集数据,观察师范生的实习实践成效。符合行动研究的实践导向并在自然情境中进行研究,以小学实践导师和高校学术导师双导师为主体,着眼于解决双导师制的探索和实施。

行动研究作为一种以解决问题、改进实践为目的的研究范式,以其研究性和实践性的有效融合,正逐步受到国内外高校教育研究者和一线教师的青睐和重视,被视为"教师教科研的最佳途径"[②]。

本研究为什么要采用行动研究方法?原因有四。第一,行动研究具有实践性特征,它立足于通过实践者的自主行动来改进现状,解决教育教学改革中的实际问题;第二,行动研究具有实验性特征,它通过观察、计划、行动、评价及反思等一系列环节,实施教育教学实验、改进实践、解决问题,形成新经验、新方法和新认识;第三,行动研究具有反思性特征,实践工作者通过反思提高他们对教育教学问题的分析能力,获得对教育教学决策的理性思考和正确判断;第四,行动研究还具有合作性特征,它有利于促进教师间合作、高校与一线中小学教师的合作,还有助于促进理论工作者与实践工作者的合作。

以提高师范生教学实践能力、落实推进双导师制有效实施为目标,以行动研究为途径,针对师范生学习生活过程中,尤其是实习期双导师制运行存在的问题,本课题组大学校内导师与一线校外实践导师开展合作性行动研究(collaborative action research),共同发现和分析问题、确定问题、制定行动计划、实施和调整行动计划、开展调研搜集数据、反思和评估行动效果,最

---

①  陈永明.教师教育学[M].北京:北京大学出版社,2012.
②  王蔷,张虹.高校与中学英语教师合作行动研究的实践探索:在行动中研究 在研究中发展[M].上海:上海教育出版社,2012.

后撰写行动研究报告①。

### 4. 个案研究法

以小学教育专业师范生为对象,重点关怀落后生,将其实践实习作为个案,深入考察双导师制实践教学方案对小学教育专业师范生的影响,更加人性化地不让一个学生掉队。因个案有所限制,须配合其他方法②。

## 三、结果

### (一)双导师制落实情况调查摸底

从图 3-3 可以看出,教育实习的学生认为双导师制的已落实了,但实施效果情况一般,并不是很好。认为双导师制落实的总人数为 52 人,占到总比例的 82.5%,其中认为效果很好的人数有 11 人,占到总比例的 17.5%,认为效果一般的人数有 29 人,占到总比例的 46%,认为效果不好的人数有12 人,占到总比例的 19%,认为没有落实的人数有 11 人,占到总比例的 17.5%。

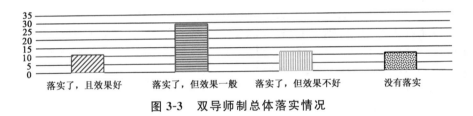

图 3-3　双导师制总体落实情况

### (二)双导师指导情况调查摸底

#### 1. 指导内容

双导师是如何指导实习师范生的? 指导内容是双导师制落实的关键,是影响实习质量的重要因素。大学导师和小学合作导师应及时了解实习师范生在实习过程中遇到的困难,各尽其责,帮助实习师范生顺利完成实习目标。

---

① Mcniff J. *You and Your Action Research Project*[M]. Routledge,2016.
② 陈永明. 教师教育学[M]. 北京:北京大学出版社,2012.

（1）大学导师指导内容摸底

由表 3-1 可知,大学导师最经常使用的指导行为和指导活动依次是:实习前准备工作充分(例如了解实习状况、强调纪律、布置任务)、要求实习生定期反馈实习教学情况、落实饮食和安全等各项保障工作以及督促检查实习生的教学工作。

表 3-1　大学导师指导内容的描述性统计表

| 项目 ＼ 选项 | 非常符合 | 符合 | 一般 | 不符合 | 非常不符合 |
|---|---|---|---|---|---|
| 实习前准备工作充分(了解实习状况、强调纪律、布置任务) | 50% | 30.6% | 17.7% | 1.7% | 0 |
| 落实饮食、安全等各项保障工作 | 38.7% | 43.5% | 14.5% | 1.6% | 1.7% |
| 协助校外导师给实习生制订实习计划 | 27.4% | 48.4% | 12.9% | 6.5% | 4.8% |
| 走进课堂参与学校的教研活动 | 30.6% | 35.5% | 27.5% | 1.6% | 4.8% |
| 督促检查实习生的教学工作 | 38.7% | 43.5% | 14.5% | 0 | 3.3% |
| 帮助并指导实习生展开班主任工作 | 25.8% | 37.1% | 24.2% | 9.7% | 3.2% |
| 督促与指导学生与校外指导教师的沟通与交流 | 37.1% | 35.5% | 22.6% | 3.2% | 1.6% |
| 指导实习生开展教研工作 | 24.2% | 35.5% | 25.8% | 6.4% | 8.1% |
| 要求实习生定期反馈实习教学情况 | 48.4% | 24.2% | 21% | 4.8% | 1.6% |

大学导师最少使用的指导行为和指导活动是:指导实习生开展教研工作、帮助并指导实习生展开班主任工作以及协助校外导师给实习生制订实习计划。

由此可见,大学导师对实习师范生的教研和班主任工作指导太少,并且与校外导师在制订实习计划方面沟通不足。

（2）小学合作导师指导内容摸底

由表3-2可知，小学合作导师最经常使用的指导行为和指导活动依次是：向实习生介绍课程和学生情况；引导实习生进入教学实习工作角色；传授教学经验，增进课堂教学的有效性；尊重实习生，与实习生积极谦虚地沟通，讨论实习问题。

表3-2 小学合作导师指导内容的描述性统计表

| 项目＼选项 | 非常符合 | 符合 | 一般 | 不符合 | 非常不符合 |
|---|---|---|---|---|---|
| 引导实习生进入教学实习工作角色 | 46.8% | 40.3% | 9.7% | 3.2% | 0 |
| 向实习生介绍课程和学生情况 | 48.4% | 37.1% | 12.9% | 1.6% | 0 |
| 帮助实习生制订教学实习计划 | 33.9% | 29% | 32.3% | 4.8% | 0 |
| 指导实习生备课，审批实习教案 | 38.7% | 32.2% | 21% | 6.5% | 1.6% |
| 听实习生讲课，帮助实习生不断改进 | 35.5% | 30.7% | 29% | 4.8% | 0 |
| 指导批改作业和课外辅导 | 35.5% | 37% | 19.4% | 6.5% | 1.6% |
| 传授教学经验，增进课堂教学的有效性 | 45.2% | 32.2% | 19.4% | 3.2% | 0 |
| 指导实习生制订班主任工作计划，传授管理经验 | 30.6% | 40.4% | 17.7% | 11.3% | 0 |
| 帮助学生开展教育科研工作 | 21% | 27.3% | 32.3% | 9.7% | 9.7% |
| 强迫、命令实习生按照导师自己制订的计划去教学 | 14.5% | 16.2% | 16.1% | 29% | 24.2% |
| 听取实习生的教学想法和建议 | 24.2% | 46.8% | 22.6% | 3.2% | 3.2% |
| 对实习生没有耐心和礼貌 | 9.7% | 17.7% | 6.5% | 29% | 37.1% |
| 对实习生的上课情况进行听课记录，或者建立专门的档案袋 | 22.6% | 20.9% | 37.1% | 6.5% | 12.9% |
| 尊重实习生，与实习生积极谦虚地沟通，讨论实习问题 | 41.9% | 38.7% | 19.4% | 0 | 0 |

小学合作导师最少使用的指导行为和指导活动是：对实习生没有耐心和礼貌；强迫、命令实习生按照导师自己制订的计划去教学；帮助学生开展教育科研工作；对实习生的上课情况进行听课记录，或者建立专门的档

案袋。

由此可见,小学合作导师对实习师范生的教育科研工作指导太少,并且较少听实习师范生的课,听课记录或听课档案袋缺失。

2. 指导频率

(1)大学导师指导频率摸底

从表 3-3 中可以看出,大学导师与所指导的实习生在为期三个月的实习期里,交流并不是很多,甚至出现没有交流过的个别极端情况,平均交流 3 次左右。大学导师与实习生的交流次数关乎实习生对大学导师的满意度,对二者的相关分析表明二者相关极其显著,$r = 0.379$,$p = 0.002 < 0.01$,这意味着二者有密切关系,实习师范生与大学导师交流次数越多,可能对导师的满意度越高。

表 3-3　大学导师与实习生交流次数描述性统计表

| 统计 | N | 极小值 | 极大值 | 均值 | 标准差 |
|---|---|---|---|---|---|
| 大学导师与实习生交流次数 | 62 | 0 | 15 | 3.31 | 3.065 |

(2)小学合作导师指导频率摸底

从表 3-4 中可以看出,小学合作老师在实习生为期三个月的实习期里,给实习生评课的次数很少,甚至出现了没有评课的个别极端情况,平均评课次数为 2.66 次,不到 3 次。

表 3-4　小学合作导师给实习生评课次数描述性统计表

| 统计 | N | 极小值 | 极大值 | 均值 | 标准差 |
|---|---|---|---|---|---|
| 小学导师给实习生评课次数 | 62 | 0 | 20 | 2.66 | 2.953 |

3. 双导师指导时间摸底

由图 3-4 可以看出,大学导师对实习师范生的指导时间总体上比小学合作导师的指导时间少。

4. 对指导作用是否充足摸底

从图 3-5 中可以看出,认为大学导师没有指导的占 4.8%,指导很不充足占 14.5%,指导一般的占 46.8%,指导较充足的占 24.2%,指导很充足的仅占 9.7%，所以可以推断出大学导师对实习生的指导并不理想。认为小学合作导师的指导很不充足的占 1.6%，一般的占 37.1%，较充足的占 43.5%，很充足的占 17.8%。

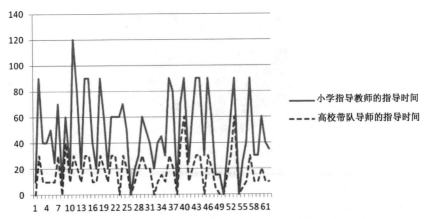

图 3-4　大学导师与小学合作导师在指导时间上的对比

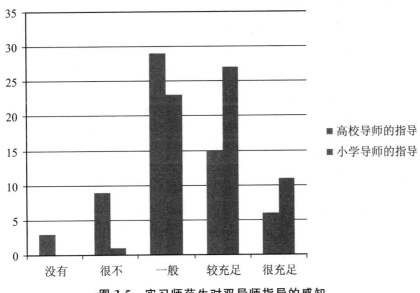

图 3-5　实习师范生对双导师指导的感知

5. 双导师沟通情况摸底

从图 3-6 中可以看出，大学导师与小学合作导师沟通较少。大学导师沟通多的比例仅占 16.1%，没有过沟通的占到了 19.4%，沟通比较少和非常少的占到了33.9％,这就可以推测到双导师之间缺乏有效的沟通。

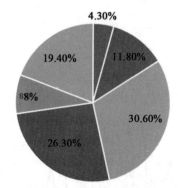

图 3-6 双导师沟通情况

表 3-5 是大学导师与小学合作导师沟通必要性感知。可以看出,有 59.7％的实习生认为双导师有必要彼此沟通,共同商定实习生的培养方案, 35.5％的实习生认为比较有必要,4.8％的实习生认为一般,没有实习生认 为双导师比较没必要和没必要进行沟通。

表 3-5 大学导师与小学合作导师沟通必要性感知

| 必要性 | 频率 | 百分比 | 有效百分比 | 累积百分比 |
|---|---|---|---|---|
| 有必要 | 37 | 59.7 | 59.7 | 59.7 |
| 比较有必要 | 22 | 35.5 | 35.5 | 95.2 |
| 一般 | 3 | 4.8 | 4.8 | 100.0 |
| 合计 | 62 | 100.0 | 100.0 | |

6. 实习师范生与双导师沟通情况摸底

从图 3-7 中可以看出,实习生在与大学导师的沟通中,主动沟通的占 14.5％,比较主动的占16.1％,一般的占27.4％,不太主动的占30.6％,不 主动的占11.4％;与小学指导导师的沟通中,主动沟通的占38.8％,比较主 动的占41.9％,一般的占12.9％,不太主动的占4.8％,不主动的占1.6％。 对比之下,实习师范生与小学合作导师的沟通,则更为主动。

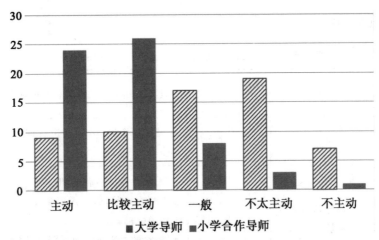

**图 3-7 实习师范生与双导师沟通次数情况**

### （三）双导师制访谈摸底

#### 1. L 大学教育学院实习工作分管领导访谈

围绕"双导师制实施中存在的问题"这一主题，使用 NVivo 软件进行三级编码。一级编码建立了"师资紧""对导师的激励不够""高校政策不明确""没有明确的管理机构""学生缺乏主观能动性""大学老师的评价机制不完善""与实习学校建立良好的合作关系""管理职责明确""评价机制""淘汰机制""奖励机制""选择优秀的小学指导导师""管理难度""落实效果"14 个自由节点。

在二级编码中，将"师资紧""对导师的激励不够""高校政策不明确""没有明确的管理机构""学生缺乏主观能动性""大学老师的评价机制不完善"归于"双导师制实施中存在的问题"；将"评价机制""淘汰机制""奖励机制"归于"建立配套的政策"。

在三级编码中，将"与实习学校建立良好的合作关系""管理职责明确""建立配套的政策""选择优秀的小学指导导师"归于"改进建议"；将"落实情况""双导师制实施中存在的问题""管理难度""改进建议"归于"双导师制的实施"。

从表 3-6 中可以看出，"双导师制"实施中存在的问题："师资紧"和"学生缺乏主观能动性"的参考点各为 1 个，所占频次各为 0.077；"对导师激励不够"和"高校没有相应的配套政策"的参考点数各为 2 个，所占频次各为 0.154；"高校职能部门没有发挥应有的作用"的参考点为 3 个，所占频次为 0.231;"对大学老师的评价机制不完善"的参考点为 4 个,所占频次为 0.308。

表 3-6　实习工作分管领导访谈资料编码情况表

| 访谈资料 | | 参考点 | 频次 | 此类主题下属的开放代码陈述举例 |
|---|---|---|---|---|
| 双导师制实施中存在的问题 | 师资紧 | 1 | 0.077 | • 现在师资紧,老师这边有课,那边还得指导 |
| | 对导师的激励不够 | 2 | 0.154 | • 人家老师花心血了,但是咱没有给一点报酬或奖励,所以需要建立一定的评价和激励机制。<br>• 学校对老师的激励不够,影响老师的积极性 |
| | 高校没有相应的配套政策 | 2 | 0.154 | • 该建立什么样的机制,很困惑,只要有政策尤其是经费能跟上,实施起来并不难 |
| | 高校职能部门没有发挥应有的作用 | 3 | 0.231 | • 学校的职能部门如教务处没有发挥作用 |
| | 学生缺乏主观能动性 | 1 | 0.077 | • 好像学生对教育实习并不是很重视,而且很少主动跟导师沟通,特别是教学上的 |
| | 对大学老师的评价机制不完善 | 4 | 0.308 | • 大学的评价机制很难让大学老师进入中小学去研究它的教材。<br>• 大学老师工作量大,学校的评价机制"重科研轻教学"使得老师职称晋级主要看科研成果,所以带学生就很难 |

**2. 实习小学负责人访谈**

围绕"小学在双导师制实施中的作用"这一主题,使用 NVivo 软件进行三级编码。一级编码是"给实习生提供实习机会""小学指导导师的认真指导""激发小学指导导师的指导热情""为实习生配备指导导师""互相聘任、兼职任教""政府在制度上建立小学和高校的长久联系""高校加强管理""明确导师职责""重视对小学指导导师的培训""政府的提倡与鼓励""实习生自身的重视""重视实习生的培养"12个自由节点。

在二级编码中,将"小学指导导师的认真指导""激发小学指导导师的指导热情"归于"为实习生配备优秀的指导导师";将"互相聘任、兼职任教""政府在制度上建立小学和高校的长久联系"归于"建立高校与小学单位的良好沟通";将"高校加强管理""明确导师职责""建立高校与小学单位的良好沟通""政府的提倡与鼓励""实习生自身的重视"归于"双导师制的实施建议";将"重视对小学指导导师的培训""实习生自身的重视""重视实习生的培养"归于"更好发挥小学单位作用的策略"。

在三级编码中,将"给实习生提供实习的机会"和"为实习生配备指导导师""对小学指导导师进行一定的培训""明确小学指导导师的指导内容"归于"小学单位的作用";将"更好发挥小学单位作用的策略""双导师制的实施建议""建立高校与小学单位的良好沟通"归于"双导师制的有效实施"。

从表3-7中可以看出,小学单位在"双导师制"的实施中所能发挥的作用:"给实习生实习的机会"的参考点为6个,所占频次为0.5;"为实习生配备优秀的指导导师"的参考点为4个,所占频次为0.333;而"对小学导师进行一定的培训"和"明确小学指导导师的指导内容"各有1个参考点,各占频次0.083。

**表3-7 实习小学负责人访谈资料编码情况表**

| 访谈资料 | | 参照点 | 频次 | 此类主题下属的开放代码陈述举例 |
|---|---|---|---|---|
| 小学单位在双导师制实施中的作用 | 给实习生提供实习的机会 | 6 | 0.5 | • 非常欢迎实习生来实习,这也帮助教师减轻了一部分负担,双向受益。(20160330-L-01)<br>• 小学就应该给师范生实习的机会,帮助他们成长。(20160330-L-02) |
| | 为实习生配备优秀的指导导师 | 4 | 0.333 | • 我们学校选择了教学经验和管理经验丰富的17个班主任来带他们。(20160330-L-01)<br>• 指导老师必须是有责任心,指导水平高的。(20160330-L-02) |

续表

| 访谈资料 | | 参照点 | 频次 | 此类主题下属的开放代码陈述举例 |
|---|---|---|---|---|
| 小学单位在双导师制实施中的作用 | 对小学指导导师进行一定的培训 | 1 | 0.083 | • 其实在实习之前最好对老师进行简短的培训,最起码能让他们的指导更有价值吧!(20160330-L-02) |
| | 明确小学指导导师的指导内容 | 1 | 0.083 | • 小学指导老师在指导中普遍反映不清楚到底具体什么,所以先要跟老师讲清楚他们的指导内容。(20160330-L-01) |

### 3. 大学导师访谈

围绕"双导师制实施建议"这一主题,使用 NVivo 软件进行三级编码。一级编码是包括"加强与实习学校的沟通""小学教师的在职教育""经济支持""科研合作""互相聘任""激发导师的指导热情""建立稳定的实习基地""计算工作量""制定一定的监督和评价机制""教育实习与科研挂钩""建立配套制度""在实习期间给高校导师充足的时间""实习时间灵活安排""监督""理论指导""评价""选拔导师""有一定的奖励或激励机制"18 个自由节点。

二级编码是将"小学教师的在职教育""经济支持""科研合作""互相聘任"归于"加强与实习学校的沟通";"监督""理论指导""评价""选拔导师""有一定的奖励或激励机制"归于"L 大学在双导师制中的地位作用";"建立配套制度""在实习期间给高校导师充足的时间""实习时间灵活安排"归于"实施建议";将"计算工作量""制定一定的监督和评价机制""教育实习与科研挂钩"归于"激发高校带队导师指导热情的方式";将"加强与实习学校的沟通""激发导师的指导热情""建立稳定的实习基地"归于"使双导师制更好运行的建议"。

三级编码中,将"使双导师制更好运行的建议""激发高校带队导师指导热情的方式""实施建议""L 大学在双导师制中的地位作用"归于"双导师制的有效实施"。

在表 3-8 中可以看出,在"双导师制"的实施建议中,"建立配套的制度""建立稳定的实习基地""在实习期间给高校导师充足的指导时间"的参考点各有 4 个,所占频次各为 0.222;"实习时间灵活安排"的参考点为 6 个,所占频次各为 0.333。

表 3-8　大学导师访谈资料编码情况表

| 访谈资料 | | 参考点 | 频次 | 此类主题下属的开放代码陈述举例 |
|---|---|---|---|---|
| 实施建议 | 建立配套的制度 | 4 | 0.222 | • 实行的中小学和大学的合作称为"校地联盟",国家还要求是"三位一体式"的,再加上政府,这是国家的一个提倡。(20160330-L-03)<br>• 建议的话,可能第一个是建立制度。(20160330-L-02) |
| | 建立稳定的实习基地 | 4 | 0.222 | • 第二个就是你得把实习学校固定下米。(20160330-L-02)<br>• 要搞好实习基地建设,应该有固定的比较稳定合作的实习基地。(20160330-L-01) |
| | 在实习期间给高校导师充足的指导时间 | 4 | 0.222 | • 按理说,下去带队实习的老师,最好是在这一段时间之内,没有别的教学任务,专心致志地指导这些学生。(20160330-L-04)<br>• 时间还是有冲突,跟教学有冲突的不少,尽可能将时间安排开。如果平时很忙且是实习带队老师的话,教学工作量上适当减一些,平衡一下,那样可能时间精力上更关注实习生。(20160330-L-05) |
| | 实习时间灵活安排 | 6 | 0.333 | • 实习时间不应该局限在一个月,可以灵活一点,最好和合作院校搞好协调,比如说他们的一些讲课比赛多的时候,我们可以随时去,不一定就固定在一个月。(20160330-L-04)<br>• 实习时间可以是动态的、弹性的。(20160330-L-03) |

### 4. 实习师范生访谈

围绕"小学导师指导内容"这一主题,使用 NVivo 软件进行三级编码。在一级编码中,对访谈资料建立节点后,建立了"把握教材""写教案""教学指导""反思""布置""讲课""了解真实的课堂""了解学生""课堂管理""教学态度""善于发现""理论性知识""语言表达""注意学生的接受能力""教学机智""教态""教学设计"16 个自由节点。

在二级编码中,建立了具有上下关系的树状节点,并将"反思""布置""讲课"归于"教学指导";将"语言表达""注意学生的接受能力""教学机智""教态""教学设计"归于"理论性知识"。

在三级编码中,将"把握教材""写教案""教学指导""了解真实的课堂""了解学生""课堂管理"归于小学导师的指导内容;将"教学态度""善于发现""理论性知识"归于高校导师的指导内容。

在表 3-9 中可以看出,小学导师指导内容里,"把握教材"和"写教案"的参考点为 1 个,所占频次都为 0.033;"教学指导"的参考点为 12 个,所占频次为 0.4;"了解真实课堂"的参考点为 4 个,所占频次为 0.133;"了解学生"参考点为 5 个,所占频次为 0.167;"课堂管理"的参考点为 7 个,所占频次为 0.233。

**表 3-9 实习师范生就"小学导师指导内容"主题访谈资料编码情况表**

| 访谈资料 | | 参考点 | 频次 | 此类主题下属的开放代码陈述举例 |
|---|---|---|---|---|
| 小学导师指导内容 | 把握教材 | 1 | 0.033 | • 对我帮助最大的是如何把握教材,小学指导老师经验丰富,能帮助我深刻分析教材,把握教材重点。(20160331-L-01) |
| | 写教案 | 1 | 0.033 | • 我的教案在写完后,小学导师会给我改 2~3 遍,改完后告诉我这节课的重难点在哪里,某个教学环节应该怎样突破。(20160331-L-04) |
| | 教学指导 | 12 | 0.4 | • 在课堂纪律和组织教学方面学到了不少东西。(20160331-L-07)<br>• 他也会在教学方面给我指导,会去听我讲课,告诉我哪里讲得好,哪里讲得不好。(20160331-L-05) |
| | 了解真实课堂 | 4 | 0.133 | • 小学指导老师对我最大的帮助是,让我更加熟悉了小学课堂,让我与学生更加亲近。(20160331-L-06)<br>• 课后聊天也聊到了班里学生的纪律问题。(20160331-L-07) |

续表

| 访谈资料 | | 参考点 | 频次 | 此类主题下属的开放代码陈述举例 |
|---|---|---|---|---|
| 小学导师指导内容 | 了解学生 | 5 | 0.167 | • 每次都是给我介绍一些学生的学习能力等,如哪些学生爱回答问题,哪些学生爱搞小动作、开小差、说话等。(20160331-L-04)<br>• 和小学指导老师交流比较多的就是关于某个学生的表现情况,如,某个学生为什么会这样表现,原因是什么,更有助于我了解学生的情况。(20160331-L-01) |
| | 课堂管理 | 7 | 0.233 | • 小学指导老师对我帮助最大的方面是课堂管理。(20160331-L-05)<br>• 在课堂纪律和组织教学方面学到了不少东西,课后聊天也聊到了班里学生的纪律问题。(20160331-L-07) |

同样,围绕"大学导师指导内容"这一主题,使用 NVivo 软件进行三级编码。子节点、参考点及频次,详见表3-10。

**表 3-10 实习师范生就"大学导师指导内容"主题访谈资料编码情况表**

| 访谈资料 | | 参考点 | 频次 | 此类主题下属的开放代码陈述举例 |
|---|---|---|---|---|
| 大学导师指导内容 | 教学态度 | 1 | 0.052 | • 在教学态度上,大学导师让我认真对待。(20160331-L-10) |
| | 善于发现探究 | 1 | 0.052 | • 大学指导老师对我教学方面最大的帮助是教会我们善于发现探究,教导我们要自己发现小学校园里的趣事,听一听小学老师的教学经验,多与小学指导老师行交流。(20160331-L-08) |
| | 理论知识 | 17 | 0.895 | • 大学指导老师对我帮助最大的一方面是理论性的教学知识,我认为,没有理论性知识的武装是支撑不了课堂的。(20160331-L-05)<br>• 在现实的课堂上,要有教育机智,在模拟上课时,在教态和课程设计方面有实际的帮助。(20160331-L-01) |

从表 3-10 中可以看出,高校带队导师的指导内容中,"教学态度"和"善于发现探究"的参考点为 1 个,所占频次都为 0.052;"理论知识"的参考点为 17 个,所占频次为 0.895。

### (四)总结反思

教育实习工作于校于人、于师于生都具有重要的促进和推动作用,其重要意义非同小可。因此,教育实习不仅是师范院校单方面的事,也是中小学校的光荣职责。同样,指导教育实习,不仅是大学教师的责任,也是中小学教师应尽的义务[①]。大学导师和中小学导师合作指导师范生教育实习的双导师制,是保障教育实习质量的重要"抓手"。本研究通过 2016 年 6 月的摸底调查与深入访谈,发现在 L 大学双导师制的实施现状不容乐观,有近46% 的调查者认为落实效果一般,仅有 17.5% 的调查者认可落实效果很好。

经调研,双导师制落实效果一般,其主要原因可能是有效沟通少、指导行为局限在少数几个领域、指导时间和频次有限、实习师范生与导师沟通缺乏积极性。

基于此,一个核心问题便在本书笔者头脑中长期萦绕不散,也在笔者所带领团队内部多次开会讨论:如何保证并提升双导师制实施效果?经过多人头脑风暴、多次深度反思,初步得出结论:作为一位行动研究者,只有通过行动干预,使双导师制的实施不断深化,才能有机会探索并总结出双导师制的长效机制,不管这个行动干预是导师个人层面的努力,还是大学以及中小学单位组织层面的行政推动,无论这个行动干预是有目的有计划地主动出击,还是突如其来的被迫应对。庆幸的是,L 大学教育学院近年来教师教育研究与实践工作推进得扎扎实实、有条不紊,从学院领导到全体师生,上上下下齐心协力,埋头苦干,成果丰硕,其中,在教育实习的双导师制全面推进与落实上也取得了有目共睹的成绩。

### (五)行动干预

在 2021 年 8 月回头望,回溯过去,走过的一幕幕犹如电影一般,历历在目。简而言之,L 大学教师教育双导师制的干预行动,根据实际情况和发展形势一直在变化,并不断反复修正,高度凝练概括起来,大体上经过了三个时期。

---

① 邓李梅.教育实习的理论与实践研究[M].北京:光明日报出版社,2020.

### 1. 摸索期

第一阶段为摸索期。2016 年 1 月至 2017 年 12 月,实施了第一轮行动干预。

《卓越教师培养计划 1.0》意见发布之后,L 大学作为首批卓越教师培养计划承担单位,对卓越教师培养计划中要求的双导师制进行了初步尝试和摸索。学院开始启动师范类专业认证,为师范类专业认证做全力准备,全方位改革实习实践教学方式和时间,将教育实习实践教学(见习、实习与研习)贯穿培养全过程,将过去仅为一个月的专门集中实习时间,改为将实习时间大幅延长至半年。实事求是地讲,在该阶段,双导师制正处于探索发展阶段,在实际运行过程中难免涌现出这般那般的诸多问题。

首先,在实习期间的确选派了双导师,但双导师与师范生的组合以随机配对为主,尚未考虑到大学导师的指导风格、小学导师的教学风格与师范生的个性特征相匹配,而且鲜有监督管理。

其次,实习期的确去看望实习师范生,但一般是教学副院长、团委书记以及辅导员等学院行政管理人员,缺少导师,目的是看望实习师范生,关心实习生人身安全、食宿等生活事宜。有时候,一天去看好几个实习学校,没有时间留下来观课、评课,很难在看望当天顾得上实习师范生的教学等专业发展活动[1]。

再次,大学导师队伍缺乏基础教育教学实践经验,中小学导师的指导能力亟待提高;齐鲁名师等优秀导师数量不足,而实习师范生数量较多,导致生师比过高。

最后,大学与中小学的协同合作并不协调,导致双导师制的实施效果大打折扣。这个协同机制在大学、政府、中小学、校内外导师和学生等各利益相关者之间要能够满足资源整合、相互依赖形成一种联合效应的要求。鉴于大学与中小学学习协同合作不协调的情况,大学应主动加强与地方教育行政部门的联系与沟通,而地方政府和地方教育行政部门则应加强对中小学实习基地的统筹安置,加大专门拨款,以支持教师教育的工作,提高中小学学校的劳动报酬,提高其积极性。

针对上述不少尖锐问题,对此,学院在下一个阶段有针对性地加强了双导师制落实。

---

① Zou J, Yang C, Zhang C. *Survey of Mentorship Model in Teaching Practicum of Student Teachers in Primary School Teacher Education Program:A Mixed Method Study*[C]//2020 2nd International Conference on Education, Economics and Information Management(EEIM 2020). DEStech Publications,2021:700-705.

2. 落实期

第二阶段为落实期。2018 年 1 月至 2019 年 12 月,实施了第二轮行动干预。

《卓越教师培养计划 2.0》意见发布,L 大学按照意见要求,全面落实双导师制。学院领导班子换届后,教务改革慢慢步入正轨,双导师制较第一个阶段有明显加强。

加强学院及系部党建工作,党支部强有力的领导,为双导师制及实习工作的推进提供了坚强组织保障[①]。在学院党委的坚实领导下,在实习工作开展之前就制订实习计划及详细的工作方案,明确领导职责与义务,成立实习工作小组。

针对双导师与师范生的组合随机配对的问题,开始灵活考虑按照导生平时积累起来的感情和亲疏关系来配对。

一部分优秀导师代表也开始跟随教学副院长、辅导员等行政管理人员,看望师范生,这一阶段与上一阶段相比,至少有负责实习指导的大学导师开始跟着下去看望实习生了。学院领导和优秀导师代表去看望师范生时,也会实地观摩实习师范生的教育教学,听课、观课、评课活动开始开展。

针对大学导师缺少基础教育教学经历的问题,安排教师去中小学挂职锻炼;针对齐鲁名师等优秀教师数量不足的问题,加大中小学教研员和优秀教师的聘任力度,在大学扩大高水平博士和人才的引进数量;针对地方教育行政部门在统筹实习工作上作为不理想的问题,大学主动热情邀请地方教育行政部门的领导加入教育学院校友理事会,融洽校友关系;针对激励不足的问题,将实习指导与师范生技能大赛选手的选拔联系起来,如果指导的实习生能获奖,学院会在年终绩效上以资奖励,详见附录中的支撑材料。

在该阶段,一大批中小学实习基地密集挂牌,大学与中小学合作协议签署,不少"齐鲁名师"等优秀中小学教师被聘为导师,较多大学导师去中小学挂职兼职。导师的职责与角色、遴选标准都更加明确,详见附录中的支撑材料。

在该阶段,一系列举措密集出台,工作扎实推进,一年一个台阶,成绩斐

---

① Jilin Zou, Chengyan Yang. Case Study of Mental Health Education Teacher Preparation from the Perspective of Ideological and Political Theory Education in China[J]. *Advances in Social Science, Education and Humanities Research*, 2021, 561: 310-314.

然,获批教育硕士专业学位授权点、顺利通过教育部师范类专业二级认证、获批国家一流专业等,结果很美好,过程很艰辛,一同奋斗过来的人才能体会其中滋味。其中,双导师制已全面落实。

### 3. 完善期

第三阶段为完善期。2020年1月至今,实施了第三轮行动干预。

在该阶段,领导重视,教师认真,已经进入常态化的平稳运行时期,但还在不断完善。逐步形成了完整制度,要求在实习期所有导师都必须下去听实习师范生的课,观课、议课。尤其是在新冠肺炎疫情期间,线上实习有条不紊地落实,经调查,师范生的完成度和满意度并不像新冠肺炎疫情刚开始突如其来时那样担忧。详见附录中的支撑材料。

当然还有值得进一步完善的地方,比如:对双导师就实习指导方法和要求进行培训工作与学习指导不足;提高中小学合作导师聘任条件,对中小学合作导师的监管事实上也显得捉襟见肘,未来还应进一步明确校内外导师各自的工作职责,并制定合理有效的双导师监管制度。

让人感动的是,在这一阶段,在没有单位组织的行政命令时,没有各级领导的监督和压力时,较多导师依然能比较认真地完成实习指导任务。这依赖和凭借的是每位认真负责的导师对教育教学质量的执着追求,对师范生的负责精神,对教师教育者这一崇高角色的忠实信仰。

### (六)二次摸底与反思

摸底调查结果详见本章第二节研究。前路漫漫,2021年"十四五"规划开局,又是一轮新的行动研究,这一轮新的行动研究结束时,又会有下一轮更新的行动研究。一次次地探寻双导师制长效机制这一重要问题,答案似乎没有定论,但却离真相越来越近,双导师制也落实得越来越好,效果越来越长效和持久。

## 第二节 L大学师范生实习期双导师制实践效果二次摸底

本节研究仍然聚焦师范生实习期,只不过本节研究择取的实习期更加特殊。该实习期是继新冠肺炎疫情线上实习摸索之后,首次恢复线下实习的2018级师范生的2021年春季学期。实习又回归常态,此时摸底,可以考察 L 大学在经过不断行动、逐步改进之后基本完善的双导师制全面推广实施之后的效果。

# 一、前言

双导师制及导师指导实施起来是比较复杂的[①]。所以,实施效果的评估就显得很有必要。但是导师制测量工具稀缺,缺少信效度检验,教师教育领域和护士教育领域的导师制测量工具都尚不成熟[②]。鉴于此,本节研究首先编制可信的测量工具,用于双导师制实践效果的评价与监测。

基于双导师制的实施现状及不足的研究缘起,L 大学不断摸索、小步微调、逐步改进双导师制的实施模式。经过逐步改进的双导师制实践与实施效果如何? 能否有效推动理论学习和实践的有机结合,能否为卓越教师培养提供扎实保障? 能否可靠地评价这些实施效果并二次摸底?

以 L 大学教育学院 2018 级师范生在 2021 年春季学期的实习为例,考察经过逐步改进、较完善的双导师制实施效果,从而为 L 大学教师教育相关决策提供有数据支撑的循证的参考依据,促进 L 大学双导师制更好实施,保障卓越教师培养目标顺利达成;此外,本研究也可为其他高校师范生培养,尤其是实习期教学实践能力培养提供借鉴。

# 二、方法

## 1. 问卷工具编制

本研究在借鉴国外研究[③]基础上,开发了一套较为科学规范的教师教育双导师制测量与评价问卷,从而进一步使用这一套问卷工具进行摸底监测工作。

与本章第一节中的问卷工具不同的是,本节研究中的调查问卷为

---

① Arshavskaya,Ekaterina. Complexity in Mentoring in a Pre-service Teacher Practicum:A Case Study Approach[J]. *International Journal of Mentoring and Coaching in Education*,2016, 5(1):2-19.

② Chen Y,Watson R,Hilton A. A Review of Mentorship Measurement Tools[J]. *Nurse Education Today*,2016,40:20-28.

③ Hammad,I. M. S. *The Function of Mentors in Teacher Training Programmes:Toward a New Mentoring Model for Student Teachers Teaching the Subject of Islamic Education in Jordan*[D]. University of Portsmouth(United Kingdom),2005.

Likert 式量表,而且问卷内容及维度是双导师制所有利益相关者角色普遍适用的,不再进一步区分大学导师版问卷、小学合作导师版问卷以及实习师范生版问卷。

该问卷包括 5 个维度:导师遴选标准认知、导师管理能力认知、导生沟通认知、导师指导技能认知、导师职责认知。旨在测量所有利益相关者对双导师制相关内容的态度反应和认知,5 点 Likert 反应为"非常不同意=1,不同意=2,不确定=3,同意=4,非常同意=5"。

导师遴选标准认知维度设计了 13 道题,代表导师遴选的 13 个标准,例如"导师必须有丰富的教学经验""导师应对培养师范生充满热情"等。该维度的内部一致性信度 Cronbach's Alpha=0.915。

导师管理能力认知设计了 6 道题,旨在考察导师应具备的行政管理能力和课堂管理能力。例如"导师应带师范生了解中小学的学校文化、学校办学定位和同事们""导师应向合作学校介绍师范生"等。该维度的内部一致性信度 Cronbach's Alpha=0.910。

导生沟通认知设计了 11 道题,代表导生沟通能力的 11 个方面。例如,"导师应与师范生亲切地交流想法和感受""导师应是一位好的倾听者"等。该维度的内部一致性信度 Cronbach's Alpha=0.926。

导师指导技能认知设计了 12 道题,旨在考察导师应具备的 12 种个人技能和特征。例如"导师应平易近人""导师能帮师范生直面问题并解决问题"等。该维度的内部一致性信度 Cronbach's Alpha=0.954。

导师职责认知设计了 29 道题,代表导师应具备的 29 种角色功能。例如"导师应能帮助师范生家校沟通""导师应给师范生演示不同的教学方法"等。该维度的内部一致性信度 Cronbach's Alpha=0.967。

由此可见,该调查问卷信度较高,是评价与监测双导师制实施效果的可信工具。问卷调查工具详见附录十。

2. 抽样

按照目的性抽样原则,在参加 L 大学教育学院 2021 年春季学期实习的 2018 级师范生及其双导师群体中,抽取大学导师 3 人,小学合作导师 19 人,实习师范生 19 人,参与调查者共 41 人。

3. 问卷施测

本调查研究于 2021 年 6 月春季学期实习结束后启动,邀请参与者在线填写调查问卷。

### 4. 数据分析

本研究主要对问卷调查结果进行描述性统计,摸底并监测双导师和实习师范生对双导师制实施效果的感知和认识。具体而言,这种感知和认识包括两个层面:一是整体感知水平,即每个维度的均值;二是分项感知水平,即每道题的均值。

描述性统计之后,辅之以对整体感知水平和分项感知水平分别做差异检验,通过使用单因素方差分析,比较大学导师、小学合作导师以及实习师范生在双导师制的整体感知水平和分项感知水平上是否存在显著差异。值得注意的是,差异检验不是主要目标,只是为了探索不同角色对双导师制实施现状的感知是否有差异。

## 三、结果

### (一)导师遴选标准认知现状

#### 1. 整体感知水平及差异检验

由表 3-11 中的统计分析可知,大学导师、小学导师与实习师范生对导师遴选标准在整体上都非常同意。所以,要看分项做进一步深入分析。

表 3-11　大学导师、小学导师与实习师范生对导师遴选标准的整体感知水平

| | | 个案数 | 平均值 | 标准偏差 | 标准错误 | 平均值的 95% 置信区间 | | 最小值 | 最大值 |
| --- | --- | --- | --- | --- | --- | --- | --- | --- | --- |
| | | | | | | 下限 | 上限 | | |
| 导师遴选均值 | 大学导师 | 3 | 5.0000 | 0.00000 | 0.00000 | 5.0000 | 5.0000 | 5.00 | 5.00 |
| | 小学导师 | 19 | 4.5344 | 0.33966 | 0.07792 | 4.3707 | 4.6981 | 3.62 | 4.92 |
| | 师范生 | 19 | 4.6518 | 0.52006 | 0.11931 | 4.4012 | 4.9025 | 3.46 | 5.00 |
| | 总计 | 41 | 4.6229 | 0.43406 | 0.06779 | 4.4859 | 4.7599 | 3.46 | 5.00 |

由表 3-12 中的统计分析可知,F 检验结果表明差异不显著。这进一步验证了上述描述性统计结果:大学导师、小学导师与实习师范生对导师遴选标准在整体上都非常同意,三者无一例外,基本达成一致共识。

表 3-12 导师遴选标准整体感知水平的方差分析表

| | | 平方和 | 自由度 | 均方 | F | 显著性 |
|---|---|---|---|---|---|---|
| 导师遴选均值 | 组间 | 0.591 | 2 | 0.296 | 1.618 | 0.212 |
| | 组内 | 6.945 | 38 | 0.183 | | |
| | 总计 | 7.536 | 40 | | | |

**2. 分项感知水平及差异检验**

由表 3-13 中的统计分析可知,大多数分项题目都得到大学导师、小学导师以及实习师范生的一致同意,但对少数几个分项题目,却表现出分歧,例如:"应根据是否有高学历高学位来遴选导师""当导师要经过面试",小学导师不同意,而大学导师非常同意。

表 3-13 大学导师、小学导师与实习师范生对导师遴选标准的各分项感知水平

| | | 个案数 | 平均值 | 标准偏差 | 标准错误 | 平均值的95%置信区间 | | 最小值 | 最大值 |
|---|---|---|---|---|---|---|---|---|---|
| | | | | | | 下限 | 上限 | | |
| (1)导师必须有丰富的教学经验 | 大学导师 | 3 | 5.00 | 0.000 | 0.000 | 5.00 | 5.00 | 5 | 5 |
| | 小学导师 | 19 | 5.00 | 0.000 | 0.000 | 5.00 | 5.00 | 5 | 5 |
| | 师范生 | 19 | 4.53 | 0.841 | 0.193 | 4.12 | 4.93 | 3 | 5 |
| | 总计 | 41 | 4.78 | 0.613 | 0.096 | 4.59 | 4.97 | 3 | 5 |
| (2)应根据导师的教学能力来遴选导师 | 大学导师 | 3 | 5.00 | 0.000 | 0.000 | 5.00 | 5.00 | 5 | 5 |
| | 小学导师 | 19 | 5.00 | 0.000 | 0.000 | 5.00 | 5.00 | 5 | 5 |
| | 师范生 | 19 | 4.84 | 0.375 | 0.086 | 4.66 | 5.02 | 4 | 5 |
| | 总计 | 41 | 4.93 | 0.264 | 0.041 | 4.84 | 5.01 | 4 | 5 |
| (3)应根据学院或学校评价来遴选导师 | 大学导师 | 3 | 5.00 | 0.000 | 0.000 | 5.00 | 5.00 | 5 | 5 |
| | 小学导师 | 19 | 4.11 | 1.049 | 0.241 | 3.60 | 4.61 | 2 | 5 |
| | 师范生 | 19 | 4.37 | 0.831 | 0.191 | 3.97 | 4.77 | 3 | 5 |
| | 总计 | 41 | 4.29 | 0.929 | 0.145 | 4.00 | 4.59 | 2 | 5 |

续表

| | | 个案数 | 平均值 | 标准偏差 | 标准错误 | 平均值的95%置信区间 | | 最小值 | 最大值 |
|---|---|---|---|---|---|---|---|---|---|
| | | | | | | 下限 | 上限 | | |
| (4)应根据是否有高学历高学位来遴选导师 | 大学导师 | 3 | 5.00 | 0.000 | 0.000 | 5.00 | 5.00 | 5 | 5 |
| | 小学导师 | 19 | 2.32 | 0.820 | 0.188 | 1.92 | 2.71 | 1 | 4 |
| | 师范生 | 19 | 3.74 | 1.046 | 0.240 | 3.23 | 4.24 | 2 | 5 |
| | 总计 | 41 | 3.17 | 1.243 | 0.194 | 2.78 | 3.56 | 1 | 5 |
| (5)导师在他的学科领域上必须有教师资格证 | 大学导师 | 3 | 5.00 | 0.000 | 0.000 | 5.00 | 5.00 | 5 | 5 |
| | 小学导师 | 19 | 4.95 | 0.229 | 0.053 | 4.84 | 5.06 | 4 | 5 |
| | 师范生 | 19 | 4.79 | 0.419 | 0.096 | 4.59 | 4.99 | 4 | 5 |
| | 总计 | 41 | 4.88 | 0.331 | 0.052 | 4.77 | 4.98 | 4 | 5 |
| (6)应根据是否有意愿想成为导师来遴选导师 | 大学导师 | 3 | 5.00 | 0.000 | 0.000 | 5.00 | 5.00 | 5 | 5 |
| | 小学导师 | 19 | 5.00 | 0.000 | 0.000 | 5.00 | 5.00 | 5 | 5 |
| | 师范生 | 19 | 4.84 | 0.375 | 0.086 | 4.66 | 5.02 | 4 | 5 |
| | 总计 | 41 | 4.93 | 0.264 | 0.041 | 4.84 | 5.01 | 4 | 5 |
| (7)导师应遵循实习管理办法 | 大学导师 | 3 | 5.00 | 0.000 | 0.000 | 5.00 | 5.00 | 5 | 5 |
| | 小学导师 | 19 | 4.37 | 0.496 | 0.114 | 4.13 | 4.61 | 4 | 5 |
| | 师范生 | 19 | 4.47 | 1.073 | 0.246 | 3.96 | 4.99 | 2 | 5 |
| | 总计 | 41 | 4.46 | 0.809 | 0.126 | 4.21 | 4.72 | 2 | 5 |
| (8)当导师要经过面试 | 大学导师 | 3 | 5.00 | 0.000 | 0.000 | 5.00 | 5.00 | 5 | 5 |
| | 小学导师 | 19 | 4.37 | 0.597 | 0.137 | 4.08 | 4.66 | 3 | 5 |
| | 师范生 | 19 | 4.84 | 0.375 | 0.086 | 4.66 | 5.02 | 4 | 5 |
| | 总计 | 41 | 4.63 | 0.536 | 0.084 | 4.46 | 4.80 | 3 | 5 |
| (9)应根据是否愿意参加导师培训来遴选导师 | 大学导师 | 3 | 5.00 | 0.000 | 0.000 | 5.00 | 5.00 | 5 | 5 |
| | 小学导师 | 19 | 4.47 | 0.772 | 0.177 | 4.10 | 4.85 | 2 | 5 |
| | 师范生 | 19 | 4.79 | 0.419 | 0.096 | 4.59 | 4.99 | 4 | 5 |
| | 总计 | 41 | 4.66 | 0.617 | 0.096 | 4.46 | 4.85 | 2 | 5 |

续表

| | | 个案数 | 平均值 | 标准偏差 | 标准错误 | 平均值的95%置信区间 | | 最小值 | 最大值 |
|---|---|---|---|---|---|---|---|---|---|
| | | | | | | 下限 | 上限 | | |
| (10)导师应对培养师范生充满热情 | 大学导师 | 3 | 5.00 | 0.000 | 0.000 | 5.00 | 5.00 | 5 | 5 |
| | 小学导师 | 19 | 4.79 | 0.419 | 0.096 | 4.59 | 4.99 | 4 | 5 |
| | 师范生 | 19 | 4.79 | 0.419 | 0.096 | 4.59 | 4.99 | 4 | 5 |
| | 总计 | 41 | 4.80 | 0.401 | 0.063 | 4.68 | 4.93 | 4 | 5 |
| (11)应根据是否愿意花时间给师范生来遴选导师 | 大学导师 | 3 | 5.00 | 0.000 | 0.000 | 5.00 | 5.00 | 5 | 5 |
| | 小学导师 | 19 | 4.79 | 0.419 | 0.096 | 4.59 | 4.99 | 4 | 5 |
| | 师范生 | 19 | 4.79 | 0.419 | 0.096 | 4.59 | 4.99 | 4 | 5 |
| | 总计 | 41 | 4.80 | 0.401 | 0.063 | 4.68 | 4.93 | 4 | 5 |
| (12)导师应注意将德育融入教学 | 大学导师 | 3 | 5.00 | 0.000 | 0.000 | 5.00 | 5.00 | 5 | 5 |
| | 小学导师 | 19 | 4.95 | 0.229 | 0.053 | 4.84 | 5.06 | 4 | 5 |
| | 师范生 | 19 | 4.89 | 0.315 | 0.072 | 4.74 | 5.05 | 4 | 5 |
| | 总计 | 41 | 4.93 | 0.264 | 0.041 | 4.84 | 5.01 | 4 | 5 |
| (13)应根据各方面的指导能力来遴选导师 | 大学导师 | 3 | 5.00 | 0.000 | 0.000 | 5.00 | 5.00 | 5 | 5 |
| | 小学导师 | 19 | 4.84 | 0.375 | 0.086 | 4.66 | 5.02 | 4 | 5 |
| | 师范生 | 19 | 4.79 | 0.535 | 0.123 | 4.53 | 5.05 | 4 | 5 |
| | 总计 | 41 | 4.83 | 0.442 | 0.069 | 4.69 | 4.97 | 3 | 5 |

其中,三者最同意的一个导师遴选标准是"应根据导师的教学能力来遴选导师"。

由表3-14中的统计分析可知,在"导师必须有丰富的教学经验""应根据是否有高学历高学位来遴选导师""当导师要经过面试"这3个分项题目上,F检验结果表明差异显著,而其他分项题目均不显著。这进一步验证了上述描述性统计结果:大学导师、小学导师与实习师范生对导师遴选标准的大多数分项标准意见一致,但对3项标准尚存争议和分歧,这三项标准分别关乎教学经验、学历学位以及面试程序。

表 3-14　导师遴选标准各分项感知水平的方差分析汇总

| | | 平方和 | 自由度 | 均方 | F | 显著性 |
|---|---|---|---|---|---|---|
| (1)导师必须有丰富的教学经验 | 组间 | 2.288 | 2 | 1.144 | 3.412 | 0.043 |
| | 组内 | 12.737 | 38 | 0.335 | | |
| | 总计 | 15.024 | 40 | | | |
| (2)应根据导师的教学能力来遴选导师 | 组间 | 0.254 | 2 | 0.127 | 1.912 | 0.162 |
| | 组内 | 2.526 | 38 | 0.066 | | |
| | 总计 | 2.780 | 40 | | | |
| (3)应根据学院或学校评价来遴选导师 | 组间 | 2.277 | 2 | 1.139 | 1.343 | 0.273 |
| | 组内 | 32.211 | 38 | 0.848 | | |
| | 总计 | 34.488 | 40 | | | |
| (4)应根据是否有高学历高学位来遴选导师 | 组间 | 30.015 | 2 | 15.008 | 17.940 | 0.000 |
| | 组内 | 31.789 | 38 | 0.837 | | |
| | 总计 | 61.805 | 40 | | | |
| (5)导师在他的学科领域上必须有教师资格证 | 组间 | 0.285 | 2 | 0.142 | 1.319 | 0.279 |
| | 组内 | 4.105 | 38 | 0.108 | | |
| | 总计 | 4.390 | 40 | | | |
| (6)应根据是否有意愿想成为导师来遴选导师 | 组间 | 0.254 | 2 | 0.127 | 1.912 | 0.162 |
| | 组内 | 2.526 | 38 | 0.066 | | |
| | 总计 | 2.780 | 40 | | | |
| (7)导师应遵循实习管理办法 | 组间 | 1.037 | 2 | 0.519 | 0.783 | 0.464 |
| | 组内 | 25.158 | 38 | 0.662 | | |
| | 总计 | 26.195 | 40 | | | |
| (8)当导师要经过面试 | 组间 | 2.565 | 2 | 1.282 | 5.446 | 0.008 |
| | 组内 | 8.947 | 38 | 0.235 | | |
| | 总计 | 11.512 | 40 | | | |
| (9)应根据是否愿意参加导师培训来遴选导师 | 组间 | 1.325 | 2 | 0.662 | 1.812 | 0.177 |
| | 组内 | 13.895 | 38 | 0.366 | | |
| | 总计 | 15.220 | 40 | | | |

续表

| | | 平方和 | 自由度 | 均方 | F | 显著性 |
|---|---|---|---|---|---|---|
| （10）导师应对培养师范生充满热情 | 组间 | 0.123 | 2 | 0.062 | 0.371 | 0.693 |
| | 组内 | 6.316 | 38 | 0.166 | | |
| | 总计 | 6.439 | 40 | | | |
| （11）应根据是否愿意花时间给师范生来遴选导师 | 组间 | 0.123 | 2 | 0.062 | 0.371 | 0.693 |
| | 组内 | 6.316 | 38 | 0.166 | | |
| | 总计 | 6.439 | 40 | | | |
| （12）导师应注意将德育融入教学 | 组间 | 0.044 | 2 | 0.022 | 0.303 | 0.740 |
| | 组内 | 2.737 | 38 | 0.072 | | |
| | 总计 | 2.780 | 40 | | | |
| （13）应根据各方面的指导能力来遴选导师 | 组间 | 0.121 | 2 | 0.060 | 0.298 | 0.744 |
| | 组内 | 7.684 | 38 | 0.202 | | |
| | 总计 | 7.805 | 40 | | | |

## （二）导师管理能力认知现状

### 1. 整体感知水平及差异检验

由表3-15中的统计分析可知，大学导师、小学导师与实习师范生对导师管理能力在整体上都非常同意。所以，要看分项做进一步深入分析。

表3-15　大学导师、小学导师与实习师范生对导师管理能力的整体感知水平

| | | 个案数 | 平均值 | 标准偏差 | 标准错误 | 平均值的95%置信区间 | | 最小值 | 最大值 |
|---|---|---|---|---|---|---|---|---|---|
| | | | | | | 下限 | 上限 | | |
| 导师管理能力均值 | 大学导师 | 3 | 5.0000 | 0.00000 | 0.00000 | 5.0000 | 5.0000 | 5.00 | 5.00 |
| | 小学导师 | 19 | 4.5439 | 0.55512 | 0.12735 | 4.2763 | 4.8114 | 3.17 | 5.00 |
| | 师范生 | 19 | 4.7105 | 0.46429 | 0.10651 | 4.4867 | 4.9343 | 3.83 | 5.00 |
| | 总计 | 41 | 4.6545 | 0.50193 | 0.07839 | 4.4960 | 4.8129 | 3.17 | 5.00 |

由表 3-16 中的统计分析可知,F 检验结果表明差异不显著。这进一步验证了上述描述性统计结果:大学导师、小学导师与实习师范生对导师管理能力在整体上都非常同意,三者无一例外,基本达成一致共识。

**表 3-16　导师管理能力整体感知水平的方差分析**

| | | 平方和 | 自由度 | 均方 | F | 显著性 |
|---|---|---|---|---|---|---|
| 导师管理能力均值 | 组间 | 0.650 | 2 | 0.325 | 1.311 | 0.282 |
| | 组内 | 9.427 | 38 | 0.248 | | |
| | 总计 | 10.077 | 40 | | | |

**2. 分项感知水平及差异检验**

由表 3-17 中的统计分析可知,大多数分项题目都得到大学导师、小学导师以及实习师范生的一致同意,但对其中一个分项题目却表现出分歧,例如:"导师应帮助师范生获得必要的教材和教辅",小学导师不同意,而大学导师非常同意。

**表 3-17　大学导师、小学导师与实习师范生对导师管理能力的各分项感知水平**

| | | 个案数 | 平均值 | 标准偏差 | 标准错误 | 平均值的 95%置信区间 | | 最小值 | 最大值 |
|---|---|---|---|---|---|---|---|---|---|
| | | | | | | 下限 | 上限 | | |
| (1)导师应带师范生了解中小学的学校文化、学校办学定位和同事们 | 大学导师 | 3 | 5.00 | 0.000 | 0.000 | 5.00 | 5.00 | 5 | 5 |
| | 小学导师 | 19 | 4.32 | 0.820 | 0.188 | 3.92 | 4.71 | 2 | 5 |
| | 师范生 | 19 | 4.53 | 0.772 | 0.177 | 4.15 | 4.90 | 3 | 5 |
| | 总计 | 41 | 4.46 | 0.778 | 0.121 | 4.22 | 4.71 | 2 | 5 |
| (2)大学导师、中小学导师、师范生,彼此之间有必要相互了解 | 大学导师 | 3 | 5.00 | 0.000 | 0.000 | 5.00 | 5.00 | 5 | 5 |
| | 小学导师 | 19 | 5.00 | 0.000 | 0.000 | 5.00 | 5.00 | 5 | 5 |
| | 师范生 | 19 | 4.84 | 0.375 | 0.086 | 4.66 | 5.02 | 4 | 5 |
| | 总计 | 41 | 4.93 | 0.264 | 0.041 | 4.84 | 5.01 | 4 | 5 |

续表

| | | 个案数 | 平均值 | 标准偏差 | 标准错误 | 平均值的95%置信区间 | | 最小值 | 最大值 |
|---|---|---|---|---|---|---|---|---|---|
| | | | | | | 下限 | 上限 | | |
| （3）导师应帮助师范生获得必要的教材和教辅 | 大学导师 | 3 | 5.00 | 0.000 | 0.000 | 5.00 | 5.00 | 5 | 5 |
| | 小学导师 | 19 | 4.11 | 1.049 | 0.241 | 3.60 | 4.61 | 2 | 5 |
| | 师范生 | 19 | 4.68 | 0.478 | 0.110 | 4.45 | 4.91 | 4 | 5 |
| | 总计 | 41 | 4.44 | 0.838 | 0.131 | 4.17 | 4.70 | 2 | 5 |
| （4）导师应熟悉合作学校的校园环境和设施 | 大学导师 | 3 | 5.00 | 0.000 | 0.000 | 5.00 | 5.00 | 5 | 5 |
| | 小学导师 | 19 | 4.74 | 0.452 | 0.104 | 4.52 | 4.95 | 4 | 5 |
| | 师范生 | 19 | 4.74 | 0.452 | 0.104 | 4.52 | 4.95 | 4 | 5 |
| | 总计 | 41 | 4.76 | 0.435 | 0.068 | 4.62 | 4.89 | 4 | 5 |
| （5）导师应向合作学校介绍师范生 | 大学导师 | 3 | 5.00 | 0.000 | 0.000 | 5.00 | 5.00 | 5 | 5 |
| | 小学导师 | 19 | 4.37 | 0.831 | 0.191 | 3.97 | 4.77 | 2 | 5 |
| | 师范生 | 19 | 4.68 | 0.478 | 0.110 | 4.45 | 4.91 | 4 | 5 |
| | 总计 | 41 | 4.56 | 0.673 | 0.105 | 4.35 | 4.77 | 2 | 5 |
| （6）导师应向中小学学生介绍师范生 | 大学导师 | 3 | 5.00 | 0.000 | 0.000 | 5.00 | 5.00 | 5 | 5 |
| | 小学导师 | 19 | 4.74 | 0.452 | 0.104 | 4.52 | 4.95 | 4 | 5 |
| | 师范生 | 19 | 4.79 | 0.419 | 0.096 | 4.59 | 4.99 | 4 | 5 |
| | 总计 | 41 | 4.78 | 0.419 | 0.065 | 4.65 | 4.91 | 4 | 5 |

　　由表3-18中的统计分析可知，进一步的方差分析也验证了上述描述性统计结果：大学导师、小学合作导师以及实习师范生对"导师应帮助师范生获得必要的教材和教辅"看法不一，小学导师更倾向于不同意，可能原因在于寻找教材和教辅在一线小学比较容易。

表 3-18　导师管理能力各分项感知水平的方差分析汇总

| | | 平方和 | 自由度 | 均方 | F | 显著性 |
|---|---|---|---|---|---|---|
| (1)导师应带师范生了解中小学的学校文化、学校办学定位和同事们 | 组间 | 1.353 | 2 | 0.677 | 1.125 | 0.335 |
| | 组内 | 22.842 | 38 | 0.601 | | |
| | 总计 | 24.195 | 40 | | | |
| (2)大学导师、中小学导师、师范生,彼此之间有必要相互了解 | 组间 | 0.254 | 2 | 0.127 | 1.912 | 0.162 |
| | 组内 | 2.526 | 38 | 0.066 | | |
| | 总计 | 2.780 | 40 | | | |
| (3)导师应帮助师范生获得必要的教材和教辅 | 组间 | 4.203 | 2 | 2.101 | 3.342 | 0.046 |
| | 组内 | 23.895 | 38 | 0.629 | | |
| | 总计 | 28.098 | 40 | | | |
| (4)导师应熟悉合作学校的校园环境和设施 | 组间 | 0.193 | 2 | 0.096 | 0.497 | 0.613 |
| | 组内 | 7.368 | 38 | 0.194 | | |
| | 总计 | 7.561 | 40 | | | |
| (5)导师应向合作学校介绍师范生 | 组间 | 1.571 | 2 | 0.786 | 1.806 | 0.178 |
| | 组内 | 16.526 | 38 | 0.435 | | |
| | 总计 | 18.098 | 40 | | | |
| (6)导师应向中小学学生介绍师范生 | 组间 | 0.182 | 2 | 0.091 | 0.506 | 0.607 |
| | 组内 | 6.842 | 38 | 0.180 | | |
| | 总计 | 7.024 | 40 | | | |

(三)导生沟通认知现状

1. 整体感知水平及差异检验

由表 3-19 中的统计分析可知,大学导师、小学导师与实习师范生对导生沟通在整体上都非常同意。所以,要看分项做进一步深入分析。

表3-19  大学导师、小学导师与实习师范生对导生沟通的整体感知水平

| | | 个案数 | 平均值 | 标准偏差 | 标准错误 | 平均值的95%置信区间 | | 最小值 | 最大值 |
|---|---|---|---|---|---|---|---|---|---|
| | | | | | | 下限 | 上限 | | |
| 导生沟通均值 | 大学导师 | 3 | 5.0000 | 0.00000 | 0.00000 | 5.0000 | 5.0000 | 5.00 | 5.00 |
| | 小学导师 | 19 | 4.7799 | 0.30950 | 0.07100 | 4.6307 | 4.9291 | 4.00 | 5.00 |
| | 师范生 | 19 | 4.7321 | 0.46992 | 0.10781 | 4.5056 | 4.9585 | 3.64 | 5.00 |
| | 总计 | 41 | 4.7738 | 0.38361 | 0.05991 | 4.6528 | 4.8949 | 3.64 | 5.00 |

由表3-20中的统计分析可知,F检验结果表明差异不显著。这进一步验证了上述描述性统计结果:大学导师、小学导师与实习师范生对导生沟通在整体上都非常同意,三者无一例外,基本达成一致共识。

表3-20  导生沟通整体感知水平的方差分析

| | | 平方和 | 自由度 | 均方 | F | 显著性 |
|---|---|---|---|---|---|---|
| 导生沟通均值 | 组间 | 0.187 | 2 | 0.094 | 0.624 | 0.541 |
| | 组内 | 5.699 | 38 | 0.150 | | |
| | 总计 | 5.886 | 40 | | | |

### 2. 分项感知水平及差异检验

由表3-21中的统计分析可知,大多数分项题目都得到大学导师、小学导师以及实习师范生的一致同意,但对其中一个分项题目却表现出分歧,例如:"导师应与师范生彼此相互尊重",小学导师和大学导师非常同意,但实习师范生同意程度没有那么强。

表3-21  大学导师、小学导师与实习师范生对导生沟通的各分项感知水平

| | | 个案数 | 平均值 | 标准偏差 | 标准错误 | 平均值的95%置信区间 | | 最小值 | 最大值 |
|---|---|---|---|---|---|---|---|---|---|
| | | | | | | 下限 | 上限 | | |
| (1)导师与师范生交往时应保持积极态度 | 大学导师 | 3 | 5.00 | 0.000 | 0.000 | 5.00 | 5.00 | 5 | 5 |
| | 小学导师 | 19 | 4.79 | 0.419 | 0.096 | 4.59 | 4.99 | 4 | 5 |
| | 师范生 | 19 | 4.89 | 0.315 | 0.072 | 4.74 | 5.05 | 4 | 5 |
| | 总计 | 41 | 4.85 | 0.358 | 0.056 | 4.74 | 4.97 | 4 | 5 |

续表

| | | 个案数 | 平均值 | 标准偏差 | 标准错误 | 平均值的95%置信区间 | | 最小值 | 最大值 |
|---|---|---|---|---|---|---|---|---|---|
| | | | | | | 下限 | 上限 | | |
| (2)导师应与师范生亲切地交流想法和感受 | 大学导师 | 3 | 5.00 | 0.000 | 0.000 | 5.00 | 5.00 | 5 | 5 |
| | 小学导师 | 19 | 4.68 | 0.478 | 0.110 | 4.45 | 4.91 | 4 | 5 |
| | 师范生 | 19 | 4.84 | 0.375 | 0.086 | 4.66 | 5.02 | 4 | 5 |
| | 总计 | 41 | 4.78 | 0.419 | 0.065 | 4.65 | 4.91 | 4 | 5 |
| (3)导师应能向师范生恰当发问 | 大学导师 | 3 | 5.00 | 0.000 | 0.000 | 5.00 | 5.00 | 5 | 5 |
| | 小学导师 | 19 | 4.63 | 0.496 | 0.114 | 4.39 | 4.87 | 4 | 5 |
| | 师范生 | 19 | 4.84 | 0.375 | 0.086 | 4.66 | 5.02 | 4 | 5 |
| | 总计 | 41 | 4.76 | 0.435 | 0.068 | 4.62 | 4.89 | 4 | 5 |
| (4)导师应能灵活使用身体姿态语言 | 大学导师 | 3 | 5.00 | 0.000 | 0.000 | 5.00 | 5.00 | 5 | 5 |
| | 小学导师 | 19 | 4.79 | 0.419 | 0.096 | 4.59 | 4.99 | 4 | 5 |
| | 师范生 | 19 | 4.84 | 0.375 | 0.086 | 4.66 | 5.02 | 4 | 5 |
| | 总计 | 41 | 4.83 | 0.381 | 0.059 | 4.71 | 4.95 | 4 | 5 |
| (5)导师应是一位好的倾听者 | 大学导师 | 3 | 5.00 | 0.000 | 0.000 | 5.00 | 5.00 | 5 | 5 |
| | 小学导师 | 19 | 4.84 | 0.375 | 0.086 | 4.66 | 5.02 | 4 | 5 |
| | 师范生 | 19 | 4.79 | 0.419 | 0.096 | 4.59 | 4.99 | 4 | 5 |
| | 总计 | 41 | 4.83 | 0.381 | 0.059 | 4.71 | 4.95 | 4 | 5 |
| (6)导师应帮助师范生发展社交技能 | 大学导师 | 3 | 5.00 | 0.000 | 0.000 | 5.00 | 5.00 | 5 | 5 |
| | 小学导师 | 19 | 4.05 | 1.026 | 0.235 | 3.56 | 4.55 | 2 | 5 |
| | 师范生 | 19 | 4.42 | 0.838 | 0.192 | 4.02 | 4.82 | 3 | 5 |
| | 总计 | 41 | 4.29 | 0.929 | 0.145 | 4.00 | 4.59 | 2 | 5 |
| (7)导师应与大学建立良好关系 | 大学导师 | 3 | 5.00 | 0.000 | 0.000 | 5.00 | 5.00 | 5 | 5 |
| | 小学导师 | 19 | 5.00 | 0.000 | 0.000 | 5.00 | 5.00 | 5 | 5 |
| | 师范生 | 19 | 4.26 | 1.098 | 0.252 | 3.73 | 4.79 | 2 | 5 |
| | 总计 | 41 | 4.66 | 0.825 | 0.129 | 4.40 | 4.92 | 2 | 5 |

续表

| | | 个案数 | 平均值 | 标准偏差 | 标准错误 | 平均值的95%置信区间 | | 最小值 | 最大值 |
|---|---|---|---|---|---|---|---|---|---|
| | | | | | | 下限 | 上限 | | |
| (8)导师应与师范生彼此相互尊重 | 大学导师 | 3 | 5.00 | 0.000 | 0.000 | 5.00 | 5.00 | 5 | 5 |
| | 小学导师 | 19 | 4.95 | 0.229 | 0.053 | 4.84 | 5.06 | 4 | 5 |
| | 师范生 | 19 | 4.79 | 0.419 | 0.096 | 4.59 | 4.99 | 4 | 5 |
| | 总计 | 41 | 4.88 | 0.331 | 0.052 | 4.77 | 4.98 | 4 | 5 |
| (9)导师应与他指导的师范生彼此相互尊重 | 大学导师 | 3 | 5.00 | 0.000 | 0.000 | 5.00 | 5.00 | 5 | 5 |
| | 小学导师 | 19 | 5.00 | 0.000 | 0.000 | 5.00 | 5.00 | 5 | 5 |
| | 师范生 | 19 | 4.79 | 0.419 | 0.096 | 4.59 | 4.99 | 4 | 5 |
| | 总计 | 41 | 4.90 | 0.300 | 0.047 | 4.81 | 5.00 | 4 | 5 |
| (10)导师能与人和睦相处 | 大学导师 | 3 | 5.00 | 0.000 | 0.000 | 5.00 | 5.00 | 5 | 5 |
| | 小学导师 | 19 | 4.95 | 0.229 | 0.053 | 4.84 | 5.06 | 4 | 5 |
| | 师范生 | 19 | 4.84 | 0.375 | 0.086 | 4.66 | 5.02 | 4 | 5 |
| | 总计 | 41 | 4.90 | 0.300 | 0.047 | 4.81 | 5.00 | 4 | 5 |
| (11)导师能对指导师范生表现出兴趣 | 大学导师 | 3 | 5.00 | 0.000 | 0.000 | 5.00 | 5.00 | 5 | 5 |
| | 小学导师 | 19 | 4.89 | 0.315 | 0.072 | 4.74 | 5.05 | 4 | 5 |
| | 师范生 | 19 | 4.74 | 0.562 | 0.129 | 4.47 | 5.01 | 3 | 5 |
| | 总计 | 41 | 4.83 | 0.442 | 0.069 | 4.69 | 4.97 | 3 | 5 |

由表 3-22 中的统计分析可知,进一步的方差分析也验证了上述描述性统计结果:大学导师、小学合作导师以及实习师范生对除了"导师应与师范生彼此相互尊重"之外的所有其他分项看法统一。这说明从导师角度而言,不管大学导师还是小学合作导师都非常同意生彼此相互尊重。但是这一结果并不意味着实习师范生不重视不尊重导师们,而是从实习师范生角度而言,实习师范生对"师生彼此尊重"的同意程度不如导师们。事实上这也容易理解,这说明:同样一场实习,实习结束后,回顾这场实习时,实习师范生和导师们却有着不同的体验,导师们认为自己已经尊重了实习师范生,而

实习师范生却认为他们没有得到应有的尊重。这种认知偏差,体现了实习师范生在实习期间其实是一种相对弱势的群体,他们渴望得到尊重,但是因为自己的角色太过弱势,大学导师和小学导师很难做到平等对待每一位实习师范生。

**表 3-22  导生沟通各分项感知水平的方差分析汇总**

| | | 平方和 | 自由度 | 均方 | F | 显著性 |
|---|---|---|---|---|---|---|
| (1)导师与师范生交往时应保持积极态度 | 组间 | 0.175 | 2 | 0.087 | 0.670 | 0.517 |
| | 组内 | 4.947 | 38 | 0.130 | | |
| | 总计 | 5.122 | 40 | | | |
| (2)导师应与师范生亲切地交流想法和感受 | 组间 | 0.393 | 2 | 0.196 | 1.125 | 0.335 |
| | 组内 | 6.632 | 38 | 0.175 | | |
| | 总计 | 7.024 | 40 | | | |
| (3)导师应能向师范生恰当发问 | 组间 | 0.614 | 2 | 0.307 | 1.678 | 0.200 |
| | 组内 | 6.947 | 38 | 0.183 | | |
| | 总计 | 7.561 | 40 | | | |
| (4)导师应能灵活使用身体姿态语言 | 组间 | 0.121 | 2 | 0.060 | 0.403 | 0.671 |
| | 组内 | 5.684 | 38 | 0.150 | | |
| | 总计 | 5.805 | 40 | | | |
| (5)导师应是一位好的倾听者 | 组间 | 0.121 | 2 | 0.060 | 0.403 | 0.671 |
| | 组内 | 5.684 | 38 | 0.150 | | |
| | 总计 | 5.805 | 40 | | | |
| (6)导师应帮助师范生发展社交技能 | 组间 | 2.909 | 2 | 1.454 | 1.750 | 0.187 |
| | 组内 | 31.579 | 38 | 0.831 | | |
| | 总计 | 34.488 | 40 | | | |
| (7)导师应与大学建立良好关系 | 组间 | 5.535 | 2 | 2.768 | 4.850 | 0.013 |
| | 组内 | 21.684 | 38 | 0.571 | | |
| | 总计 | 27.220 | 40 | | | |

续表

|  |  | 平方和 | 自由度 | 均方 | F | 显著性 |
|---|---|---|---|---|---|---|
| (8)导师应与师范生彼此相互尊重 | 组间 | 0.285 | 2 | 0.142 | 1.319 | 0.279 |
|  | 组内 | 4.105 | 38 | 0.108 |  |  |
|  | 总计 | 4.390 | 40 |  |  |  |
| (9)导师应与他指导的师范生彼此相互尊重 | 组间 | 0.452 | 2 | 0.226 | 2.719 | 0.079 |
|  | 组内 | 3.158 | 38 | 0.083 |  |  |
|  | 总计 | 3.610 | 40 |  |  |  |
| (10)导师能与人和睦相处 | 组间 | 0.136 | 2 | 0.068 | 0.744 | 0.482 |
|  | 组内 | 3.474 | 38 | 0.091 |  |  |
|  | 总计 | 3.610 | 40 |  |  |  |
| (11)导师能对指导师范生表现出兴趣 | 组间 | 0.331 | 2 | 0.166 | 0.842 | 0.439 |
|  | 组内 | 7.474 | 38 | 0.197 |  |  |
|  | 总计 | 7.805 | 40 |  |  |  |

## (四)导师指导技能认知现状

### 1. 整体感知水平及差异检验

由表3-23中的统计分析可知,大学导师、小学导师与实习师范生对导师指导技能在整体上都非常同意。所以,要看分项做进一步深入分析。

表3-23 大学导师、小学导师与实习师范生对导师指导技能的整体感知水平

|  |  | 个案数 | 平均值 | 标准偏差 | 标准错误 | 平均值的95%置信区间 | | 最小值 | 最大值 |
|---|---|---|---|---|---|---|---|---|---|
|  |  |  |  |  |  | 下限 | 上限 |  |  |
| 导师指导技能均值 | 大学导师 | 3 | 4.8611 | 0.09623 | 0.05556 | 4.6221 | 5.1001 | 4.75 | 4.92 |
|  | 小学导师 | 19 | 4.5965 | 0.46086 | 0.10573 | 4.3744 | 4.8186 | 3.50 | 5.00 |
|  | 师范生 | 19 | 4.7105 | 0.46262 | 0.10613 | 4.4875 | 4.9335 | 3.50 | 5.00 |
|  | 总计 | 41 | 4.6687 | 0.44546 | 0.06957 | 4.5281 | 4.8093 | 3.50 | 5.00 |

由表 3-24 中的统计分析可知,F 检验结果表明差异不显著。这进一步验证了上述描述性统计结果:大学导师、小学导师与实习师范生对导师指导技能在整体上都非常同意,三者无一例外,基本达成一致共识。

**表 3-24　导师指导技能整体感知水平的方差分析**

| | | 平方和 | 自由度 | 均方 | F | 显著性 |
|---|---|---|---|---|---|---|
| 导师指导技能均值 | 组间 | 0.243 | 2 | 0.122 | 0.601 | 0.553 |
| | 组内 | 7.694 | 38 | 0.202 | | |
| | 总计 | 7.937 | 40 | | | |

### 2. 分项感知水平及差异检验

由表 3-25 中的统计分析可知,所有分项题目都得到了大学导师、小学导师以及实习师范生的一致同意,可见,不管是在整体上和各分项上,对导师指导技能所有利益相关者都非常同意,三者无一例外,基本达成一致共识。

**表 3-25　大学导师、小学导师与实习师范生对导师指导技能的各分项感知水平**

| | | 个案数 | 平均值 | 标准偏差 | 标准错误 | 平均值的95%置信区间 | | 最小值 | 最大值 |
|---|---|---|---|---|---|---|---|---|---|
| | | | | | | 下限 | 上限 | | |
| (1)导师应平易近人 | 大学导师 | 3 | 5.00 | 0.000 | 0.000 | 5.00 | 5.00 | 5 | 5 |
| | 小学导师 | 19 | 4.32 | 0.749 | 0.172 | 3.95 | 4.68 | 2 | 5 |
| | 师范生 | 19 | 4.26 | 1.098 | 0.252 | 3.73 | 4.79 | 2 | 5 |
| | 总计 | 41 | 4.34 | 0.911 | 0.142 | 4.05 | 4.63 | 2 | 5 |
| (2)导师能引导师范生 | 大学导师 | 3 | 5.00 | 0.000 | 0.000 | 5.00 | 5.00 | 5 | 5 |
| | 小学导师 | 19 | 4.42 | 0.692 | 0.159 | 4.09 | 4.75 | 3 | 5 |
| | 师范生 | 19 | 4.68 | 0.582 | 0.134 | 4.40 | 4.96 | 3 | 5 |
| | 总计 | 41 | 4.59 | 0.631 | 0.099 | 4.39 | 4.78 | 3 | 5 |
| (3)导师能与师范生建立友谊 | 大学导师 | 3 | 5.00 | 0.000 | 0.000 | 5.00 | 5.00 | 5 | 5 |
| | 小学导师 | 19 | 4.42 | 0.507 | 0.116 | 4.18 | 4.67 | 4 | 5 |
| | 师范生 | 19 | 4.63 | 0.597 | 0.137 | 4.34 | 4.92 | 3 | 5 |
| | 总计 | 41 | 4.56 | 0.550 | 0.086 | 4.39 | 4.73 | 3 | 5 |

续表

| | | 个案数 | 平均值 | 标准偏差 | 标准错误 | 平均值的95%置信区间 | | 最小值 | 最大值 |
|---|---|---|---|---|---|---|---|---|---|
| | | | | | | 下限 | 上限 | | |
| （4）导师能帮师范生直面问题并解决问题 | 大学导师 | 3 | 5.00 | 0.000 | 0.000 | 5.00 | 5.00 | 5 | 5 |
| | 小学导师 | 19 | 4.42 | 0.507 | 0.116 | 4.18 | 4.67 | 4 | 5 |
| | 师范生 | 19 | 4.68 | 0.582 | 0.134 | 4.40 | 4.96 | 3 | 5 |
| | 总计 | 41 | 4.59 | 0.547 | 0.085 | 4.41 | 4.76 | 3 | 5 |
| （5）好导师应该真诚 | 大学导师 | 3 | 5.00 | 0.000 | 0.000 | 5.00 | 5.00 | 5 | 5 |
| | 小学导师 | 19 | 4.84 | 0.375 | 0.086 | 4.66 | 5.02 | 4 | 5 |
| | 师范生 | 19 | 4.89 | 0.315 | 0.072 | 4.74 | 5.05 | 4 | 5 |
| | 总计 | 41 | 4.88 | 0.331 | 0.052 | 4.77 | 4.98 | 4 | 5 |
| （6）好导师应该主动 | 大学导师 | 3 | 5.00 | 0.000 | 0.000 | 5.00 | 5.00 | 5 | 5 |
| | 小学导师 | 19 | 4.74 | 0.452 | 0.104 | 4.52 | 4.95 | 4 | 5 |
| | 师范生 | 19 | 4.89 | 0.315 | 0.072 | 4.74 | 5.05 | 4 | 5 |
| | 总计 | 41 | 4.83 | 0.381 | 0.059 | 4.71 | 4.95 | 4 | 5 |
| （7）好导师应该理智 | 大学导师 | 3 | 4.00 | 0.000 | 0.000 | 4.00 | 4.00 | 4 | 4 |
| | 小学导师 | 19 | 4.32 | 0.820 | 0.188 | 3.92 | 4.71 | 3 | 5 |
| | 师范生 | 19 | 4.47 | 0.612 | 0.140 | 4.18 | 4.77 | 3 | 5 |
| | 总计 | 41 | 4.37 | 0.698 | 0.109 | 4.15 | 4.59 | 3 | 5 |
| （8）好导师应该公平 | 大学导师 | 3 | 5.00 | 0.000 | 0.000 | 5.00 | 5.00 | 5 | 5 |
| | 小学导师 | 19 | 4.95 | 0.229 | 0.053 | 4.84 | 5.06 | 4 | 5 |
| | 师范生 | 19 | 4.79 | 0.419 | 0.096 | 4.59 | 4.99 | 4 | 5 |
| | 总计 | 41 | 4.88 | 0.331 | 0.052 | 4.77 | 4.98 | 4 | 5 |
| （9）好导师应能对教学活动流畅反思 | 大学导师 | 3 | 5.00 | 0.000 | 0.000 | 5.00 | 5.00 | 5 | 5 |
| | 小学导师 | 19 | 4.79 | 0.419 | 0.096 | 4.59 | 4.99 | 4 | 5 |
| | 师范生 | 19 | 4.79 | 0.419 | 0.096 | 4.59 | 4.99 | 4 | 5 |
| | 总计 | 41 | 4.80 | 0.401 | 0.063 | 4.68 | 4.93 | 4 | 5 |

续表

| | | 个案数 | 平均值 | 标准偏差 | 标准错误 | 平均值的95%置信区间 | | 最小值 | 最大值 |
|---|---|---|---|---|---|---|---|---|---|
| | | | | | | 下限 | 上限 | | |
| (10)好导师应该镇静 | 大学导师 | 3 | 4.33 | 1.155 | 0.667 | 1.46 | 7.20 | 3 | 5 |
| | 小学导师 | 19 | 4.63 | 0.597 | 0.137 | 4.34 | 4.92 | 3 | 5 |
| | 师范生 | 19 | 4.79 | 0.419 | 0.096 | 4.59 | 4.99 | 4 | 5 |
| | 总计 | 41 | 4.68 | 0.567 | 0.089 | 4.50 | 4.86 | 3 | 5 |
| (11)好导师应该心情愉悦 | 大学导师 | 3 | 5.00 | 0.000 | 0.000 | 5.00 | 5.00 | 5 | 5 |
| | 小学导师 | 19 | 4.63 | 0.597 | 0.137 | 4.34 | 4.92 | 3 | 5 |
| | 师范生 | 19 | 4.74 | 0.452 | 0.104 | 4.52 | 4.95 | 4 | 5 |
| | 总计 | 41 | 4.71 | 0.512 | 0.080 | 4.55 | 4.87 | 3 | 5 |
| (12)好导师应该耐心 | 大学导师 | 3 | 5.00 | 0.000 | 0.000 | 5.00 | 5.00 | 5 | 5 |
| | 小学导师 | 19 | 4.68 | 0.478 | 0.110 | 4.45 | 4.91 | 4 | 5 |
| | 师范生 | 19 | 4.89 | 0.315 | 0.072 | 4.74 | 5.05 | 4 | 5 |
| | 总计 | 41 | 4.80 | 0.401 | 0.063 | 4.68 | 4.93 | 4 | 5 |

由表 3-26 中的统计分析可知,F 检验结果表明差异不显著。这进一步验证了上述描述性统计结果:大学导师、小学导师与实习师范生对导师指导技能在整体上都非常同意,三者无一例外,基本达成一致共识。

表 3-26　导师指导技能各分项感知水平的方差分析汇总

| | | 平方和 | 自由度 | 均方 | F | 显著性 |
|---|---|---|---|---|---|---|
| (1)导师应平易近人 | 组间 | 1.430 | 2 | 0.715 | 0.855 | 0.433 |
| | 组内 | 31.789 | 38 | 0.837 | | |
| | 总计 | 33.220 | 40 | | | |
| (2)导师能引导师范生 | 组间 | 1.214 | 2 | 0.607 | 1.566 | 0.222 |
| | 组内 | 14.737 | 38 | 0.388 | | |
| | 总计 | 15.951 | 40 | | | |
| (3)导师能与师范生建立友谊 | 组间 | 1.045 | 2 | 0.522 | 1.796 | 0.180 |
| | 组内 | 11.053 | 38 | 0.291 | | |
| | 总计 | 12.098 | 40 | | | |

续表

| | | 平方和 | 自由度 | 均方 | F | 显著性 |
|---|---|---|---|---|---|---|
| (4)导师能帮师范生直面问题并解决问题 | 组间 | 1.214 | 2 | 0.607 | 2.149 | 0.131 |
| | 组内 | 10.737 | 38 | 0.283 | | |
| | 总计 | 11.951 | 40 | | | |
| (5)好导师应该真诚 | 组间 | 0.074 | 2 | 0.037 | 0.328 | 0.723 |
| | 组内 | 4.316 | 38 | 0.114 | | |
| | 总计 | 4.390 | 40 | | | |
| (6)好导师应该主动 | 组间 | 0.331 | 2 | 0.166 | 1.150 | 0.328 |
| | 组内 | 5.474 | 38 | 0.144 | | |
| | 总计 | 5.805 | 40 | | | |
| (7)好导师应该理智 | 组间 | 0.670 | 2 | 0.335 | 0.676 | 0.515 |
| | 组内 | 18.842 | 38 | 0.496 | | |
| | 总计 | 19.512 | 40 | | | |
| (8)好导师应该公平 | 组间 | 0.285 | 2 | 0.142 | 1.319 | 0.279 |
| | 组内 | 4.105 | 38 | 0.108 | | |
| | 总计 | 4.390 | 40 | | | |
| (9)好导师应能对教学活动流畅反思 | 组间 | 0.123 | 2 | 0.062 | 0.371 | 0.693 |
| | 组内 | 6.316 | 38 | 0.166 | | |
| | 总计 | 6.439 | 40 | | | |
| (10)好导师应该镇静 | 组间 | 0.632 | 2 | 0.316 | 0.981 | 0.384 |
| | 组内 | 12.246 | 38 | 0.322 | | |
| | 总计 | 12.878 | 40 | | | |
| (11)好导师应该心情愉悦 | 组间 | 0.383 | 2 | 0.191 | 0.719 | 0.494 |
| | 组内 | 10.105 | 38 | 0.266 | | |
| | 总计 | 10.488 | 40 | | | |
| (12)好导师应该耐心 | 组间 | 0.544 | 2 | 0.272 | 1.754 | 0.187 |
| | 组内 | 5.895 | 38 | 0.155 | | |
| | 总计 | 6.439 | 40 | | | |

## （五）导师职责认知现状

### 1. 整体感知水平及差异检验

由表 3-27 中的统计分析可知，大学导师、小学导师与实习师范生对导师职责在整体上都非常同意。所以，要看分项做进一步深入分析。

表 3-27　大学导师、小学导师与实习师范生对导师职责的整体感知水平

| | | 个案数 | 平均值 | 标准偏差 | 标准错误 | 平均值的95%置信区间 | | 最小值 | 最大值 |
|---|---|---|---|---|---|---|---|---|---|
| | | | | | | 下限 | 上限 | | |
| 导师职责均值 | 大学导师 | 3 | 4.7701 | 0.25418 | 0.14675 | 4.1387 | 5.4015 | 4.48 | 4.97 |
| | 小学导师 | 19 | 4.4174 | 0.53948 | 0.12377 | 4.1574 | 4.6774 | 3.14 | 4.93 |
| | 师范生 | 19 | 4.6425 | 0.41255 | 0.09464 | 4.4436 | 4.8413 | 3.62 | 4.97 |
| | 总计 | 41 | 4.5475 | 0.47626 | 0.07438 | 4.3972 | 4.6978 | 3.14 | 4.97 |

由表 3-28 中的统计分析可知，F 检验结果表明差异不显著。这进一步验证了上述描述性统计结果：大学导师、小学导师与实习师范生对导师职责在整体上都非常同意，三者无一例外，基本达成一致共识。

表 3-28　导师职责整体感知水平的方差分析

| | | 平方和 | 自由度 | 均方 | F | 显著性 |
|---|---|---|---|---|---|---|
| 导师职责均值 | 组间 | 0.642 | 2 | 0.321 | 1.446 | 0.248 |
| | 组内 | 8.431 | 38 | 0.222 | | |
| | 总计 | 9.073 | 40 | | | |

### 2. 分项感知水平及差异检验

由表 3-29 中的统计分析可知，大多数分项题目都得到大学导师、小学导师以及实习师范生的一致同意，但对少数几个分项题目，却表现出分歧。对于这些分项题目，需结合进一步的方差分析来讨论。

**表 3-29　大学导师、小学导师与实习师范生对导师职责的各分项感知水平**

| | | 个案数 | 平均值 | 标准偏差 | 标准错误 | 平均值的95%置信区间 | | 最小值 | 最大值 |
|---|---|---|---|---|---|---|---|---|---|
| | | | | | | 下限 | 上限 | | |
| (1)导师应能帮助师范生家校沟通 | 大学导师 | 3 | 4.67 | 0.577 | 0.333 | 3.23 | 6.10 | 4 | 5 |
| | 小学导师 | 19 | 4.16 | 0.834 | 0.191 | 3.76 | 4.56 | 2 | 5 |
| | 师范生 | 19 | 4.21 | 1.182 | 0.271 | 3.64 | 4.78 | 2 | 5 |
| | 总计 | 41 | 4.22 | 0.988 | 0.154 | 3.91 | 4.53 | 2 | 5 |
| (2)导师应能在师范生犯错时指导他们，并不让他们感到尴尬 | 大学导师 | 3 | 5.00 | 0.000 | 0.000 | 5.00 | 5.00 | 5 | 5 |
| | 小学导师 | 19 | 4.53 | 0.513 | 0.118 | 4.28 | 4.77 | 4 | 5 |
| | 师范生 | 19 | 4.79 | 0.419 | 0.096 | 4.59 | 4.99 | 4 | 5 |
| | 总计 | 41 | 4.68 | 0.471 | 0.074 | 4.53 | 4.83 | 4 | 5 |
| (3)导师应能与其他导师交流经验 | 大学导师 | 3 | 5.00 | 0.000 | 0.000 | 5.00 | 5.00 | 5 | 5 |
| | 小学导师 | 19 | 4.63 | 0.496 | 0.114 | 4.39 | 4.87 | 4 | 5 |
| | 师范生 | 19 | 4.63 | 0.684 | 0.157 | 4.30 | 4.96 | 3 | 5 |
| | 总计 | 41 | 4.66 | 0.575 | 0.090 | 4.48 | 4.84 | 3 | 5 |
| (4)导师应能帮助师范生进行课堂管理 | 大学导师 | 3 | 5.00 | 0.000 | 0.000 | 5.00 | 5.00 | 5 | 5 |
| | 小学导师 | 19 | 4.63 | 0.496 | 0.114 | 4.39 | 4.87 | 4 | 5 |
| | 师范生 | 19 | 4.84 | 0.375 | 0.086 | 4.66 | 5.02 | 4 | 5 |
| | 总计 | 41 | 4.76 | 0.435 | 0.068 | 4.62 | 4.89 | 4 | 5 |
| (5)导师应能提供支持和鼓励 | 大学导师 | 3 | 5.00 | 0.000 | 0.000 | 5.00 | 5.00 | 5 | 5 |
| | 小学导师 | 19 | 4.68 | 0.478 | 0.110 | 4.45 | 4.91 | 4 | 5 |
| | 师范生 | 19 | 4.84 | 0.375 | 0.086 | 4.66 | 5.02 | 4 | 5 |
| | 总计 | 41 | 4.78 | 0.419 | 0.065 | 4.65 | 4.91 | 4 | 5 |
| (6)导师应告诉师范生他对他们的期待 | 大学导师 | 3 | 5.00 | 0.000 | 0.000 | 5.00 | 5.00 | 5 | 5 |
| | 小学导师 | 19 | 4.68 | 0.749 | 0.172 | 4.32 | 5.05 | 2 | 5 |
| | 师范生 | 19 | 4.95 | 0.229 | 0.053 | 4.84 | 5.06 | 4 | 5 |
| | 总计 | 41 | 4.83 | 0.543 | 0.085 | 4.66 | 5.00 | 2 | 5 |

| | | 个案数 | 平均值 | 标准偏差 | 标准错误 | 平均值的95%置信区间 | | 最小值 | 最大值 |
|---|---|---|---|---|---|---|---|---|---|
| | | | | | | 下限 | 上限 | | |
| (7)导师应对师范生观课、评课 | 大学导师 | 3 | 5.00 | 0.000 | 0.000 | 5.00 | 5.00 | 5 | 5 |
| | 小学导师 | 19 | 4.74 | 0.452 | 0.104 | 4.52 | 4.95 | 4 | 5 |
| | 师范生 | 19 | 4.95 | 0.229 | 0.053 | 4.84 | 5.06 | 4 | 5 |
| | 总计 | 41 | 4.85 | 0.358 | 0.056 | 4.74 | 4.97 | 4 | 5 |
| (8)导师应帮助师范生提高教学技能 | 大学导师 | 3 | 5.00 | 0.000 | 0.000 | 5.00 | 5.00 | 5 | 5 |
| | 小学导师 | 19 | 4.63 | 0.496 | 0.114 | 4.39 | 4.87 | 4 | 5 |
| | 师范生 | 19 | 4.63 | 0.597 | 0.137 | 4.34 | 4.92 | 3 | 5 |
| | 总计 | 41 | 4.66 | 0.530 | 0.083 | 4.49 | 4.83 | 3 | 5 |
| (9)导师对师范生的评价应占更大比重 | 大学导师 | 3 | 3.33 | 1.155 | 0.667 | 0.46 | 6.20 | 2 | 4 |
| | 小学导师 | 19 | 5.00 | 0.000 | 0.000 | 5.00 | 5.00 | 5 | 5 |
| | 师范生 | 19 | 3.79 | 1.182 | 0.271 | 3.22 | 4.36 | 1 | 5 |
| | 总计 | 41 | 4.32 | 1.059 | 0.165 | 3.98 | 4.65 | 1 | 5 |
| (10)导师应是一位教练 | 大学导师 | 3 | 5.00 | 0.000 | 0.000 | 5.00 | 5.00 | 5 | 5 |
| | 小学导师 | 19 | 4.68 | 0.582 | 0.134 | 4.40 | 4.96 | 3 | 5 |
| | 师范生 | 19 | 4.58 | 0.607 | 0.139 | 4.29 | 4.87 | 3 | 5 |
| | 总计 | 41 | 4.66 | 0.575 | 0.090 | 4.48 | 4.84 | 3 | 5 |
| (11)导师应是一位咨询师 | 大学导师 | 3 | 5.00 | 0.000 | 0.000 | 5.00 | 5.00 | 5 | 5 |
| | 小学导师 | 19 | 4.68 | 0.582 | 0.134 | 4.40 | 4.96 | 3 | 5 |
| | 师范生 | 19 | 4.58 | 0.607 | 0.139 | 4.29 | 4.87 | 3 | 5 |
| | 总计 | 41 | 4.66 | 0.575 | 0.090 | 4.48 | 4.84 | 3 | 5 |
| (12)导师应给师范生演示不同的教学方法 | 大学导师 | 3 | 5.00 | 0.000 | 0.000 | 5.00 | 5.00 | 5 | 5 |
| | 小学导师 | 19 | 4.32 | 0.946 | 0.217 | 3.86 | 4.77 | 2 | 5 |
| | 师范生 | 19 | 4.79 | 0.419 | 0.096 | 4.59 | 4.99 | 4 | 5 |
| | 总计 | 41 | 4.59 | 0.741 | 0.116 | 4.35 | 4.82 | 2 | 5 |

续表

| | | 个案数 | 平均值 | 标准偏差 | 标准错误 | 平均值的95%置信区间 | | 最小值 | 最大值 |
|---|---|---|---|---|---|---|---|---|---|
| | | | | | | 下限 | 上限 | | |
| (13)导师应给师范生书面的反馈 | 大学导师 | 3 | 5.00 | 0.000 | 0.000 | 5.00 | 5.00 | 5 | 5 |
| | 小学导师 | 19 | 4.47 | 0.772 | 0.177 | 4.10 | 4.85 | 2 | 5 |
| | 师范生 | 19 | 4.84 | 0.375 | 0.086 | 4.66 | 5.02 | 4 | 5 |
| | 总计 | 41 | 4.68 | 0.610 | 0.095 | 4.49 | 4.88 | 2 | 5 |
| (14)导师应在课后直接给出反馈 | 大学导师 | 3 | 5.00 | 0.000 | 0.000 | 5.00 | 5.00 | 5 | 5 |
| | 小学导师 | 19 | 4.26 | 0.991 | 0.227 | 3.79 | 4.74 | 2 | 5 |
| | 师范生 | 19 | 4.84 | 0.375 | 0.086 | 4.66 | 5.02 | 4 | 5 |
| | 总计 | 41 | 4.59 | 0.774 | 0.121 | 4.34 | 4.83 | 2 | 5 |
| (15)导师应时刻准备给师范生给予指导 | 大学导师 | 3 | 5.00 | 0.000 | 0.000 | 5.00 | 5.00 | 5 | 5 |
| | 小学导师 | 19 | 4.42 | 0.607 | 0.139 | 4.13 | 4.71 | 3 | 5 |
| | 师范生 | 19 | 4.95 | 0.229 | 0.053 | 4.84 | 5.06 | 4 | 5 |
| | 总计 | 41 | 4.71 | 0.512 | 0.080 | 4.55 | 4.87 | 3 | 5 |
| (16)导师应高效帮助师范生教好 | 大学导师 | 3 | 5.00 | 0.000 | 0.000 | 5.00 | 5.00 | 5 | 5 |
| | 小学导师 | 19 | 4.37 | 0.761 | 0.175 | 4.00 | 4.74 | 2 | 5 |
| | 师范生 | 19 | 4.89 | 0.315 | 0.072 | 4.74 | 5.05 | 4 | 5 |
| | 总计 | 41 | 4.66 | 0.617 | 0.096 | 4.46 | 4.85 | 2 | 5 |
| (17)导师应向师范生展示如何做教学决策 | 大学导师 | 3 | 5.00 | 0.000 | 0.000 | 5.00 | 5.00 | 5 | 5 |
| | 小学导师 | 19 | 3.74 | 1.327 | 0.304 | 3.10 | 4.38 | 2 | 5 |
| | 师范生 | 19 | 5.00 | 0.000 | 0.000 | 5.00 | 5.00 | 5 | 5 |
| | 总计 | 41 | 4.41 | 1.095 | 0.171 | 4.07 | 4.76 | 2 | 5 |
| (18)导师应指导师范生如何达成专业学习目标 | 大学导师 | 3 | 5.00 | 0.000 | 0.000 | 5.00 | 5.00 | 5 | 5 |
| | 小学导师 | 19 | 4.58 | 0.507 | 0.116 | 4.33 | 4.82 | 4 | 5 |
| | 师范生 | 19 | 5.00 | 0.000 | 0.000 | 5.00 | 5.00 | 5 | 5 |
| | 总计 | 41 | 4.80 | 0.401 | 0.063 | 4.68 | 4.93 | 4 | 5 |

续表

| | | 个案数 | 平均值 | 标准偏差 | 标准错误 | 平均值的95%置信区间 | | 最小值 | 最大值 |
|---|---|---|---|---|---|---|---|---|---|
| | | | | | | 下限 | 上限 | | |
| (19)导师应能培养师范生成长为反思性实践者 | 大学导师 | 3 | 5.00 | 0.000 | 0.000 | 5.00 | 5.00 | 5 | 5 |
| | 小学导师 | 19 | 4.58 | 0.507 | 0.116 | 4.33 | 4.82 | 4 | 5 |
| | 师范生 | 19 | 5.00 | 0.000 | 0.000 | 5.00 | 5.00 | 5 | 5 |
| | 总计 | 41 | 4.80 | 0.401 | 0.063 | 4.68 | 4.93 | 4 | 5 |
| (20)导师应能帮助师范生备课 | 大学导师 | 3 | 5.00 | 0.000 | 0.000 | 5.00 | 5.00 | 5 | 5 |
| | 小学导师 | 19 | 4.37 | 0.955 | 0.219 | 3.91 | 4.83 | 2 | 5 |
| | 师范生 | 19 | 4.89 | 0.315 | 0.072 | 4.74 | 5.05 | 4 | 5 |
| | 总计 | 41 | 4.66 | 0.728 | 0.114 | 4.43 | 4.89 | 2 | 5 |
| (21)导师应能给师范生提供新的教学理念 | 大学导师 | 3 | 4.00 | 1.732 | 1.000 | −0.30 | 8.30 | 2 | 5 |
| | 小学导师 | 19 | 4.63 | 0.496 | 0.114 | 4.39 | 4.87 | 4 | 5 |
| | 师范生 | 19 | 4.68 | 0.582 | 0.134 | 4.40 | 4.96 | 3 | 5 |
| | 总计 | 41 | 4.61 | 0.666 | 0.104 | 4.40 | 4.82 | 2 | 5 |
| (22)导师应能发展教学方法 | 大学导师 | 3 | 2.67 | 2.082 | 1.202 | −2.50 | 7.84 | 1 | 5 |
| | 小学导师 | 19 | 1.79 | 0.855 | 0.196 | 1.38 | 2.20 | 1 | 4 |
| | 师范生 | 19 | 3.16 | 0.834 | 0.191 | 2.76 | 3.56 | 2 | 4 |
| | 总计 | 41 | 2.49 | 1.143 | 0.178 | 2.13 | 2.85 | 1 | 5 |
| (23)导师应是师范生的榜样 | 大学导师 | 3 | 4.67 | 0.577 | 0.333 | 3.23 | 6.10 | 4 | 5 |
| | 小学导师 | 19 | 4.42 | 0.507 | 0.116 | 4.18 | 4.67 | 4 | 5 |
| | 师范生 | 19 | 4.53 | 0.513 | 0.118 | 4.28 | 4.77 | 4 | 5 |
| | 总计 | 41 | 4.49 | 0.506 | 0.079 | 4.33 | 4.65 | 4 | 5 |
| (24)导师应懂教育技术 | 大学导师 | 3 | 4.00 | 1.732 | 1.000 | −0.30 | 8.30 | 2 | 5 |
| | 小学导师 | 19 | 3.00 | 1.155 | 0.265 | 2.44 | 3.56 | 2 | 5 |
| | 师范生 | 19 | 3.47 | 0.905 | 0.208 | 3.04 | 3.91 | 2 | 5 |
| | 总计 | 41 | 3.29 | 1.101 | 0.172 | 2.95 | 3.64 | 2 | 5 |

续表

| | | 个案数 | 平均值 | 标准偏差 | 标准错误 | 平均值的95%置信区间 | | 最小值 | 最大值 |
|---|---|---|---|---|---|---|---|---|---|
| | | | | | | 下限 | 上限 | | |
| (25)导师应具备最新的学科知识 | 大学导师 | 3 | 5.00 | 0.000 | 0.000 | 5.00 | 5.00 | 5 | 5 |
| | 小学导师 | 19 | 4.95 | 0.229 | 0.053 | 4.84 | 5.06 | 4 | 5 |
| | 师范生 | 19 | 4.79 | 0.419 | 0.096 | 4.59 | 4.99 | 4 | 5 |
| | 总计 | 41 | 4.88 | 0.331 | 0.052 | 4.77 | 4.98 | 4 | 5 |
| (26)导师应能注意到中小学生不同的学习策略 | 大学导师 | 3 | 5.00 | 0.000 | 0.000 | 5.00 | 5.00 | 5 | 5 |
| | 小学导师 | 19 | 4.63 | 0.761 | 0.175 | 4.26 | 5.00 | 2 | 5 |
| | 师范生 | 19 | 4.68 | 0.478 | 0.110 | 4.45 | 4.91 | 4 | 5 |
| | 总计 | 41 | 4.68 | 0.610 | 0.095 | 4.49 | 4.88 | 2 | 5 |
| (27)好导师应能接受师范生的新教学理念和教学方法 | 大学导师 | 3 | 5.00 | 0.000 | 0.000 | 5.00 | 5.00 | 5 | 5 |
| | 小学导师 | 19 | 4.89 | 0.315 | 0.072 | 4.74 | 5.05 | 4 | 5 |
| | 师范生 | 19 | 4.74 | 0.452 | 0.104 | 4.52 | 4.95 | 4 | 5 |
| | 总计 | 41 | 4.83 | 0.381 | 0.059 | 4.71 | 4.95 | 4 | 5 |
| (28)导师要参加导师培训 | 大学导师 | 3 | 5.00 | 0.000 | 0.000 | 5.00 | 5.00 | 5 | 5 |
| | 小学导师 | 19 | 4.74 | 0.452 | 0.104 | 4.52 | 4.95 | 4 | 5 |
| | 师范生 | 19 | 4.74 | 0.452 | 0.104 | 4.52 | 4.95 | 4 | 5 |
| | 总计 | 41 | 4.76 | 0.435 | 0.068 | 4.62 | 4.89 | 4 | 5 |
| (29)导师要接受每名学生都是独一无二的 | 大学导师 | 3 | 5.00 | 0.000 | 0.000 | 5.00 | 5.00 | 5 | 5 |
| | 小学导师 | 19 | 4.89 | 0.315 | 0.072 | 4.74 | 5.05 | 4 | 5 |
| | 师范生 | 19 | 4.84 | 0.375 | 0.086 | 4.66 | 5.02 | 4 | 5 |
| | 总计 | 41 | 4.88 | 0.331 | 0.052 | 4.77 | 4.98 | 4 | 5 |

由表 3-30 中的统计分析可知,进一步的方差分析发现,大学导师、小学导师以及实习师范生对以下 8 个导师职责看法不一致,意见不统一,包括:"导师对师范生的评价应占更大比重""导师应在课后直接给出反馈""导师应时刻准备给师范生给予指导""导师应高效帮助师范生教好""导师应向师范生展示如何做教学决策""导师应指导师范生如何达成专业学习目标""导师应能培养师范生成长为反思性实践者""导师应能发展教学方法"。进一

步的事后检验多重比较能发现这 8 个职责具体存在哪些不一致的看法。

表 3-30　导师职责各分项感知水平的方差分析汇总

| | | 平方和 | 自由度 | 均方 | F | 显著性 |
|---|---|---|---|---|---|---|
| (1)导师应能帮助师范生家校沟通 | 组间 | 0.674 | 2 | 0.337 | 0.334 | 0.718 |
| | 组内 | 38.351 | 38 | 1.009 | | |
| | 总计 | 39.024 | 40 | | | |
| (2)导师应能在师范生犯错时指导他们,并不让他们感到尴尬 | 组间 | 0.983 | 2 | 0.492 | 2.367 | 0.107 |
| | 组内 | 7.895 | 38 | 0.208 | | |
| | 总计 | 8.878 | 40 | | | |
| (3)导师应能与其他导师交流经验 | 组间 | 0.377 | 2 | 0.189 | 0.558 | 0.577 |
| | 组内 | 12.842 | 38 | 0.338 | | |
| | 总计 | 13.220 | 40 | | | |
| (4)导师应能帮助师范生进行课堂管理 | 组间 | 0.614 | 2 | 0.307 | 1.678 | 0.200 |
| | 组内 | 6.947 | 38 | 0.183 | | |
| | 总计 | 7.561 | 40 | | | |
| (5)导师应能提供支持和鼓励 | 组间 | 0.393 | 2 | 0.196 | 1.125 | 0.335 |
| | 组内 | 6.632 | 38 | 0.175 | | |
| | 总计 | 7.024 | 40 | | | |
| (6)导师应告诉师范生他对他们的期待 | 组间 | 0.752 | 2 | 0.376 | 1.293 | 0.286 |
| | 组内 | 11.053 | 38 | 0.291 | | |
| | 总计 | 11.805 | 40 | | | |
| (7)导师应对师范生观课、评课 | 组间 | 0.490 | 2 | 0.245 | 2.012 | 0.148 |
| | 组内 | 4.632 | 38 | 0.122 | | |
| | 总计 | 5.122 | 40 | | | |
| (8)导师应帮助师范生提高教学技能 | 组间 | 0.377 | 2 | 0.189 | 0.661 | 0.522 |
| | 组内 | 10.842 | 38 | 0.285 | | |
| | 总计 | 11.220 | 40 | | | |

续表

| | | 平方和 | 自由度 | 均方 | F | 显著性 |
|---|---|---|---|---|---|---|
| (9)导师对师范生的评价应占更大比重 | 组间 | 17.053 | 2 | 8.527 | 11.645 | 0.000 |
| | 组内 | 27.825 | 38 | 0.732 | | |
| | 总计 | 44.878 | 40 | | | |
| (10)导师应是一位教练 | 组间 | 0.483 | 2 | 0.241 | 0.720 | 0.493 |
| | 组内 | 12.737 | 38 | 0.335 | | |
| | 总计 | 13.220 | 40 | | | |
| (11)导师应是一位咨询师 | 组间 | 0.483 | 2 | 0.241 | 0.720 | 0.493 |
| | 组内 | 12.737 | 38 | 0.335 | | |
| | 总计 | 13.220 | 40 | | | |
| (12)导师应给师范生演示不同的教学方法 | 组间 | 2.688 | 2 | 1.344 | 2.651 | 0.084 |
| | 组内 | 19.263 | 38 | 0.507 | | |
| | 总计 | 21.951 | 40 | | | |
| (13)导师应给师范生书面的反馈 | 组间 | 1.615 | 2 | 0.807 | 2.313 | 0.113 |
| | 组内 | 13.263 | 38 | 0.349 | | |
| | 总计 | 14.878 | 40 | | | |
| (14)导师应在课后直接给出反馈 | 组间 | 3.741 | 2 | 1.870 | 3.517 | 0.040 |
| | 组内 | 20.211 | 38 | 0.532 | | |
| | 总计 | 23.951 | 40 | | | |
| (15)导师应时刻准备给予师范生指导 | 组间 | 2.909 | 2 | 1.454 | 7.292 | 0.002 |
| | 组内 | 7.579 | 38 | 0.199 | | |
| | 总计 | 10.488 | 40 | | | |
| (16)导师应高效帮助师范生教好 | 组间 | 3.009 | 2 | 1.504 | 4.682 | 0.015 |
| | 组内 | 12.211 | 38 | 0.321 | | |
| | 总计 | 15.220 | 40 | | | |

续表

| | | 平方和 | 自由度 | 均方 | F | 显著性 |
|---|---|---|---|---|---|---|
| (17)导师应向师范生展示如何做教学决策 | 组间 | 16.267 | 2 | 8.134 | 9.755 | 0.000 |
| | 组内 | 31.684 | 38 | 0.834 | | |
| | 总计 | 47.951 | 40 | | | |
| (18)导师应指导师范生如何达成专业学习目标 | 组间 | 1.807 | 2 | 0.904 | 7.415 | 0.002 |
| | 组内 | 4.632 | 38 | 0.122 | | |
| | 总计 | 6.439 | 40 | | | |
| (19)导师应能培养师范生成长为反思性实践者 | 组间 | 1.807 | 2 | 0.904 | 7.415 | 0.002 |
| | 组内 | 4.632 | 38 | 0.122 | | |
| | 总计 | 6.439 | 40 | | | |
| (20)导师应能帮助师范生备课 | 组间 | 3.009 | 2 | 1.504 | 3.139 | 0.055 |
| | 组内 | 18.211 | 38 | 0.479 | | |
| | 总计 | 21.220 | 40 | | | |
| (21)导师应能给师范生提供新的教学理念 | 组间 | 1.230 | 2 | 0.615 | 1.414 | 0.256 |
| | 组内 | 16.526 | 38 | 0.435 | | |
| | 总计 | 17.756 | 40 | | | |
| (22)导师应能发展教学方法 | 组间 | 17.893 | 2 | 8.947 | 9.897 | 0.000 |
| | 组内 | 34.351 | 38 | 0.904 | | |
| | 总计 | 52.244 | 40 | | | |
| (23)导师应是师范生的榜样 | 组间 | 0.209 | 2 | 0.104 | 0.395 | 0.676 |
| | 组内 | 10.035 | 38 | 0.264 | | |
| | 总计 | 10.244 | 40 | | | |
| (24)导师应懂教育技术 | 组间 | 3.751 | 2 | 1.875 | 1.593 | 0.217 |
| | 组内 | 44.737 | 38 | 1.177 | | |
| | 总计 | 48.488 | 40 | | | |

续表

| | | 平方和 | 自由度 | 均方 | F | 显著性 |
|---|---|---|---|---|---|---|
| (25)导师应具备最新的学科知识 | 组间 | 0.285 | 2 | 0.142 | 1.319 | 0.279 |
| | 组内 | 4.105 | 38 | 0.108 | | |
| | 总计 | 4.390 | 40 | | | |
| (26)导师应能注意到中小学生不同的学习策略 | 组间 | 0.352 | 2 | 0.176 | 0.460 | 0.635 |
| | 组内 | 14.526 | 38 | 0.382 | | |
| | 总计 | 14.878 | 40 | | | |
| (27)好导师应能接受师范生的新教学理念和教学方法 | 组间 | 0.331 | 2 | 0.166 | 1.150 | 0.328 |
| | 组内 | 5.474 | 38 | 0.144 | | |
| | 总计 | 5.805 | 40 | | | |
| (28)导师要参加导师培训 | 组间 | 0.193 | 2 | 0.096 | 0.497 | 0.613 |
| | 组内 | 7.368 | 38 | 0.194 | | |
| | 总计 | 7.561 | 40 | | | |
| (29)导师要接受每名学生都是独一无二的 | 组间 | 0.074 | 2 | 0.037 | 0.328 | 0.723 |
| | 组内 | 4.316 | 38 | 0.114 | | |
| | 总计 | 4.390 | 40 | | | |

"导师对师范生的评价应占更大比重",在这一导师职责的感知上,小学导师对此更同意。这说明小学导师与实习师范生在实习期间朝夕相处,有信心也更愿意对师范生做更多的考核评价。在双导师制长效机制的设计中,对此应予以重点考虑,赋予小学导师对师范生实习工作更大的评价权。

"导师应在课后直接给出反馈""导师应时刻准备给师范生给予指导""导师应高效帮助师范生教好""导师应向师范生展示如何做教学决策""导师应指导师范生如何达成专业学习目标""导师应能培养师范生成长为反思性实践者""导师应能发展教学方法",在这7个导师职责的感知上,小学导师均表现出更不同意,回答趋势基本一致,详见图3-9、图3-10、图3-11、图3-12、图3-13、图3-14、图3-15。这说明这7个导师职责对小学导师而言有点勉为其难了。小学导师在校工作繁忙,难以保证给师范生听课、观课、评课,更难以发展新的教学方法。这一现实虽无奈,但是对师范生实习教学工作非常不利,在未来长效机制设计中应鼓励小学合作导师多听实习师范生的课、多提宝贵意见、多给积极正面的反馈、多指导实习师范生新的教学方法。

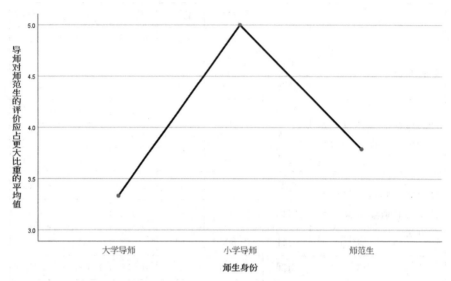

图 3-8 　大学导师、小学导师与实习师范生在"导师对师范生的评价应占更大比重"这一分项上的差异比较

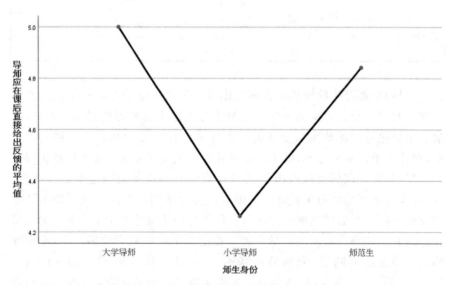

图 3-9 　大学导师、小学导师与实习师范生在"导师应在课后直接给出反馈"这一分项上的差异比较

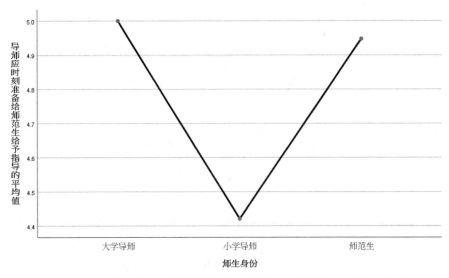

**图 3-10**　大学导师、小学导师与实习师范生在"导师应时刻准备给
师范生给予指导"这一分项上的差异比较

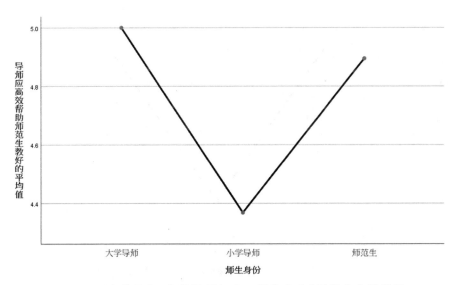

**图 3-11**　大学导师、小学导师与实习师范生在"导师应高效帮助
师范生教好"这一分项上的差异比较

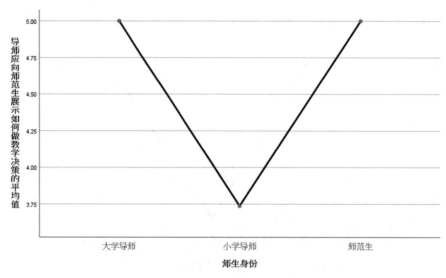

图 3-12 大学导师、小学导师与实习师范生在"导师应向师范生展示
如何做教学决策"这一分项上的差异比较

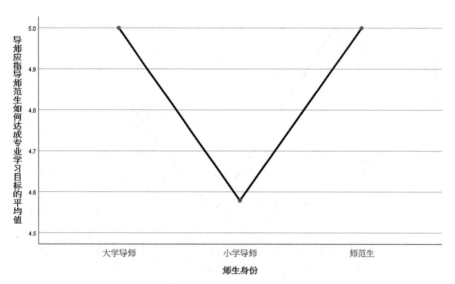

图 3-13 大学导师、小学导师与实习师范生在"导师应指导师范生
如何达成专业学习目标"这一分项上的差异比较

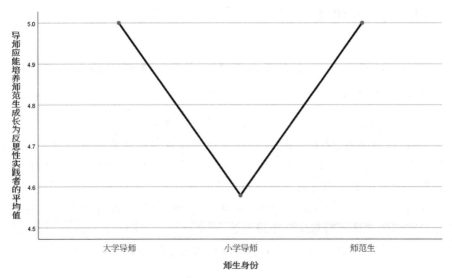

**图 3-14** 大学导师、小学导师与实习师范生在"导师应能培养师范生
成长为反思性实践者"这一分项上的差异比较

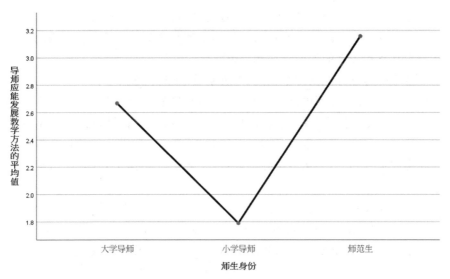

**图 3-15** 大学导师、小学导师与实习师范生在"导师应能
发展教学方法"这一分项上的差异比较

## 四、讨论与建议

### （一）在整体上所有利益相关者对当前双导师制的各方面实施情况认可和满意

从整体上看，大学导师、小学合作导师以及实习师范生认为导师遴选标准、导师管理能力、导生沟通、导师指导技能以及导师职责履行等双导师制的各方面实施得均比较令人满意，三者对此基本达成一致共识，可见，L大学教育学院在实习期间的双导师制实施效果有效。这与问卷调查之后的访谈反馈相一致，大学导师代表杨老师与小学合作导师代表刘老师都认为，L大学当前的双导师制落实得比较有效，师范生代表尹同学也在访谈中说，她感觉在她的实习期间，大学和小学两位导师的角色和职责都很重要，也都比较有责任心。

### （二）在某些分项细节上体现出利益相关者的不同立场和角色站位

除了在导师指导技能认知上，所有利益相关者能达成共识之外，在导师遴选标准认知、导师管理能力认知、导生沟通认知以及导师职责认知上，均体现出利益相关者的不同立场和角色站位。

在导师遴选标准认知上，有三项关系教学经验、学历学位以及面试程序的标准，小学合作导师更倾向于不同意；在导师管理能力认知上，小学合作导师更倾向于不同意"导师应帮助师范生获得必要的教材和教辅"；在导生沟通认知上，实习师范生更倾向于不同意"导师应与师范生彼此相互尊重"；在导师职责认知上，多达8个导师职责，大学导师与小学合作导师出现意见分歧。

未来在长效机制设计与探索时，应充分考虑参与双导师制所有利益相关者的不同立场和站位，在政府—大学—中小学"三位一体"协同育人指导思想下，协调不同利益相关者的利益，否则协同育人很难实现。

## 五、建议

首先，本研究样本量仅41人，非常有限，未来还将进一步纳入更多样本量；其次，本研究摸底和监测工作采用的是横断研究设计，为了考察师范生在大学四年中双导师制对其影响,未来还应做长时间的纵向追踪研究,才能更好地观测出双导师制的效果;最后,该测量工具信度较好,可信度较高,但因借鉴国外文献,双导师制理解可能存在不足,甚至存在偏差,双导师制存在中西文化差异,未来还应基于中国双导师制实施的现实,进一步完善测量工具,纳入更多测量维度和指标;这也启发我们,需适当借鉴教师教育发达国家和地区的双导师制经验,从国际比较的视野下,基于中国本土实践和摸底调查结果,因地制宜地、全方位地构建我国教师教育双导师制的长效机制。

# 第四章　发达国家和地区教师教育双导师制经验借鉴

　　随着教师教育改革不断深入,为适应本国教师教育发展的需要,各国因地制宜地探索出本国提高职前教师培养质量的有效措施,其中,双导师制在世界各国不约而同地得到重视,成为大势所趋。比较教育的视角便成为教师教育导师制研究的常见方法①。下面细致梳理各国教师教育的基本国情与相应双导师制,旨在为我国提供有益借鉴。

## 第一节　美国

　　积极探索"互联网＋"远程双导师制②、线上线下混合式双导师制(hybride mentoring model)③,作为传统双导师制的有益补充;积极探索导生合作共同教学模式(Co-teaching),有效优化导生关系④;使用元认知策略,培训导师充分熟知自己作为导师的角色和职责⑤,研发相应的导师培训课程和工具;建立导师指导学习小组⑥,在半年实习期内,根据大学与中小

　　①　Brisard E. *National Variations in the Initial Teacher Education Process in France,England and Scotland:A Study of Influencing Factors*[D]. University of Leeds,2004.

　　②　Burns M. *Distance Education for Teacher Training:Modes,Models and Methods*[M].Education Development Center Inc,2011.

　　③　Bock M,Caballero M,O'Neal-Hixson K. The TCSEFP Hybrid E-mentoring Model:A Distance Education Mentoring Model[J]. *Educational Renaissance*,2020,9(1):23-30.

　　④　Badiali B, Titus N E. Co-teaching:Enhancing Student Learning through Mentor-Intern Partnerships[J]. *School University Partnerships*,2010,4(2):74-80.

　　⑤　Garza,R.,Reynosa,R. J.,Werner,P. H.,Duchaine,E. L.,Harter,R. A. Developing a Mentoring Framework through the Examination of Mentoring Paradigms in a Teacher Residency Program.[J]. *Australian Journal of Teacher Education*,2019,44(3):1-22.

　　⑥　Tunney J. *A Model of Professional Development for Field-Based Teacher Educators:Addressing Historical Problems through Local Collaboration*[D]. University of California,Irvine,2016.

学合作伙伴原则,3 位大学导师与 6 位小学导师建立导师指导学习小组,半年内召开七次会议;定期及时对教师教育双导师制项目实施效果进行评估①②,落实项目评估并公开报告。

当然,美国的导师制模式也与我国的做法有异曲同工之妙。比如,美国将双导师制与服务式学习(service-learning)相结合,在长达一年城市社区的支教实习中,为师范生进入课堂奠定基础,导师与师范生讨论和反思,为教育公平做出更多系统性改变③。这与我国公费师范生去乡村小学支教实习的做法非常相似,只不过我国支教一般去偏远乡村,而美国支教则去高风险的城市社区。

# 第二节　英国

英国是最早将教师教育的重心从大学转移到中小学的,所以提倡双导师制也是较早的,早在 2000 年就有了总结双导师制的英国本土实践④。

制定并颁布中小学实践合作导师的国家标准。在英格兰没有任何通用的导师培训模式的情况下,国家标准有可能为导师的角色提供一些指导,以支持更公平的职前教师体验⑤;加强对师范生实习基地的资金支持⑥,签署正式合作协议,包括导师互聘协议,在协议中明确各自角色和要求,而且中小学实践合作导师的指导是有偿的,通过有偿指导,提高合作导师的积极

①　Whitebook M, Sakai L. *The Potential of Mentoring: An Assessment of the California Early Childhood Mentor Teacher Program*[N]. National Center for the Early Childhood Work Force,1995.

②　Chizhik E. W. ,Chizhik A. W. ,Close C. , et al. SMILE(Shared Mentoring in Instructional Learning Environments):Effectiveness of a Lesson-Study Approach to Student-Teaching Supervision on a Teacher-Education Performance Assessment[J]. *Teacher Education Quarterly*,2017,44,27-47.

③　Catapano,Susan. Teaching in Urban Schools:Mentoring Pre-service Teachers to Apply Advocacy Strategies[J]. *Mentoring & Tutoring Partnership in Learning*,2006,14(1):81-96.

④　Furlong,John. School Mentors and University Tutors:Lessons from the English Experiment[J]. *Theory Into Practice*,2000,39(1):12-19.

⑤　Murtagh L,Dawes L. National Standards for School-Based Mentors:The Potential to Recognise the "Cinderella" Role of Mentoring? [J]. *International Journal of Mentoring and Coaching in Education*,2020,10(1):31-45.

⑥　Hankey,Jenny. The good, the Bad and Other Considerations:Reflections on Mentoring Trainee Teachers in Post-compulsory Education[J]. *Research in Post-Compulsory Education*,2004,9(3):389-400.

性;将情绪智力培训纳入导师制培训①,因为导生之间关系紧张、彼此缺乏沟通交流,所以要对导师进行情绪智力培训。

# 第三节　澳大利亚

澳大利亚受到英国政策的影响非常明显,如导师有偿指导②;强化大学与中小学合作伙伴关系(U-S),延长师范生实习期限到一整年,打造全年沉浸式教学体验,提升师范生大学最后一年的就业能力③。甚至进一步突出政府在大学与中小学合作关系中的统筹作用(G-U-S)。一项参与式行动研究考察了澳大利亚一所地方大学(regional university)与一所农村学校合作培养教师的导师指导能力及合作探究文化,深入讨论了导师制有效实施所必需的知识、技能与角色④。为巩固有效的大学与中小学合作伙伴关系,明确大学导师和中小学导师各自在师范生实习期间的角色与职责,并强加落实⑤。

对双导师制积极进行创新,例如,积极探索构建三向双导师制(triad mentoring)⑥⑦,一位导师匹配两名师范生,一对二关系,构成三个方向,包括导师指导+两名师范生之间同伴指导,以区别于传统的一对一双向导师

①　Hawkey,Kate. Emotional Intelligence and Mentoring in Pre-service Teacher Education:A Literature Review[J]. *Mentoring & Tutoring Partnership in Learning*,2006,14(2):137-147.

②　Zeegers M. From Supervising Practica to Mentoring Professional Experience:Possibilities for Education Students[J]. *Teaching Education*,2005,16(4):349-357.

③　Grima-Farrell,Christine. Mentoring Pathways to Enhancing the Personal and Professional Development of Pre-service Teachers[J]. *International Journal of Mentoring & Coaching in Education*,2015,4(4):255-268.

④　Betlem,E.,Clarya D.,Jones,M. Mentoring the Mentor:Professional Development through a School-University Partnership[J]. *Asia-Pacific Journal of Teacher Education*,2019,47(4):327-346.

⑤　Ambrosetti A.,Allen J. M.,Turner D. How School and University Supervising Staff Perceive the Pre-service Teacher Education Practicum:A Comparative Study[J]. *Australian Journal of Teacher Education*,2013,38(4):108-128.

⑥　Ambrosetti,Angelina,et al. Mentoring Triad:An Alternative Mentoring Model for Preservice Teacher Education? [J]. *Mentoring & Tutoring:Partnership in Learning*,2017,25(1):42-60.

⑦　Ambrosetti,Angelina. *Reconceptualising Mentoring Using Triads in Pre-service Teacher Education Professional Placements*[D]. Central Queensland University,2012.

制(dyad mentoring model)；采用跨学院双导师制①，一名师范生配备两位大学导师，这两位大学导师来自不同的学院；加强国际合作，构建国际合作导师制，如分别来自澳大利亚和美国的导师指导一名澳大利亚师范生②。倡导亚太地区紧密合作(澳大利亚、中国香港、菲律宾)，在实习期间的国际导师制③。

加强导生沟通对话④，重视建立和谐的导生关系⑤，作为实习期间导师制顺利实施的抓手。

州立政府统筹出版导师制指导手册⑥，在大学与中小学协同育人方面充分发挥政府统筹职能。

全面综述当前教师教育导师制，重视研究中小学合作导师这一角色，制定中小学合作导师的好导师标准和评价指标⑦。

表 4-1　中小学合作导师的好导师评价维度及指标

| 维度 | 指标 |
| --- | --- |
| 与大学合作 | 与大学建立合作关系 |
| | 与大学导师和师范生开展对话互动 |
| | 与大学导师建立关于教学好坏的共识 |
| | 与大学导师就导师这一角色的职责达成共识 |
| | 将教师教育项目的中小学校园元素融入专业经验 |

①　Young K. Innovation in Initial Teacher Education through a School-University Partnership [J]. *Journal of Curriculum and Teaching*，2020，9(1)：15-29.

②　Janice，Koch，Ken，et al. The Effect of a Mentoring Model for Elementary Science Professional Development[J]. *Journal of Science Teacher Education*，2007，18(2)：209-231.

③　Hudson，P.，Hudson，S.，Kwan，T.，Chan，C.，Maclang-Vicencio，E.，& Ani，A-L. (2015). Making Connections within the Asia-Pacific Region：Case Study around the Mentoring for Effective Teaching(MET)Program. Refereed paper presented at 'Strengthening partnerships in teacher education：Building community，connections and creativity'，the annual conference of the Australian Teacher Education Association(ATEA)，Darwin，8-10 July.

④　Sheridan L.，Young M. Genuine Conversation：The Enabler in Good Mentoring of Preservice Teachers[J]. *Teachers & Teaching*，2017：1-16.

⑤　Wilson A，Huynh M. Mentor-mentee Relationships as Anchors for Pre-service Teachers' Coping on Professional Placement[J]. *International Journal of Mentoring and Coaching in Education*，2020，9(1)：71-86.

⑥　A Reflective Guide to Mentoring and Being a Teacher-Mentor. State of Victoria(Department of Education and Training)Treasury Place，East Melbourne，Victoria，2016.

⑦　Ellis N J，Alonzo D，Nguyen H. Elements of a Quality Pre-service Teacher Mentor：A literature review[J]. *Teaching and Teacher Education*，2020，92：1-13.

续表

| 维度 | 指标 |
|---|---|
| 培养导师的性格和专业知识 | 对导师这一角色表现出热情和激情 |
| | 构建一套专业经验学习的教学法 |
| | 使用不同的指导风格以诱发师范生不同的学习风格 |
| | 作为导师的发展正式培训并承担专业培训 |
| | 有导师角色的内在动机，敢于承担责任 |
| | 有教师经验和导师经验 |
| | 具有较强的学术性和专业知识 |
| | 接受提供建设性意见的培训反馈 |
| | 了解导师的责任 |
| 与师范生建立有效的关系 | 在个人级别连接师范生 |
| | 建立互惠关系 |
| | 参与真诚的对话，培养良好的人际关系 |
| | 与师范生进行公开对话，讨论他们的期望、愿望和需求 |
| | 与师范生进行公开对话，获取他们的观点，并分享他们对指导过程的想法 |
| | 与师范生建立专业关系 |
| | 将尊重、响应、互惠和反思的元素融入指导关系 |
| | 为师范生提供同等的权利和适当的自主权 |
| | 理解并欣赏学生教学是一个复杂的现象 |
| | 使用良好的提问技巧，培养真诚的对话 |
| 促进师范生的学习 | 使用有助于师范生思考、提问、分析和解决问题的工具 |
| | 鼓励符合道德规范的知情行动，促进公共利益 |
| | 鼓励师范生以探究为导向，使其学习具批判性和反思性 |
| | 鼓励师范生进行理论实践反思 |
| | 鼓励师范生使用隐喻来确定他们的需求 |
| | 与客户进行对话式互动 |
| | 与客户进行互动学习，促进师范生学习 |

续表

| 维度 | 指标 |
|---|---|
| 促进师范生的学习 | 通过反思师范生现有知识,强化其优势、经验与学习风格 |
| | 提供与实践相关的定期、关键和可操作的反馈 |
| | 向师范生提供教学建议 |
| | 为师范生提供自我评估和设定目标的工具笔记 |
| 建立有效的教学模式与理论联系实践 | 采取批判、反省和反思的态度 |
| | 展示对理论的知识和理解,并在理论和实践之间建立联系,以帮助弥合理论和实践之间的差距 |
| | 展示对理论的知识和理解,并在反馈中整合理论 |
| | 表现出对教学工作的热情和激情 |
| | 模型多样性与包容性 |
| | 把学习与老师联系起来 |
| | 专业标准 |
| | 榜样实践 |
| | 自我评价与反思 |
| 提供指导和支持 | 提供情感和心理支持 |
| | 提供实践和技术支持 |
| | 表现出同理心并提供情感支持 |
| 以进步的心态支持师范生培养教师认同感 | 适应性强、灵活性强,并能响应单个师范生的需求 |
| | 采取包容的心态,响应来自不同领域的学生的需求 |
| | 不同的语言、文化、宗教和社会经济背景 |
| | 采取开放和进步的心态 |
| | 支持师范生培养教师认同、发展自己的教学风格、教学能力、幸福感和成就感 |

# 第四节　其他国家和地区

## 一、法国

从文化人类学与维特根斯坦的分析哲学入手,创新教师教育双导师制的理论模型,并付诸实践①。在新的理论框架下,采用追踪性的个案研究,并在一整学年中三次入校看望实习师范生,大学导师与中小学导师通过先观课、再课后会议的形式,以及观察法与访谈法相结合的研究方法,大学导师与中小学导师相互合作,共同进行集体训练活动(collective training activity)。通过这种重新安排双导师制的工作内容,从而优化教师教育导师制。

## 二、土耳其

全面梳理本国教师教育导师制发展历史②,建立导师制实施效果的科学测评工具,并进行信效度检验③;使用师范生同伴指导制度重构传统的双导师制④;进一步厘清双导师的核心素养和技能,摸清双导师的专业培训需求,以设计有针对性地培训⑤。

新冠肺炎疫情之后,土耳其转变双导师路径,从面对面教育转移到在线

---

①　Guillaume,Escalié. Supporting the Work Arrangements of Cooperating Teachers and University Supervisors to Better Train Pre-service Teachers:A New Theoretical Contribution:European Journal of Teacher Education [J]. *European Journal of Teacher Education*,2016,39(3):302-319.

②　Oban M. ,Atay D. ,Yemez N. History of Mentoring in Pre-service Teacher Education in Turkey[J]. *Eğitim Fakültesi Dergisi*,2021:1-12.

③　Hudson P. B. ,Usak M. ,Savran-Gencer A. Employing the Five-Factor Mentoring Instrument:Analysing Mentoring Practices for Teaching Primary Science[J]. *European Journal of Teacher Education*,2009,32(1):63-74.

④　Çapan,S. A. ,& Bedir,H. Pre-service Teachers' Perceptions of Practicum through Reciprocal Peer Mentoring and Traditional Mentoring[J]. *Journal of Language and Linguistic Studies*,2019,15(3):953-971.

⑤　Gülbahar Ylmaz,Bkmaz F. Revealing the Professional Learning Needs of Teachers for The Successful Mentoring of Teacher Candidates[J]. *European Journal of Teacher Education*,2020,1-17.

教师教育,在完成 8 周在线中小学体验课程之后访谈师范生,发现整体上大多数师范生对线上导师指导有积极体验。师范生接受了充足的技术支持,但专业支持有限,他们期望中小学导师能付出更多时间,期望大学导师能履行在线指导任务并能检查督促中小学导师和师范生之间的沟通情况①。

## 三、马来西亚

教育部官方颁布导师制指导手册②③;明确中小学实践导师的角色,并针对这些角色给中小学实践导师做出相应培训。研究表明,明确的导师角色对师范生教学技能的发展和提高至关重要,甚至决定教学实习的成败④。

## 四、匈牙利

在线协作式双导师制⑤。师范生及其双导师都是一个在线社区的成员,通过在线社区的在线协作式指导,整合了双导师制、同伴导师制等多个策略,师范生与熟悉技术整合和教育研究的双导师们一起协作解决问题、设计教学材料,共同在线反思如何更好地将信息技术用于支持教育教学。

## 五、西班牙

深入研究传统导师制中不同种类的指导风格,细分指导方法。如根据

---

①　Ersin P. , Atay D. Exploring Online Mentoring with Pre-service Teachers in a Pandemic and the Need to Deliver Quality Education[J]. *International Journal of Mentoring and Coaching in Education* ,2021,10(2):203-215.

②　Ministry of Education Malaysia. (2015). Manual for New Teacher Development Program. Retrieved from https://www. moe. gov. my/muat-turun/penerbitan-dan-jurnal/terbitan/buku-panduan-1/1603-panduan-pelaksa naan-program-pembangunan-guru-baharu-ppgb-2015/file

③　Phang, B. L. , Sani, B. B. , Azmin, N. A. B. M. Investigating Mentor Teachers' Roles in Mentoring Pre-service Teachers' Teaching Practicum:A Malaysian Study[J]. *English Language Teaching* ,2020,13(11):1-11.

④　Li P. B. ,Sani B. B. ,Azmin N. Identifying Mentor Teachers Roles and Perceptions in Pre-service Teachers Teaching Practicum:The Use of a Mentoring Model[J]. *International Journal of Education and Practice* ,2021,9(2):365-378.

⑤　Dorner H,Kumar S. Online Collaborative Mentoring for Technology Integration in Pre-Service Teacher Education[J]. *TechTrends* ,2016,60(1):1-8.

传统导师制的导生对话方式,细分指导方法为三类:文本交流(日记对话)、面对面交流(日常普通的会议)、模拟面对面交流(视频会议)①。

## 六、南非

南非摸底师范生需求,根据师范生不同的需求,匹配不同的指导②,导师制必须以符合师范生需要的方式来进行实施。推动大学与中小学协同育人,让更多的一线中小学教师广泛参与进来,协作支持指导师范生③。

此外,全球各国都创新导师制实施模式。例如,瑞士实施一对多的团体导师制,一位导师匹配多名师范生,效果显著④;希腊探索多层次导师制⑤;比利时细分导师制类型⑥,细分成三类进行实施。

① Mena,Juanjo,García,et al. An Analysis of Three Different Approaches to Student Teacher Mentoring and Their Impact on Knowledge Generation in Practicum Settings[J]. *European Journal of Teacher Education*,2016,39(1):53-76.

② Heeralal PJH. Mentoring Needs of Pre-service Teachers During Teaching Practice. A Case Study at a South African University[J]. *Journal of Educational and Social Research*,2014,4(1):511-515.

③ Silbert P,Verbeek C. Partnerships in Action:Establishing a Model of Collaborative Support to Student and Mentor Teachers through a University-School Partnership[J]. *Journal of Education*,2016,64:111-136.

④ Eriksson,A. Positive and Negative Facets of Formal Group Mentoring:Pre-service Teacher Perspectives[J]. *Mentoring & Tutoring:Partnership in Learning*,2013,21(3):272-291.

⑤ Brinia V,Psoni P. Multi-level Mentoring Practices in a Teacher Education Program in Greece:How Their Effectiveness is Perceived by Mentors[J]. *Journal of Applied Research in Higher Education*,2018,10(3):256-270.

⑥ Baeten M,Simons M. Innovative Field Experiences in Teacher Education:Student-Teachers and Mentors as Partners in Teaching[J]. *International Journal of Teaching & Learning in Higher Education*,2016,28(1):38-51.

# 第五章　教师教育双导师制
# 长效机制构建

有学者认为，当前教师教育领域的导师制虽然尚未总结出一套"最佳实践"（best practice model for mentoring），只能识别并确定某些方面①。因此，本研究所讨论的双导师制也并非完美的"最佳实践"，而仅仅是对教师教育双导师制长效机制的初步探索。本研究的目标是总结、梳理、构建长效机制，从逻辑上来讲，首先要保证有效，然后便是长效。有效是基础，长效是在有效基础之上的高阶要求。通俗讲，长效机制指的便是长期保证制度正常运行并发挥预期功能的稳定结构体系。对"长效机制"这一偏正结构的词语进行含义解析时可发现，"机制"是中心词，"长效"在该短语中限定和修饰中心词，其含义是指使机制长期发挥效果。由此可见，欲准确理解长效机制的含义，重在准确把握"机制"这一术语的内涵。

## 第一节　机制与长效机制释义

"机制"一词是外来词，本义是由希腊语中的"Mechane"转化而来，意思是指机器的构造和运行原理。从机制的本义来看，至少有两个方面的含义：①机器是由什么部件组成和为什么由这些部件组成；②这些部件如何工作和为什么这样工作。

英文中"机制"一词是"mechanism"，根据《朗文当代高级英语辞典》中的解释："a system that is intended to achieve something or deal with a problem""the way that something works"，即机制是一种意图达到某个目的或处理某个问题的系统及其工作的方式。《韦氏大辞典》则将其界定为"a

---

① Lawy R, Tedder M. Mentoring and Individual Learning Plans: Issues of Practice in a Period of Transition[J]. *Research in Post-Compulsory Education*, 2011, 16(3): 385-396.

process or system that is used to produce a particular result",即用以产生某种特定结果的过程或系统。《牛津高阶英汉双解词典》中则认为"机制"是"Parts of an organism or system which work together"或者"method or procedure for getting things done",即一起协同工作的机体或系统的结构和组成部分或者是一套为完成任务的方法或程序。而《美国传统双解字典》中给"机制"下的定义则更符合本文讨论的"机制"概念,"A system of parts that operate or interact like those of a machine",即机械系统各部分像机器零件那样运转或相互作用的系统。《现代汉语词典》中对机制的解释有四个含义:①指机器的构造和工作原理;②指有机体的构造、功能和相互关系;③泛指一个复杂的工作系统和某些自然现象的物理、化学规律;④指一个工作系统的组织或部分之间相互作用的过程和方式。

从上述词典含义可知,虽然对"机制"的具体界定描述有所不同,但有一个共同的核心思想,即机制是一套系统或程序,泛指系统内各构成要素之间相互关系和相互作用的制约关系及其功能,用以说明复杂系统的内在构造、功能和运行状况。把机制的本义引申到各个自然科学和社会科学中,便出现各学科语境下的相应机制,如在生物领域产生了生物机制,在心理领域便产生了心理机制,在社会领域出现了社会机制等。"在社会科学领域里,机制指社会结构、组织内部结构及其运行过程和原理,或社会政治、经济、文化活动各要素之间相互关系、运行过程及其综合效应。"①基于上述国际和国内词典含义分析,本书笔者认为,可以从结构、功能与过程机理三个方面把握"机制"这个概念①结构。任何机制都具有某种特定的结构,都是由各个组成部分联系起来的系统。事物各个部分的存在是机制存在的前提;②功能。任何机制的存在都是为了解决一定的问题,都具有特定的功能。换句话说,任何机制都是有用的,虽然这种有用性并不一定总是正面的,独立于功能之外的机制也就失去了存在的价值;③过程机理。即发挥功能的作用过程或作用原理。因为事物有各个部分的存在,就有一个如何协调各个部分之间的关系问题。机制正是以一定的运作方式把组成事物的结构中的各个部分联系起来,使它们相互作用,协调运行,才能形成合力,从而完成系统的功能。也就是说协调各个部分之间的关系一定是一种具体的运行方式,对机制的研究重点之一,便是要揭示出整个系统内部各要素之间相互作用的过程机理,并总结出其中规律。

基于上文所述,笔者对于"机制"一词内涵的个人理解,进一步尝试给本

---

① 吴寒斌.永远的生命线:党的群众路线教育实践活动长效机制[M].北京:光明日报出版社,2015.

书所讨论的"长效机制"一词下一个可操作性定义,即能够长期发挥效用的由系统内各个特定要素组成一定的结构要素间,以某种运行方式相互联结、相互作用,形成合力以实现某种特定目标或功能的一套规律性模式[①]。

结合本书研究学科和主题,"教师教育双导师制的长效机制"的含义具体是指为实现"权责明晰、优势互补、合作共赢"的高校(U)与地方政府(G)、中小学(S)"三位一体"协同培养卓越教师的目标,形成双导师制的各个重要要素以有效且长效运行的方式相互依赖、相互联系、相互作用,从而形成一套稳定的系统结构。每一个长效机制都是 G-U-S 三方的要求,多方要求,多方配合,缺一不可,才能实现。

换言之,之所以要呼吁建立健全双导师制的长效机制,就是因为当前的双导师制浮于形式、形式不正、执行不严、组织涣散、效果不彰。教师教育导师制本身的完善,因为惯性使然,必定会有阻力和抵制。因此,要把建章立制贯穿全过程各方面,建立健全长效机制,形成系统完备、有效管用的双导师制规范体系,真正实现双导师制有章可循、有据可依。一旦形成比较健全的双导师制度,就要严格执行制度。深入推进双导师制长效机制建设,确保严格执行制度,为提升卓越的教师培养质量提供保障。

综合本书上述的理论模型与政策研究,反思 L 高校的校地合作、校地联盟教师教育实践教学模式,在本章尝试构建教师教育双导师制的长效机制(主要指长期稳定的实施机制)。

# 第二节　长效机制构建

## 一、顶层设计机制

双导师制作为一种有效的人才培养模式,是涉及导师、学生、学院、中小学甚至政府的教育行政部门等多个利益相关者,见习、实习、研习等多个培养环节和要素的复杂大系统,需要站在系统的高度,使用系统性思维,对大到整个系统、小到每个要素及环节做合理设计,才能保障其更加有效顺利运行。

---

① 吴寒斌. 永远的生命线:党的群众路线教育实践活动长效机制[M]. 北京:光明日报出版社,2015.

## （一）顶层设计原则

### 1. 全面性原则

双导师制坚持以师范生为中心、以师范生理论知识与实践技能全面发展为目标、以全面利用一切可以利用的校内校外资源为依托、以校内导师和校外导师全面参与为特征。双导师制实施效果的影响因素也涉及培养过程的各方面，既有培养目标、培养模式方面的影响，也受构成培养模式中各要素作用的发挥情况、要素之间的关系、实施过程中的环境等各方面的影响，因此对"双导师"的顶层设计必须要遵循全面性原则。

### 2. 系统性原则

G-U-S"三位一体"协同培养卓越教师的模式是由培养过程中的一系列要素所构成，这些要素虽然有各自的边界，具有相对独立性，但其实这些要素构成各个小系统，又由各个小系统构成复杂的大系统。只有各个要素、各个小系统彼此协调有序运作，整个大系统的功能才会得以充分发挥。因此，双导师制作为实现 G-U-S"三位一体"协同培养卓越教师的模式这一复杂系统的重要抓手，其设计必须运用系统分析的方法，将各类要素在具体分析的基础上进行综合考虑。

### 3. 可操作性原则

G-U-S"三位一体"协同培养卓越教师的模式在 L 大学的落地，即表现为"校地联盟"。L 大学"校地联盟"教师教育人才培养模式具有可操作性，已在 L 大学及其中小学合作单位推广多年，并多次获国家级、省级教学成果奖，取得良好育人效果，得到较多专家肯定①。这种校地联盟、合作伙伴关系，表现在双导师制全面落实的各个环节。校地联盟培养模式规定了见习、实习与研习等培养过程中双导师制的程序、策略与操作流程。因此，校地联盟培养模式对应的培养目标和各构成要素边界是清晰明确的；双导师制所提供的步骤和运行程序是科学可操作的；根据存在问题所提出的策略和建议是结合具体实际可采用的。

顶层设计主要是制度设计。从顶层设计"导师"角色和"双导师"制度，全面落实校内导师＋校外导师、学业导师＋实践导师、大学导师＋中小学导

---

① 李中国,辛丽春,赵家春.G-U-S 教师教育协同创新模式实践探索——以山东省教师教育改革为例[J].教育研究,2013,(12):144-148.

师、学界导师＋业界导师协同育人的双导师制。

## （二）顶层设计框架

国内有研究发现，双导师制尚存在较多不足，管理机制、保障机制、激励机制、教育教学机制、实践机制、评估机制均有待完善①。同时，国外研究也识别出了导师制有效运行的一系列前提条件，包括：①导生对话积极；②导生关系融洽；③学习目标一致，达成一致协议；④整合导师和同学的支持；⑤明确的自我导向；⑥设定有挑战性的目标；⑦充分认识导师的引导作用；⑧不断试验和观察；⑨有效使用各种资源②。

基于国内和国外最新研究进展，在明确了双导师制当前不足及有效运行的前提条件基础上，本研究尝试建立一个教师教育领域双导师制长效机制的总体框架，从遴选分配、职责分工、身份认同、培训准备、沟通协作、指导落实、监督推进、考核评价、质量保障、激励惩罚机制等 10 个维度设计了长效机制模型并进行系统分析研究（详见图 5-1），遴选分配导师是双导师制的关键起点，职责分工、身份认同与培训准备机制是基础构件，沟通协作与指导落实机制是双导师制的核心构件，考核评价与激励惩罚机制是双导师制的反馈构件，质量保障机制是双导师制的保障构件。最后，根据这一顶层设计框架，分项提出实现教师双导师制长效机制的实施路径与具体措施。

### 1. 切实发挥政府的统筹作用

政府统筹的作用非常重要，如协调多个实习基地、省级财政拨款给师范生，这在山东省公费师范生的支教实习中体现最为明显。所以，有必要把政府纳入双导师制顶层设计及实施框架，甚至邀请政府（省市县各级教育行政部门）一起参与顶层设计。

政府统筹的作用一般表现为三个具体职能：政策支持、行政干预、财政投入。政策支持是基础，行政干预是保障，财政投入是关键。

（1）政策支持

"双导师制"的合法化和制度化必须来自教育部相关教师教育政策的强力支持。省级教育行政部门要在教育部颁布的《关于大力推进师范生实习支教工作的意见》（教师〔2007〕4 号）的总体要求下，结合当地的实际情况，

---

① 曲亚丽. 本科师范生"双导师＋"教学实践能力培养模式研究[D]. 西宁：青海师范大学，2017.

② Erdoğan S, Haktanır G, Kuru N, et al. The Effect of the E-mentoring-Based Education Program on Professional Development of Preschool Teachers[J]. *Education and Information Technologies*, 2021：1-31.

统筹规划好教师教育机构师范生顶岗实习的指导工作并下拨必要的财政资金,加强顶岗实习"双导师制"工作的监督、检查力度,确保双导师指导工作有章可依,有制度可循。

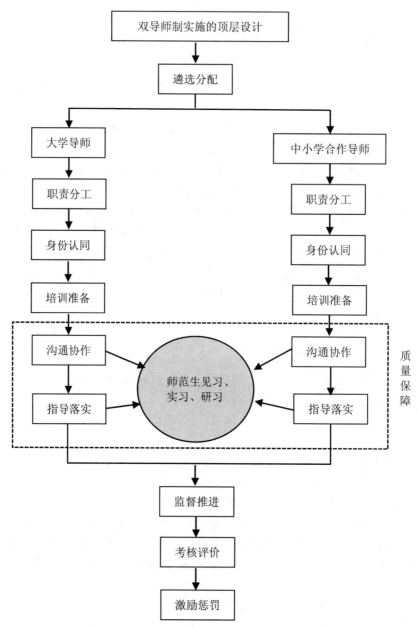

**图 5-1 教师教育双导师制长效机制构建的总体框架**

政策支持的作用具体表现在:相关政策的出台对于双导师指导工作不仅具有约束作用,还具有规范和引导的作用。省级教育行政部门要根据本省的具体情况,建立健全双导师指导工作的法规制度,重视对实习师范生的培养工作,为教师教育机构开展顶岗实习双导师指导工作营造良好的政策环境。从国际视野来看,一些发达国家和地区的经验是对实习指导教师颁布出台明确的法律和政策支持。例如,美国《实习辅导教师培养制度的改革》、英国"以中小学为基地的学校体验"中《书面指导手册》以及澳大利亚《实习指导教师的职责》等,这些政策的扶持对各个国家的师范生实习中导师指导工作的有效实施奠定了重要基础。与发达国家相比,我国有关师范生实习指导工作的政策支持尚存在一定差距,这不利于师范生实践能力的提升,不利于我国卓越教师的培养。

一方面,就已颁布出台的导师制相关政策文件来看,文件中对"双导师制"的实施细则、具体要求以及"双导师制"是否落实等都缺乏明确的规定及标准,对教师教育导师制实践的指挥棒作用有限,导致一些中小学实习基地对实习生的指导工作缺乏足够的重视;另一方面,各级地方教育行政部门和中小学实习基地的等级、层级、规模、资源、领导重视程度等各方面都存在很大差异,制定一个统一的标准来要求所有的实习基地,有强人所难之嫌。

为此,我国各级教育行政部门应逐步完善教师教育导师制政策体系及实施细则,进一步明确参与顶岗实习工作的各方利益相关者在实习生指导工作方面的权利和义务,从而推动导师指导工作走向制度化、规范化。当然,在国家层面的政策更多是一个指挥棒,在国家政策的总体规范下,各省级教育行政部门及各教师教育机构还应结合本省实际情况,制定具备可操作性的实施细则,以保障实习师范生的指导工作有效实施。

（2）财政支持

实习师范生"双导师制"的落实工作必须要有各级政府财政拨款的支持,政府的财政扶持是双导师制得以顺利实施的有力保障。经费不足是使高师院校师范生实习缺乏有力指导的重要原因之一。目前,在山东省,政府对公费师范生的基本生活补助基本上能及时拨付,但未惠及普通高考招生的师范生,也没有对中小学合作导师的工作补助予以足够重视,长期缺乏相应的政府经费保障。当前实习师范生财政拨款问题一般是由高校或中小学实习基地给予少量象征性的拨款,或以人身保险形式,或以月薪工资形式兑现。在财政拨款事宜上,欧美一些发达国家的做法值得我们借鉴。美国教师教育项目重视区分实习辅导教师专业水平的高低与指导能力的大小,根据美国教师分级制度,实习辅导教师具有最高等级水平,并有专门经费来培养实习辅导教师,以提高他们的专业辅导意识和能力。总之,对实习师范生及其导师的财政支持应该引起政府部门的足够重视。

2. 优化 G-U-S "三位一体"的系统资源配置

卓越教师培养是系统性工程，为了顺利实现卓越教师的培养目标，要注意资源的全方位协调，优化校内和校外之间的资源配置，协调大学和中小学导师之间的资源配置，充分利用传统导师制中的导师资源和现代同伴导师制中的同伴资源，遵循顶层设计的系统性原则。

优化校内和校外之间的资源配置，具体指自大一进校以来，便在 G-U-S 协同培养卓越教师的思想指导下，每学期有特定的实训任务及见习任务。校内实训中，在宏观任务的基础上，又为学生划分出每阶段、每周甚至每天要做的实训任务，以把提高学生教学实践能力落实到日常生活和学习中。校外见习中，每学期也有特定的见习任务，各学期任务从整体上是依次递进的关系。见习、实习、研习等实践教学全程，都需要校内和校外资源的全程参与。因此，在这个系统性工程里，要注意校内实训活动及校外见习活动的科学性和有效性，优化校内和校外资源配置。

协调大学和中小学导师之间的资源配置，具体指在双导师制实施期间，由校内导师和校外导师相互配合对学生进行全面及时的指导，以确保学生教学实践等各方面能力的切实提升。大学与中小学导师之间的资源配置，可以通过大学和中小学导师之间"双向互聘"、挂职锻炼、顶岗置换等形式实现，也可以由政府统筹，体现 G-U-S 协同培养卓越教师的指导思想，将各级教育行政部门负责人聘为 L 大学教育学院理事，如此实施，便将上述的"双向互聘"进化升级为大学导师、中小学导师、教育行政部门相关负责人三者之间的"三向互聘"。

## 二、遴选分配机制

遴选导师是实施双导师制的首要环节，遴选合格导师也是提高导师指导质量的第一步，毫不夸张地说，遴选导师是双导师制成败的基础。

当前我国教师教育机构的生师比过大，导师数量严重不够。但这不意味着对导师的遴选可以"放水"。这反而提示我们要更加严格遴选要求，对不符合要求的导师要进行培训等针对性措施。

此外，教师教育机构应根据基础教育对教师人才提出的与时俱进的新要求，对师范生的素质要求、质量标准和培养目标进行深入全面的改革与顶层设计。不少教师教育机构不清楚，或者不关心基础教育改革发展对未来教师提出的要求，却仍在为基础教育培养师资，所以聘请中小学一线的优秀导师参与教师培养,是与时俱进的必要措施。但问题的关键是如何遴选、选拔,进而聘用这些合格的、优秀的一线指导教师。

### (一)严格导师遴选标准,明确导师任职条件

要确保选拔出来的导师在师德、教学指导等方面合格,在整个导师指导过程中起着至关重要的作用。高度的事业责任心和使命感以及乐于奉献的职业精神和积极的工作态度,对于一个导师来讲是不可或缺的重要因素。为保证双导师队伍的质量,在选择导师的过程中,不仅要考察教师的教学资历、科研水平、专业知识与实践能力等因素,还要重点考察教师的道德修养与职业素养等师德因素,严格按照标准遴选出符合要求的教师。虽然《师范类专业认证标准》中对导师队伍的素质能力、实践经历等指标有明确要求,详见第一章表1-9,但以下三点值得特别注意。

1. 师德修养与责任心

立德树人是教师教育者的基本职责,无论是校内导师还是校外导师,他们在学生的思想政治品德、性格品质塑造、日常学习习惯养成和行为规范中都起着榜样示范的作用,作为教师教育者,导师不仅仅要传道、授业、解惑,更需要以身正为,教育、帮助师范生,以自己的行为引导、指导师范生,导师的言行举止、师德修养直接影响着师范生人生观、价值观和师德素养的形成。因此,应把师德修养与责任心作为遴选导师的首要参考指标。

2. 职业素养与专业知识

扎实的专业知识和良好的职业素养是导师必不可少的条件,是教师专业化的基础。教育学学科知识、教育信息技术知识、心理学科学知识、语文数学英语等学科基础知识,都对做"有扎实学识"的导师提出了较高要求。

3. 丰富的经验与指导能力

导师首先要了解本专业的培养目标、培养方案、教学大纲等各项工作与各教学环节的关系,这是一个导师应具备的基本素养。只有明确专业培养目标,准确了解和把握师范生的培养方案、教学大纲及每一个教学环节,才能在师范生的学习、见习、实习与研习过程中做到因材施教,给予合理、有效指导。在具备了基本素养之后,经过几年的锻炼,导师的指导经验逐渐丰富,这时候便可以有更高要求——有效指导能力。经验的日积月累,导师的指导能力越发成熟,可为师范生顺利完成学业提供强有力的保障。

相比之下,中小学合作导师的遴选标准与大学导师大体一致,但在资格

审查上应做得更细、更实。具体有以下几点：

### 1. 师德修养与责任心

中小学合作导师的遴选主要以各学科的骨干教师、优秀教师、优秀教研员、优秀班主任等为主，热爱教师教育事业，乐于助人，有责任心，愿意参与教师培养工作，帮助实习师范生成长。

### 2. 教学业绩优秀

在教学上，高质量地完成教学工作任务，教学业绩优秀，积极推进素质教育；在学生管理上，热爱学生，尊重学生人格，注重培养学生的全面发展；在职业态度上，热爱教师职业，不做有损于教师形象的事。

### 3. 灵活选拔

若实习基地存在师资短缺，缺乏相应年级的优秀教师，可以跨年级选拔导师，以有助于实习师范生了解各年级的教学特点和各年龄段的学生发展特点，站在阶段性与连续性的辩证法高度来反思教学；若缺乏相关学科的优秀教师，可以跨学科选拔导师，请该跨学科导师在教学技能和班级管理方面着重指导训练，同时鼓励选择自己的主教学科请教实习基地中的合适导师，以顺利完成备课授课等实习工作。

### 4. 优先选拔长期担任合作导师的一线教师

教学水平高、工作认真负责、乐于助人、思想作风好的一线教师符合我们的选拔标准，鼓励他们长期担任合作导师工作[①]。

国外有研究者提出了一个三球生态法(Tri-spheric Ecological Approach to Mentor Selection,TEAMS)来遴选导师。研究表明，该方法能提高师范生实习期间导师的指导质量[②]，与我国卓越教师培养计划中实施的政府—高校—中小学"三位一体"协同培养模式有异曲同工之妙，值得学习借鉴。所谓"生态"指三个互动的球面：地方高校、伙伴学校与教室课堂，这个词用来强调中小学学校与教室环境对师范生实习经验的重要影响。TEAMS 这个词具体指的是，大学、中小学与各级教育行政部门组成一个团队(有时是双边，有时是多边)协同运行，以便招聘遴选合适的导师人选，并进一步把这些

① 何妍. 师范生顶岗实习"双导师制"问题研究[D]. 临汾：山西师范大学，2015.
② Journal A. , Moussaid R. , Zerhouni B. Enhancing Mentoring Quality：The Tri-spheric Ecological Approach to Mentor Selection(TEAMS)[J]. *Arab World English Journal*，2018,9(2)：414-428.

人选培训到最符合实习指导工作的要求为止。

### (二)针对师范生的特点,遴选并匹配相适应的导师

遴选机制不只是导师,还应针对师范生,理想的状态是做到导生匹配。根据主教兼教学科、个人兴趣及特长,筛查师范生,遴选导师,对师范生进行分类指导,从而为师范生更好服务。

现代意义上的教师教育导师制主要根据导师自身的能力与意愿进行遴选、公示与双向选择、自主选择来确定,而非传统意义上的以老带新的"师徒制",所以当前"教师教育导师制"这种双向选择的模式更加民主,以尊重双方意愿为基本原则,甚至根据导生的具体需求情况,还会有二次自主选择机会,彻底改变了以往被动的经验传授模式,使导生双方一个"愿意教"而一个又"愿意学"。这就给双方创造了自主发挥的较大空间,导师在指导过程中也能根据师范生的个性特征、具体发展情况,及时灵活调整指导内容,从而更有利于师范生培养质量的提升。

此外,还可根据导生个人需求进行匹配。比如,导生二人私下关系友好,长时间相处比较融洽,此时可以适当考虑师范生的特殊要求及其人际关系特点,灵活匹配。值得注意的是,当前常见现象是师范生数量过多,导师数量不够,一位导师分配多名师范生,这种一对多的指导是常态。

### (三)建立健全导师遴选规章制度,有针对性解决导师遴选过程中的常见问题

在实际调查中发现,导师遴选还存在一些常见问题。

首先,遴选出的部分导师责任感不强,工作不积极,导致跟其配对的师范生牢骚满腹,培养效果较不理想。鉴于此,在导师遴选过程中,要把责任心放到重要位置,明确把责任心纳入遴选规章制度,实施过程采用一票否决制,只要有师范生投诉,一经查实,立即约谈追责。

其次,遴选出的部分导师对导师角色和实习工作认同感不强,有些实习基地的导师觉得实习师范生是来"镀金"的,不认同师范生的能力,也不认同自己有义务指导师范生,更有甚者不让学生进班听课,更别说上讲台授课了。鉴于此,在导师遴选过程中,也要注重导师对导生角色及实习工作的认同度,激发其对指导学生的兴趣和使命感。

最后,要成立实体的导师遴选工作小组,集体商议决定导师遴选和分配,而非命令一个教学办公室主任像做普通行政工作一样快速完成导师遴选和分配。在遴选导师的过程中,工作小组定期开会,严把质量关,遴选出专业理论知识丰富、认真负责且对项目认同度较高的高校教师作为校内导

师;在对校外导师的遴选中,不能把决定权全部交给实习基地的校长或主任等相关负责人,要由导师遴选工作小组和实践基地学校相关负责人共同决定,遴选出教学经验丰富、乐意指导和培养师范生,且对实习工作认同度较高的实习基地的优秀一线教师作校外导师。

### (四)创新导师遴选之后的分配方式方法

#### 1.师生互选方法

导生选派存在生师比悬殊、质量参差不齐等一些不合理的问题,调整导师选派制度,创新导师选派方式方法是解决问题的关键。有研究建议使用互联网手段进行师生互选。建立校内导师、校外导师、在读师范生的档案资料管理数据库,导师数据可包括个人照片、任教科目、教学经历、授课风格、性格、联系方式等个人简历方面,学生数据可包括个人照片、班级、专业、自我介绍、性格、联系方式等方面,导生可使用密码登录网络平台,只有双方互选才能建立导生关系。例如,A 生选择 B 师,B 师就会收到消息提示,如果 B 师觉得 A 生还可以,则接受,双方建立导生关系;如果 B 师觉得 A 生跟自己授课风格不相符,则可拒绝,A 生再选其他导师[1]。

#### 2.自愿报名和强制选派分配相结合的方法

导师强制选派是当前大多数教师教育机构实施师范生双导师制的常规做法,一方面,指导师范生是大学导师的本职工作,是职责所在;另一方面,也的确是客观形势所迫,生师比过大,导师数量不够,所有导师都得"撸起袖子加油干",都得完成指导工作和培养任务。选择余地如此之少,导师的工作主动性和积极性可能受到不利影响。鉴于此,需创新导师选派方式方法,通过转被动为主动,解决导师工作积极性不足的问题。鼓励高校导师自愿报名指导实习师范生,通过指导实习师范生,主动深入基础教育一线,加强与一线教师互动,调研了解基础教育现状,既完成实习指导任务,又完成论文或课题。这样一来可以"一箭双雕",高校导师的主动性和积极性都被激发出来,不仅有利于实习生的指导工作,导师自身也能有所收获。

总之,双导师的遴选与分配,要建立相应的遴选与分配规定或制度,分别明确校内导师与校外导师的遴选条件,阐明三者的责任义务及享有的权利等,对于符合条件的导师加以聘用,按照自愿与强制相结合的原则,创新导师分配方法。

---

① 曲亚丽. 本科师范生"双导师+"教学实践能力培养模式研究[D]. 西宁:青海师范大学,2017.

## 三、职责分工机制

双导师制在实施过程中,虽然师范生由两位导师分别进行指导,两位导师全面负责指导师范生的学习、生活、实践等方面,但两位导师各有所长,在指导过程中分工明确,各司其职,充分发挥自己的独特优势来指导师范生。也就是说,双导师制下两位导师彼此分工,承担不同的指导职责。这是双导师制的题中应有之义。

职责分工机制涉及导师制的所有利益相关者都要有明确的职责分工,否则分工不清、职责不明,会在无形中增加工作压力。只有明确工作量,才能不增加工作量。这些分工包括大学导师与中小学合作导师分工明确、导生分工明确、导生与学院行政部门分工明确、大学导师、辅导员、班主任也要分工明确。大学学业导师负责师范生学业学术教学技能的成长;辅导员负责思想政治教育;班主任负责心理疏导和生活指导。不能奢求导师做全能型教师,也不能奢求对师范生的学习、生活、心理、思政教育等工作内容都要求大学学业导师一把抓。

分工明确之后,为了保障双导师的指导能力,还要切实增强双导师在指导工作全程中的责任意识,提高责任心,落实指导责任。本研究表明,实习期间,在对师范生教学实践能力培养过程中,大学导师和中小学合作导师对师范生主动询问实习和生活进展的情况并不多,凸显了双导师主体责任不强,指导责任不到位。因此,提高双导师的责任意识非常迫切,双导师要增强自身对教师教育者这一角色的认同感及责任感,忠于人民的教育事业,时刻把师范生的发展为己任,关心热爱师范生,关注师范生的成长。

### (一)明确大学导师职责与权利

明确解答导师"导什么""如何导",这是导师职责分工机制要解决的首要问题。针对师范生在每个阶段的教学计划、课程安排及学生入学之后的心理生理特点与思想态度变化等,为导师制定明确的任务、职责与培养目标。例如,新生入学阶段,导师的主要职责是帮助学生适应从高中到大学的转变,从人生观、价值观等方面给予引导,并注重加强思想道德与人文素质教育,引导学生树立坚定的理想信念和学习目标;理论知识学习阶段则要注重学生自主学习能力和学习方法的培养,激发学生的专业兴趣,明确未来的发展方向;教学实习阶段,不仅要注重对学生理论与实践的有机结合的能力、实践操作能力等方面的指导,还要注重对学生的独立思考能力、教学技能的培养。

**1. 思想引导,坚定"四有"好老师信念**

"00 后"大学生思维活跃,性格迥异。他们由紧张的高中步入大学校园,面对陌生的环境,思想、性格难免会发生一些变化。导师要尽可能多地创造条件,比如,开座谈会或者师生交流会等,为导师与学生、学生与学生之间沟通交流创造机会,深入了解学生的性格特点,根据学生不同的性格特征进行思想教育,坚定他们成为"四有"好老师的信念。

**2. 涵养师德,明确培养目标**

不仅要掌握专业知识和专业技术,同时还要具备较高的人文素养和职业素质。在教学过程中,导师要能够通过言传身教,以身作则,将法律、伦理、师德融入教学指导,强调职业道德、人文素质的培养,使学生在耳濡目染、潜移默化中体会教师所担负的神圣使命,培养他们的服务意识、崇高的师德和人文素养。

**3. 专业学习、见习、实习与研习的全程指导**

(1)大一学年,师范生刚刚入学,需要一个缓慢的适应期和承受能力。导师应根据学校有关规定和专业教学培养方案进行深入细致的指导,形成一个适合师范生发展需求的职业生涯发展规划和培养方案。帮助师范生订立明确的专业学习目标,使师范生在校期间能做到有的放矢地安排个人学习计划。校内和校外导师则要根据大一培养方案,关心师范生平时及第一次见习遇到的困难,采取相应的措施。

导师的职责主要体现在以下两个方面。

①培养学生良好的心理素质。

导师可以通过举办讲座和讨论会等方式,对师范生进行心理疏导,提高他们的自我调节能为和适应能力,引导他们树立良好的学习态度。

②培养学生独立学习能力。

无论是在学习内容还是在学习方法方面,大学与初高中都截然不同。导师要通过自身经历和亲身体验言传身教,使学生充分意识到大学与初高中的区别,调动他们的学习积极性,培养他们自主学习的能力。

(2)大二学年,师范生由公共课和专业基础课过渡到专业核心课的学习阶段,面对进一步的专业课学习、第二次见习,导师的侧重点应有所不同,主要体现在以下几个方面。

①注重重点难点课程的辅导,指导师范生掌握正确的学习方法。随着专业必修课和选修课学习的深入,师范生在学习过程中难免会遇到一些问

题。导师要根据课程学习的要求,侧重辅导那些重要但是比较难懂的知识点,并注重学习方法的培养,帮助学生找到适合自己的学习方法。

②注重课程之间的内在联系,培养学生理解先修课程与后修课程之间的衔接关系,尤其是研究方法类课程,导师要能够在与师范生沟通交流的基础上,使师范生达到知识的融会贯通,提高他们的专业理论知识基础。

③培养学生的批判性思维能力和独立思考能力。知识的学习不仅知其然,还要知其所以然。导师在为学生解惑答疑时,要引导学生学会批判性思维能力和独立思考能力。该阶段还要安排学生参加第二次见习,引导师范生将理论学习与教育实践有机结合,实现理论教学与实践教学的初步结合。该阶段的学习直接关系到师范生下一阶段的到实习基地实习情况,是师范生能否顺利完成学业而奠定基础的一年。

(3)大三学年,该阶段的学习是专业核心课学习、实习及研习的关键时期。这是双导师制起主要作用的一年。导师的职责对师范生顺利完成该阶段的学习目标来说至关重要,主要有以下几个方面。

①指导学生做好教育实习工作,提高学生的教学实践能力。

②培养和训练师范生基本的教学技能。对备课、观课、磨课、授课等教学实践活动,获得感性认识,巩固所学理论知识,并与实践相结合,初步了解班主任工作、班级管理工作。

③在实习期间,导师应根据师范生的个性特征及其实习进展,积极指导学生进行教育教学实习、见习、研习等活动。有意识地培养其教育教学能力、教科研能力、班队管理能力、心理辅导能力,从而为师范生今后走入一线中小学做好铺垫,打好基础。

④定期到中小学看望师范生,并给师范生观课议课,做出反馈。

⑤双导师之间积极沟通,建立合作伙伴关系,合作教科研,协同育人。

比如,通过联合课程学习或合作行动研究[1],在那里他们可以交流专业知识,并在大学教师教育和学校教学之间建立联系,以支持职前教师的实践学习和身份发展。

⑥导师有义务主动维持导生间的亲密良好关系。以高度负责的态度指导学生进行专业学习和实习。导师应以平等尊重合作共享的姿态,营造自由宽松的氛围。不应对观点不同的学生进行打压。此外,导师要尽量消除师范生对导师的胆怯心理,激发师范生主动向导师请教、主动沟通交流的热情。老师不能仅站在自己的立场上去埋怨、抱怨,应设身处地地为师范生着

---

① Yuan, Rui E. The Dark side of Mentoring on Pre-service Language Teachers' Identity Formation[J]. *Teaching & Teacher Education*, 2016, 55:188-197.

想,减少这种消极回避行为,引导师范生积极参加学习与实习进展汇报和研讨活动。

(4)大四学年,学生完全进入考研复习和毕业论文阶段,是顺利毕业和考研升学的关键时期。

导师的职责主要表现在以下几点。

①重点解答专业成长发展规划问题和专业疑难知识问题,以应对考研升学、毕业求职。随着专业知识的深入,各种各样的难题也会越积累越多。大四学业和就业压力较大,导师应定期与学生进行毕业论文进展情况交流,了解学生研究方法掌握情况,及时解答数据收集、分析及论文撰写过程中遇到的疑难问题。

②对师范生进行心理疏导,排除心理障碍。大四学业和就业压力较大,师范生难免出现焦虑抑郁等消极情绪,迷茫徘徊。导师则要充当心理咨询师的角色,与学生进行沟通交流和心理疏导,排解其消极情绪和专业学习障碍。

### 4. 教师礼仪和行为规范指导

导师还要在师范生的行为规范和言谈举止上给予正确指导、帮助。指导师范生行为规范、举止得体,导师作为教师教育者责无旁贷。

## (二)中小学实践合作导师的主要工作职责

国外研究概述了中小学实践导师的角色与功能,为了确定远程实习中合作导师指导活动的角色,构建了 10 个主要指导职能清单,这 10 个职能总结为 5 个主要的指导角色:"自我培训者""网络者""社会支持者""学术支持者"和"心理支持者"[1],该研究有助于加深对中小学合作导师在远程实习期间如何看待他们的指导角色的理解。

中小学合作导师的岗位职责主要侧重于指导课堂教学各环节的教学技能,这些指导工作具体而微观,一般包括以下几方面。

### 1. 角色引导和学校文化简介

积极引导实习师范生进入教学实习工作角色,向实习师范生介绍学校情况、课程情况以及学生的情况。

---

① Ko E M. Idiographic Roles of Cooperating Teachers as Mentors in Pre-service Distance Teacher Education[J]. *Teaching & Teacher Education*, 2012, 28(6): 818-826.

2. 教师职业精神指导

帮助实习师范生树立正确的职业态度,要勤业敬业,不断地完善和充实自己,要教书育人,自觉做到行为示范,潜心治学,淡泊名利,这是教师应有的最基本的职业精神。

3. 学科教学技能指导

包括语言技能、板书技能、教态变化技能、演示技能、讲解技能、导入技能、提问技能、反馈技能、结束技能以及教学组织管理技能,对每一技能都要有详细的指导。

4. 指导实习师范生实习班主任工作

制订班主任计划、团队活动计划,初步学会运用教育学的基本原理了解分析班级和个别案例。

5. 观课评课教学反馈

要求实习师范生至少每周听指导教师两节课,中小学合作导师至少每周听实习师范生一节课,做好听课记录,对实习师范生做出针对性指导,并确保每周至少一次的交流时间。

6. 引导独立思考,用于探索独立的教学风格

注重发现实习师范生他们自己的教学特点,引导他们探索出有自己特色的教学风格。

7. 指导反思

引导实习师范生对自己的教学工作进行批判性的反思和总结,激发属于自己的教学实践智慧。

8. 与大学导师合作沟通

与大学导师进行适时沟通,及时把实习师范生的实习情况与大学导师积极进行沟通、探讨。

## 四、身份认同机制

职责分工之后,大学导师与中小学合作导师的角色便明确了。明确角

色、进入角色、认同角色,导师角色及其认同对实习成败至关重要①,对导师身份的情感承诺、身份认同能显著影响导师制实施效果②。

问题的关键成为如何增强身份认同和角色认同?这种身份认同和角色认同机制显然与后续的培训准备机制密切联系、不可分割。本研究为细述二者的运行机制,故意在此处强调了二者的差异,但需注意,二者事实上密不可分。

### (一)首先应明确培养目标

培养目标是人才培养根本特征的集中体现,它既是对卓越教师整个培养计划制订的依据,也是培养模式中各要素行动的导向。因此,在双导师制实施过程中首先要让导师熟知培养目标。以 L 大学小学教育专业为例,该专业培养目标是:以区域小学教育需求为导向,立足沂蒙、面向山东,培养以立德树人为己任,热爱党的教育事业,热爱小学教师工作,具有深厚学识和扎实的学科素养,能够有效开展小学学科教学和小学班队管理工作,善于学习并能结合工作需要开展教育教学研究活动,具有可持续发展能力的优秀小学教师。对这个培养目标,不管是小学教育专业的大学导师、小学导师,还是学院辅导员、行政管理人员都要对其进行细致深刻地解读,只有这样才能在理解的基础上产生认同感,才能使自己融入学院的发展之中,才能对双导师制各自的责任义务拥有清晰的界定。基于这一培养目标,小学教育专业的大学导师才能更加认同自己有义务、有责任帮助小学教育专业师范生弥合大学理论知识与小学实习习得的实践知识之间的鸿沟。

尤其值得注意的是,明确卓越教师培养目标,还需努力推动引导中小学导师对于自己教师教育者身份的强烈认同和承诺。首先,引导培训中小学导师认同实习对于自身专业发展的积极作用;其次,引导培训中小学导师认同双导师制安排,增强协同合作;最后,引导培训中小学导师认同在多方利益相关者沟通交流中的基础作用,引导中小学导师欢迎大学导师参与自己的课堂教学,排除各种沟通障碍。没有中小学导师与师范生之间的沟通、没有中小学导师与大学导师的沟通,实习工作绝不可能正常开展。总之,导师作为教师教育者,其身份认同能传递影响师范生的职业认同感、职业幸福感。

① Li P. B., Sani B. B., Azmin N. Identifying Mentor Teachers Roles and Perceptions in Pre-service Teachers Teaching Practicum:The Use of a Mentoring Model[J]. *International Journal of Education and Practice*,2021,9(2):365-378.

② Sandvik L V, Solhaug T, Lejonberg E, et al. School Mentors' Perceived Integration into Teacher Education Programmes[J]. *Professional Development in Education*,2019(6):1-16.

**（二）导生双方的身份认同与师范生自身的成长意识和导师的思想观念联系密切**

对于实习师范生来说，一个主要任务便是实现身份的转换和认同。导师制便是师范生实现从"学生"到"教师"的身份转换和认同的必经之路，师范生在"看中学"的过程，通过观察、选择、借鉴和模仿，在实践中提高自己的教学技能，渐进拥有教学知识和智慧，逐步实现身份转换和认同。

实习师范生对"教师"身份的认同是一个缓慢渐进的过程，不能期待他们来一次培训、几节试讲课，便能脱胎换骨。这便是导师制的意义所在。导师制可以让实习师范生近距离观察优秀中小学教师的教学实践，以初步获得关于教育教学的感性认识。并从观察学习到模仿学习，在这个过程中，优秀中小学教师作为指导教师对师范生进行具体指导，而师范生对指导教师的学习并不是一种完全意义上的低水平的、机械的模仿，而是蕴含着高水平的、创造的无限可能。

## 五、培训准备机制

选拔完导师之后，要进行必要的培训和培养，使导师做好充分准备。如果缺少导师培训，那么导师制不管是作为一种制度，还是一种教学价值观，都很难深入人心，无法走进导师的头脑，很容易陷入可有可无的"鸡肋"状态。因此，培训准备机制，相当于提前打预防针，通过预先注射疫苗，把可能遇到的问题及相应解决对策都一一模拟激活，阐述清楚，明确指出。可见，培训准备机制应是所有机制的重中之重。

此处的培训对象不只是大学导师，更重要的是还应该培训参与实习指导等教师教育活动的中小学合作导师。因为中小学合作导师对于师范生实习工作也是必需的[1]。通过培训，能让中小学合作导师理解自己的导师角色，并且愿意且能够胜任导师工作。但遗憾的是，有研究表明，仅有 55% 的中小学合作导师接受过培训，仅有 42% 的中小学合作导师表示只对如何完成实习指导手册接受过简单指导[2]。如果不能培训所有导师，那至少应该培训双导师队伍中的优秀代表。

---

① Jessica Aspfors, Göran Fransson. Research on Mentor Education for Mentors of Newly Qualified Teachers: A Qualitative Meta-synthesis[J]. *Teaching and Teacher Education*, 2015, 48: 75-86.

② Graves, S. Mentoring Pre-service Teachers: A Case Study[J]. *Australasian Journal of Early Childhood*, 2010, 35(4): 14-20.

欧美发达国家对职前教师实习中合作导师的培训非常重视,有大学甚至开设了专门为中小学合作导师设计的导师培训网站,以确保对实习师范生的有效指导,如美国得克萨斯大学奥斯汀分校①,网站学习内容的设计依据是关怀指导模型(Coaching with Care model),重点强调对反思性实践、教师成长、基于学生反馈的评价三部分训练,耗时大约90分钟,学习速度不限,自定进度。可见,培训对于导师制有效实施的重要性。

## (一)基本要求

### 1. 将双导师制的讲解落实到各培养环节的细节,把培训工作做实做细做好

我国在师范生实习期间对双导师培训上缺乏相关的制度和政策,尤其缺乏对中小学合作导师的培训。鉴于这一实际情况,根据双导师培训经验的摸索,笔者认为可由市县级教育行政部门与大学教务部门、教师教育机构,联合成立实习指导小组,小组成员由市县级教育行政部门的相关负责人、大学教务部门和教师教育学院的相关负责人及指导经验丰富的优秀导师以及当地各学科的优秀教师组成,负责对各个实习基地学校遴选出来的导师进行高要求的培训。

培训工作不仅要包括见习、实习和研习等内容的大体规划和安排流程,更要针对上述各培养环节的具体实施流程如何融入双导师制,以及融入双导师制的相关注意事项等内容,精心规划双导师制活动的开展与设计,确保双导师制有效实施。

全面落实双导师制,还应对设计框架、培训目标、培训内容、培训主题、策略实施等各项培训工作做实做细。

### 2. 培训形式应灵活多样

通过专题培训班、定期例会等形式,向导师传授指导知识和技巧等注意事项,增强双导师的指导技能,端正指导态度,激发指导动机,纠正指导心态。中小学合作导师平时工作比较繁忙,可集中时间,举办为期一天的指导培训,宣传培训中小学合作导师重视师范生教学实习工作、明确指导职责、指导内容、指导方法等。

---

① https://oi2.edb.utexas.edu/caretraining/#/

**3. 培训内容设计要有用管用,大学和中小学双导师都要参加培训**

要使双导师制真正发挥作用,则首先要确保对双导师制所有利益相关者的培训内容有用管用。具体培训主题应包括实习对师范生的重要作用、实习师范生在高校所学课程的介绍、对实习师范生的指导涉及哪些方面、如何开展实习指导工作、与大学导师的沟通要求等。

在培训中,首先,要使导师们清楚项目培训目标,产生认同感;其次,要使他们明确自身工作任务,进一步加强训练指导和管理实习师范生的能力;最后,还要重视对中小学合作导师的学科教学前沿研究培训与教育学专业理论知识进修培训,教师教育机构利用自身师资资源免费给中小学合作导师培训,助力合作导师提升他们的专业胜任力,真正建立起大学与中小学合作伙伴关系,打开互惠共赢局面。

**(二)培训内容**

**1. 导师角色认知与身份认同培训**

使用元认知策略,对导师进行导师角色培训,让导师有意识地认识到他们在师范生实习期间作为导师的角色和目的。导师的这种元认知有助于培养导师对指导师范生的作用和目的产生更深入理解,可以帮助导师改善对师范生的指导质量,并与师范生一起成长。因此,有必要在实习期间的不同阶段,研发相应的培训工具,告知职前教师在不同阶段对导师有不同的目标和期望,以制定更正式的指导方针,从而能更好地支持职前教师和导师的专业发展[1]。

研究表明,导师通常明白他们有许多角色需要扮演,所以,有必要熟悉导师在指导过程中的多种角色,加深对每个角色的要求,以及如何在不同情况下对角色的理解,有助于为导师创造高质量的指导体验。此外,研究还发现,导师的作用不仅仅是培养基本的教学知识和技能,导师提供情感支持也有利于实习工作顺利开展。

导师对其角色和指导行为的态度,能明显影响导师制实施运行的质量,质量能否改善,态度是第一位的,态度决定一切。所以,导师在与师范生的接触交往中更要时刻注意自己的言行举止、态度语气,这些可能会对师范生造成潜移默化的影响。

---

[1] Garza, R., Reynosa, R. J., Werner, P. H., Duchaine, E. L., Harter, R. A. Developing a Mentoring Framework through the Examination of Mentoring Paradigms in a Teacher Residency Program. [J]. *Australian Journal of Teacher Education*, 2019, 44(3): 1-22.

**2. 对实习工作及双导师制的重要性进行宣讲、动员和培训**

师范生实习工作要想取得理想效果,作为实习师范生的导师,必须高度重视教育实习,强化实习的积极主动性。从大一入学教育对专业和师资队伍介绍,到大一大二导师带队见习,再到大三校内模拟实习,最后到临行前实习动员大会宣讲,把培训贯穿全过程、全员、全方位。尤其是对中小学实践导师进行强调和宣讲,对实习指导的意义有更深入地了解,就能助推导师灵活调整他们的指导行为,是实习成败的基石。

鉴于此,建议自上而下加强对实习工作及双导师制的重视程度。首先,从政府角度来看,师范生实习工作其实能带来较好的教学效果和一定社会效益,既给这些职前教师提供了教育实践锻炼的机会,也促进了农村学校师资和学生在科学文化知识等方面的交流与传播。所以,教育行政部门要重视加强以双导师制为代表的大学与中小学的交流与合作机会,真正从完成立德树人的使命这一高度来重视实习工作与双导师制落实,而不是当成一项政治任务来完成。

其次,从实习学校的角度来看,实习学校要重视对实习师范生的培养。农村基础教育优秀师资匮乏、教学高耗低效,这些困境给实习师范生既带来了挑战,更带来了机会——"放手"给实习师范生更多的顶岗授课机会,放手让学生对照岗位的要求直接参与课堂教学和班级管理过程。

最后,从大学角度来看,大学导师要重视给实习师范生更多的关怀和关注,让实习生有被认可感、存在感和归属感,才更愿意向大学导师敞开心扉,建立融洽的导生关系,积极投身于教学实习中去。大学导师要重视给实习师范生提供必要的课堂教学设计技术点拨和指导,帮助其解决实习中的难题。事实上,大学导师给师范生提供指导的愿望越强烈,越能强烈激发导师改变自己现状的动机,大学导师也能教学相长,受益匪浅。

总之,实习师范生及其导师都要转变观念,从思想上重视教学实习,这不仅是被动完成实习任务,更重要的是检验知识、积累经验、锻炼自己的难得机会。

**3. 导生关系培训**

导生关系是导师制的核心[1],导生关系稳定形成需要四个阶段[2]:①启

① Ambrosetti A. Are You Ready to be a Mentor? Preparing Teachers for Mentoring Pre-service Teachers[J]. *Australian Journal of Teacher Education*,2014,39(6):30-42.

② Lynn S, Nguyen H. Operationalizing the Mentoring Processes as Perceived by Teacher Mentors[J]. *Mentoring and Tutoring*,2020(4):1-23.

动阶段(initiation):双方开始接触,建立导生关系,奔向共同目标,相互信任,相互尊重;②培养阶段(cultivation):导生关系不断发展并维持,彼此越来越熟悉,能彼此理解,合理化解冲突;③分离阶段(separation):师范生开始变得越来越独立,导生之间更像是同伴,导生关系开始解散;④重新定义阶段(redefinition):师范生从导生关系中跳出来,去实现自我。为了顺利完成工作,开始与其他人脉、专业人士和优秀朋辈交往。

首先,要求双导师制的所有利益相关者都了解导生关系的四个发展阶段,理解导师制及导师指导行为,并在生活中灵活应用,取长补短。这有助于培养实习师范生对导生关系的信心,实习师范生对导师越有信心,那么越有可能在实习工作中获得满足感和乐趣。

其次,要培训大学导师积极主动建立和谐的导生关系,通过听师范生的课,在观课、评课、议课过程中加强导生关系。

最后,要培训大学导师主动与中小学合作导师交流师范生教学与生活情况,要虚心主动地向中小学合作导师请教,要善于吸取一线中小学教师的长处,弥补改进自己在基础教育教学研究中的短处。中小学导师也要主动把师范生在实习期间遇到的困难和问题及时汇报给大学导师,寻求大学导师的帮助。

### 4. 导生沟通要求和互动技巧等导师指导技巧培训

情商、情绪智力与导师指导行为的成功密不可分,但情绪智力这一重要因素尚未在教师教育研究、实践及政策领域得到足够重视[1]。导生沟通互动要持续,导师要有耐心,相互尊重。要让导师们充分意识到双导师之间是平等合作关系,如此才能形成持久的合作关系。

### 5. 导师自身的教学技能培训

"要给学生一杯水,教师要有一桶水"。想要教会师范生学会教学,首先导师自身要有扎实的学科知识和教学技能,唯有自身本领过硬,才能给师范生树立良好榜样,遇到问题才能对答如流、镇定自若,才能对实习实践进行更深刻的批判性反思[2]。例如,主动使用教育学理论、课堂管理能力培训、课堂突发问题解决策略、家校合育策略、家校沟通策略去解决问题。

---

① Hawkey,Kate. Emotional Intelligence and Mentoring in Pre-service Teacher Education:A Literature Review[J]. *Mentoring & Tutoring Partnership in Learning*,2006,14(2):137-147.

② Randi,Nevins,Stanulis. Classroom Teachers as Mentors:Possibilities for Participation in a Professional Development School Context[J]. *Teaching and Teacher Education*,1995,11(4):331-344.

有研究总结了师范生导师必备三种核心素养或专业技能[①]，包括：专业知识与技能、指导技能、社会技能，详见表 5-1。

**表 5-1  教师教育双导师必备的核心素养或专业技能**

| | | |
|---|---|---|
| 专业知识与技能 | 课程设计与实施 | 课程改革 |
| | | 教学计划 |
| | | 教学材料设计 |
| | | 备课授课 |
| | | 用戏剧作为教学工具 |
| | | 使用建构主义方法进行课程设计 |
| | | 价值观教育 |
| | 儿童心理与行为 | 发展心理学与学习心理学 |
| | | 理解学生的行为 |
| | | 全纳教育和特殊教育 |
| | | 课堂管理 |
| | 高阶思维技能 | 探究性和反思性思维技能 |
| | | 创造性和批判性思维技能 |
| | | 研究技能 |
| | | 问题解决技能 |
| | | 民主思维技能 |
| | 教育技术技能 | 信息技术 |
| 指导技能 | 导生角色与责任 | 无 |
| | 实习管理 | 无 |
| | 实习目标与意义 | 无 |
| | 教学指导 | 无 |
| | 有效观课 | 无 |
| | 有效反馈 | 无 |
| | 师范生评价 | 无 |
| | 改善大学与中小学合作 | 无 |

①  Gülbahar Ylmaz，Bkmaz F. Revealing the Professional Learning Needs of Teachers for the Successful Mentoring of Teacher Candidates［J］. *European Journal of Teacher Education*，2020，1-17.

续表

| 社会技能 | 对师范生个体差异的共情、热爱与忍耐 | 无 |
|---|---|---|
| | 有效沟通 | 无 |
| | 青年心理学和沟通心理学 | 无 |
| | 有效使用母语 | 无 |
| | 音乐美术舞蹈 | 无 |

**6. 培训对导师指导的积极信念**

有研究表明,导师比学生对导师制的评价更为消极[1]。所以,要改变导师群体对导师制的消极感觉,通过培训来创造积极的校园文化环境,通过培训导师写下每天或每周指导实习生的指导计划[2]等措施,建立导师群体对导师制的积极信念[3]。

**7. 师范生教学技能准备**

培训师范生在实习前要重视理论知识的积累,在实习中要认真反思每一堂课的教学设计与教学效果,在实习结束后认真总结评价实习经验。

首先,应培训如何见习,明确告知师范生见习任务,要观察哪些方面,怎么去观察,这是大学导师实习之前的第一个任务;其次,除了培训师范生注意观察和总结,还要重点培训并教给师范生如何向中小学合作导师请教和沟通;最后,也可以请中小学合作导师有针对性地讲解见习任务内容,让师范生在见习之前就要对整个内容了然于心。见习之后,再请中小学合作导师对师范生见习工作进行查漏补缺、恰当评价和考核。

经过了大一和大二的多次见习以及在大学进行模拟实习等准备训练,可能对备课、教学设计、授课等环节有了基本掌握。但在此需特别强调师范生教学反思意识和技能的培养和训练。

波斯纳(Posner)提出,教师成长的公式是:成长＝经验＋反思,他认为

① Aderibigbe S,Colucci-Gray L,Gray D S. Conceptions and Expectations of Mentoring Relationships in a Teacher Education Reform Context[J]. *Mentoring & Tutoring*,2016,24(1):8-29.

② Ambrosetti A. Are You Ready to be a Mentor? Preparing Teachers for Mentoring Preservice Teachers[J]. *Australian Journal of Teacher Education*,2014,39(6):30-42.

③ Campbell D E,Campbell T A. The Mentoring Relationship:Differing Perceptions of Benefits[J]. *College Student Journal*,2000,34(4):516-523.

没有反思的教学经验最多获得的是肤浅的表面的知识。师范生要想成长，就必须在获得工作经验的基础上进行深刻反思。师范生的自我反思是师范生自己发现问题并解决问题的过程，有助于提高师范生的教学技能和教学水平。在实习前，应培训师范生意识到，导师的指导在教学实习期间固然重要，但自我反思也必不可少，实习师范生要提高自我反思的意识，养成自我反思的习惯，促进教学技能和教学设计的提高。在实习前，应培训师范生如何听课、观课、评课。在听课、观课环节，做好听课记录，关键是认真思考每个教师讲课方式和教学设计好在哪儿，巧妙在哪儿，哪里值得学习，哪里不好，哪里应该避免；在课后要反思自己的授课是否达得到了预期效果、哪些教学方法和教学设计是成功的、哪些是需改进的等问题。总之，培训师范生对自己的备课如何审视，对授课的各个环节如何改进，对教学效果的再认识、再思考，唯有培训师范生的教学反思技能，实习才能取得更大收获。

### 8. 师范生实习安全准备

大学和中小学实习基地要确立安全第一的原则，在培训会议上，应特别强调实习安全，严格实习管理制度，讲清楚安全防患、责任保险，甚至是事故处理。尤其是在偏远乡村实习的师范生，应特别强调要注意人身安全、交通安全。

中小学实习基地要积极为师范生实习工作提供良好环境，为师范生提供必要的学习、工作、生活条件和安全保障。在实习期间，实习基地学校应把保障师范生实习安全及相关权益作为重要内容，对实习师范生的校内人身安全、食宿环境、用电安全、交通安全等作了明确规定，为实习师范生安全有效进行教学实习提供保障。大学教务处等教学主管部门应会同相关二级学院加强实习安全监督检查，还应为参加支教实习的公费师范生及带队教师购买人身意外伤害保险和医疗保险。

## 六、沟通协作机制

### （一）重要意义

导师制是建立在导师与学生的频繁接触和交流的基础上，如此才能形成密切的导生关系。导生双向沟通交流，是导师制的基本工作方法①。一方面，通过沟通及时答疑解惑，有助于导师及时掌握师范生的学习现状、

---

① Sheridan L, Young M. Genuine Conversation: The Enabler in Good Mentoring of Pre-service Teachers[J]. *Teachers & Teaching*, 2017, 23(6):658-673.

生活状态及思想波动,把握师范生的性格特点、能力特征及优缺点,协助师范生树立阶段性目标,明确发展方向;另一方面,更重要的是,要启发式教学,让师范生自己反思自己的教学实践。这就要求导师首先具备宽厚的学科知识与扎实的教学技能,其次还要具备更重要的沟通技巧和话术。而沟通技巧和教学经验却偏偏是许多刚毕业的教育学和心理学博士短缺的,他们较年轻,还没有做好准备就匆匆开始做导师指导师范生的教学实习,这无疑是一项巨大挑战。

良好的导生关系,是导师制实施的基础。随着导师制逐步深入实施,导生关系也逐渐发生变化。导师制是为了支持师范生的专业成长和发展,不仅仅是为了完成任务,所以要调动起导师们的责任心,还要依赖职责分工机制的协同一起发挥效用。

导师制的成功需要沟通协作,不只是导生沟通,还有双导师之间、生生同伴之间的沟通互动。换言之,沟通是所有利益相关者之间通过互动,一起协作,协同努力。所以利益相关者之间的沟通,要注意开放、持续、定期、有意义的沟通①。

### (二)具体措施和路径

#### 1. 借助互相询问,彼此表达关心

沟通伊始,一般都是导师开头提几个问题,或是师范生实习进展,或是生活现状,询问师范生进展如何,并要求师范生做简要回答陈述;随后,师范生可以自由向导师提问,而导师或简单回答,或详细回答。须知这在传统的班级授课制中是难以实现的。之后导师或对论文或对实习进行详细的评论,师范生可自由对论文或实习做出解释,在这样的彼此交流过程中,实现了导师对师范生的指导,也建立起了师范生与导师之间亲密信任的个人关系,而这往往会影响师范生的一生。

除了嘘寒问暖之外,导生之间的沟通要具备专业性,讲究反思性对话,这种对话能帮助师范生反思他们的教学实践过程②。在导师制中,通过导生沟通可最大限度地使师范生的能力得到充分提高和发展,培养师范生的

① Ambrosetti A. ,Allen J. M. ,Turner D. How School and University Supervising Staff Perceive the Pre-service Teacher Education Practicum:A Comparative Study[J]. *Australian Journal of Teacher Education*,2013,38(4):108-128.

② Gao S,Liu K,Mckinney M. Learning Formative Assessment in the Field:Analysis of Reflective Conversations Between Preservice Teachers and Their Classroom Mentors[J]. *International Journal of Mentoring and Coaching in Education*,2019,8(1).

创新精神和实践能力,改变传统班级授课制压制师范生创造性和个性的被动局面。总之,教师教育导师制可以简单看作是直接连接导生的纽带,而导生沟通则是形成良好师生关系和有效导生关系的关键。

### 2. 合作共享,教学相长

导师和师范生在导师制中,虽是角色不同、地位有别,但必须寻找二者的契合点和共同目标,彼此进行合作共享学习。一方面作为导师应积极鼓励师范生培养独立探索、理性思考以及批判思维;另一方面,在教学中导师不仅仅是一个信息的传递者,也不仅仅作为带有批判眼光的指导者,更是反思自己教学表现、促进导师自己专业发展的受益者。所谓教学相长是也。

导生双方在导师制中进行的是一项合作共享的事业,朝着共同的教学目标,从不同的角度去分析问题、理解问题、解决问题。导师可根据师范生的个性和特长提供帮助,促进其发展,即所谓因材施教。然而师范生要在导师指导过程中敢于表达,不畏惧错误,不惧怕暴露自身的弱点,才能发挥导师制的最大效用。

### 3. 充分利用互联网和移动互联网技术加强沟通协作

当今信息时代,互联网技术日新月异,双导师之间、导生之间的沟通方式也要随之发生变化,日渐多样化。例如,师范生通过电话、网络即时聊天工具等方式都可以与导师快速及时沟通。此外,双导师之间、导生之间建立了微信群、钉钉群、QQ群等社交媒体讨论群组,这种新型沟通方式方便导生随时随地进行专业教学沟通、收发班级通知消息、及时解答各种问题,避免了导师因工作繁忙而无法与学生进行面对面交流。因此,师范生和导师都要积极探索、善用多种多样的互联网沟通方式。

互联网的出现对教学方式方法、教育规模等也产生了一定的影响。鉴于此,L大学积极探索"互联网＋"导师制,高度重视并积极推广"互联网＋"远程指导。例如,强制要求导师和师范生高频使用"校友邦"App或微信小程序①,签到统计、实习日志、周志撰写和批阅等功能深受师生好评。

互联网对师范生实习的积极影响俯拾皆是,因此需继续发扬。例如,线下实习期间,师范生将每天在实习学校的收获,通过互联网线上交流方式与大家分享,遇到什么问题,可以使用即时通讯软件咨询讨论,大大方便了师

① Zou J, Yang C. *Implementation of Mobile Internet App-Based Portfolio Management System of Student Teachers' Teaching Practicum:Advantages and Problems*[C]//2021 2nd International Conference on Big Data and Informatization Education(ICBDIE). IEEE,2021:501-504.

范生的实习信息沟通,提高了师范生的参与热情,同时也能使师范生利用碎片化时间对实习活动进行讨论。尤其是在疫情期间,线下实习无法正常开展,只好通过钉钉、腾讯会议等互联网会议平台进行线上模拟教学、线上授课并录像存档。线上实习方案详见附录。

但也需注意,互联网技术是一把双刃剑,有利有弊,弊端是加快了舆情传播速度,师范生容易受到网络虚假宣传信息的误导,碎片化收发消息容易影响正常教学实习工作等。因此,在对互联网沟通方式的使用中应扬长避短、趋利避害。

4.提高沟通质量,适当增加沟通频次及沟通时长

有效沟通的原则是重质量、轻数量。首先,目前双导师之间的沟通比较少,这一点急需改善,所以应增多双导师之间沟通频率,例如,双导师可利用钉钉、腾讯会议等互联网会议平台就师范生的实习现状进行深入交流,加强沟通;其次,双导师之间的沟通交流应围绕实习师范生的专业成长这种话题,提升话题的专业性,保证沟通质量;最后,导生之间的沟通频率也要增多,师范生要积极主动地与导师就实习过程中遇到的大事小情进行沟通,沟通方式可以多样化,如面对面交谈、打电话、互联网社交媒体软件沟通均可。

图 5-2　校友邦(教师版)App 截图

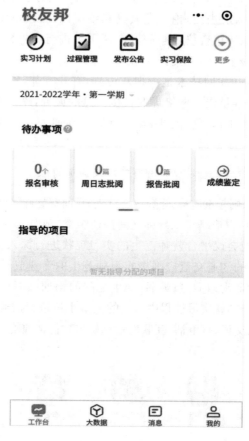

图 5-3　校友邦(教师版)微信小程序截图

另外,导师与师范生沟通的时间也应延长。本研究表明,大多数学生与导师沟通的时间时间有限,显然,在有限的时间内,对师范生的指导较难全面深入。在有限的时间内,想要保证沟通质量,这需要导师认真倾听,准确发问,发自内心地关心师范生的成长,在一问一答中敏锐发现潜在问题,为师范生深入浅出地剖析原因,提供可操作性的建议,帮助师范生解决问题。

5. 建立常态化定期化的例会组会制度

沟通协作需要载体和媒介。常态定期的例会组会,不管是面对面线下例会形式,还是虚拟的线上例会形式,都是很好的载体和媒介,能方便双导师之间、导生之间沟通的顺利实现。

例会管理首先要明确会议时间、地点和方式。比如,一周一次或两周一次,定于每周几的几点在某地召开会议,要求共同指导同一名或同一批师范生的大学导师及中小学合作导师同时参会,并设专人主持。这种定期例会效果好的话能保障指导过程有效实施。在双导师制实施过程中,双导师能指导同一名或同一批师范生,能建立起相对固定的导生对接关系。因此,双导师若能定期参加工作例会沟通交流,在会上彼此分享对师范生的观察和看法,共同制定师范生实习方案,明确师范生实习目标、内容、方法和进度,如此一来,对师范生的指导质量和指导效果都会得到明显提升。总之,定期化常态化的例会组会制度,不仅能提高师范生实习期间的教学实践能力,还能督促导师的成长与发展,双导师制的所有利益相关者都会有所收获,有所提高。

### 6. 打造双导师之间的教师学习与发展共同体

除了导生之间教学相长,双导师之间也要注意知识共享,通过知识共享建立起亲密合作,从而最终有利于师范生培养。

双导师的协作配合和共同指导对师范生的成长和发展起着至关重要的作用。为了在大学和一线中小学建立起长期的合作伙伴关系,促使双导师之间形成长期稳定的学习型教师发展共同体,不失为一大良策。这种教师学习与发展共同体一方面组织定期交流讨论,不仅能更好地指导师范生,也能使双导师自身的教学与科研能力得到相应提高。在这个共同体中,大学导师可对一线中小学导师进行理论上的提升,一线中小学导师也可把基础教育教学中的实际案例提供给大学导师,做进一步的案例分析和研究,两者取长补短,形成互补,最终促进双方的专业发展。而师范生在此期间也会通过与双导师的接触,在理论与实践方面都得到训练,进而使自身课堂教学理念和教学技能都得到提升。可见,这种双导师之间的学习与发展共同体不只是一种沟通协作机制,还是一种质量保障机制。

### 7. 打造师范生同伴之间的互助指导共同体

同伴指导是导师制的新趋势。同伴指导一般是由两个或两个以上的师范生共同参与的一个互助活动,通过互相协作,分享彼此成功的经验,共同解决遇到的难题,最终目的是要促进彼此的进步。实施同伴导师制,有助于解决实习师范生教学实践中的共同难题,帮助实习师范生在小组合作中快速成长。

在实习中,同伴导师制具体实施起来,一般由小组长带头组织领导,开展同伴间的互听、互评、互助活动,积极帮助同伴解决实习中遇到的问题,并由组长代表小组定期向实习工作负责人或大学导师汇报进展。除非实习工作负责人或大学导师觉得有必要参与加入,帮助解决较为棘手的难题,否则就倾向于让同伴小组独立解决问题。

同伴指导及同伴互助小组能否长期坚持受到多种因素影响,比如,合作氛围、合作时间、学习内容、任务难度等因素。为了让同伴互助小组能顺利开展并长久保持,实习工作负责人或大学导师要对实习生的同伴小组给予足够的重视和积极的支持。共同的合作时间也是同伴学习的保障,所以每个实习小组每周至少有一次合作时间,来积极讨论和总结一周内的实习成果。

除了上述狭义的人与人之间的沟通,还有广义的大学与中小学的沟通。借助积极探索并实行双导师制这一机会和载体,一方面师范生受益,强化了实践技能;另一方面,学校单位也受益,高校教师培养资源与中小学教育资源相互融通、相互支持、共享资源、共同发展。

## 七、指导落实机制

### (一)重要意义

明确指导职责之后,还要建立健全一系列指导规范。这种可操作、可执行的指导规范是一种落实机制,能让导师制走得更踏实,而不是"走形式"。

在指导过程中,导师为实习师范生的首要责任人,是实习师范生在教育理论与教学实践上的"榜样"或者"被模仿的对象",这个过程不仅包括思想、学习上的指导,还包括生活等各方面的引导,导师自身的专业素养、教育理念、实践技巧与人格魅力对实习师范生都会产生潜移默化的影响。

### (二)注意事项

首先,指导形式要灵活而有计划。在师范生教学实习过程中,大学导师要加大对实习生的指导,但这种指导毕竟不全都是面对面的耳提面命式的指导,而是要面对师范生在遥远的实习基地中遇到的各种未知问题,因此要灵活机动指导。

其次,指导内容要有侧重点。在落实好实习师范生的生活、安全等工作的前提下,先从宏观方面来把握指导活动,为实习师范生设立总体的实习规划,协助实习师范生制定计划,并督促落实计划,及时填写实习工作材料,做到实习日志记录"留痕"。按照总体规划,一一落实培养细节,侧重把握教学技能和实习实践调查这些重点培养环节。

最后,实习指导的最终目标是引导实习师范生学会独立教学反思。教学反思可帮助实习师范生发现问题所在,探索出解决问题的多种办法,大学导师和中小学合作导师要协助实习师范生养成教学反思的好习惯,在不断反思中总结有效的教学经验。除了教学反思之外,为实习师范生开展基础教育教科研工作提供必要的指导,也是一个反思教学的机会,可为毕业论文的选题与实施奠定良好基础。

总之,高校导师对实习生的指导方式要灵活,指导内容要有侧重点,有计划地组织和引导实习生完成教学实习目标,完成教学实习任务。一分部署,九分落实。导师指导行为的落实,还需以下具体的实施路径和策略。

## (三)具体实施路径和策略

### 1.导生共同构建支持性关系

这种支持性关系能带来积极的、有建设性的实习体验。有研究认为支持性关系的构建策略可以尝试由如下指导行为实现:持续地提供帮助并参与、在放手和引导中找到平衡、营造支持性的氛围,提供支持性资源、经常给出有针对性的正面反馈、把学生当作合作伙伴一样尊重、导师对学生个人感兴趣。

### 2.心理辅导支持

导师就是师范生的支架,发挥着脚手架和心理咨询师的功能。导师可根据每名师范生的个性特征,因材施教,全过程、全方位地指导师范生的思想、学习与生活,其中心理辅导和情感支持是当前导师制研究所提倡的,冷漠的导生关系会抵消高超的指导技巧。导师应激发实习师范生的对实习的内部动机,导生双方具有共同发展愿景且发展目标明确,这是激励导生双方的内在机制。可见,充分发挥中小学实践导师的多重指导作用[1],而非仅仅教学指导这一单一角色和作用。所以,建议在大学导师和中小学实践导师的培训、监督、沟通与考核评价中加入心理辅导的内容和指标。

### 3.观课与评课相结合指导师范生教学技能提升

根据笔者经验,一般情况下,入校看望实习师范生一个月去一次是可行可实现的。入校看望实习师范生不只是关心其生活,还要确保师范生

---

① Clarke, A., Triggs, V., Nielsen, W. Cooperating Teacher Participation in Teacher Education A Review of the Literature[J]. *Review of Educational Research*, 2014, 84(2), 163-202.

实施去听课、观课、评课等专业活动,做好观课与评课相结合,观课与课后例会相结合,观察师范生授课与课后反馈相结合是被证明有效的导师指导活动①。当然,入校频次和时间还要依赖于中小学实习基地的地理位置是否偏远、交通条件是否便利等。对于交通便利的中小学实习基地,大学导师尽量争取定期巡回面对面式的指导;对于地处偏远、交通不便的中小学实习基地,大学导师要通过电话、网络等方式定期询问实习师范生的实习情况,解决实习中遇到的困难。此处应强调的是导师务必与实习师范生定期、及时进行反馈和沟通,反馈和沟通方式可以灵活多样,电话、网络、面对面指导均可。

### 4. 双导师制与同伴导师制相结合

双导师不可能时时刻刻在师范生身边,实习期间遇到的问题,也需请教同学朋辈。可见,双导师制的顺利实施也离不开师范生的同伴力量。有研究也发现,在由实习师范生几个人组成的实习互助小组之类的学习共同体发挥着重大作用。这些学生虽然性格脾气、社交与教学能力各不相同,但是在实习期间他们具有共同的目标。为完成实习目标,共同体成员步调一致,进度统一,共同努力,相互请教,彼此帮助,成员对共同体具有认同感和归属感,这有利于提高对实习活动的参与意识和参与程度。不只是实习相关的专业活动,其他很多与专业活动无关的生活事宜的组织也都会依托学习共同体,经过团体内沟通交流,一起分享集体智慧,有利于促进师范生团队合作能力和创新精神的提升,每位共同体成员也都能获得发展和成长。

线下的学习共同体容易受到时间和空间的局限,因此线上的学习共同体应运而生。例如,微信群、QQ群在实习期间信息沟通与知识共享、相互听课评课上起到了很大的作用,不少实习生表示,通过共同体其他成员的帮助,自己的教学实践能力水平确实得到了提高。因此,在落实双导师制的同时,也要继续发挥学习共同体的作用,使实习师范生对共同体的内涵充分认识和理解,以学习共同体为阵地和依托,以共同目标为导向,实现相互交流、相互协作、相互分享、相互促进。

总之,学习共同体的创建是同伴导师制的具体表现,是实习师范生主体性发挥的重要途径。在教学实习期间,导师应积极支持并信任这种同伴导师制,委派一名小组组长汇报小组工作,尽量不干涉共同体成员的具体活动

---

① Hvidston, David. How Faculty Supervise and Mentor Pre-service Teachers: Implications for Principal Supervision of Novice Teachers[J]. *International Journal of Educational Leadership Preparation*, 2013, 8(2): 43-58.

事宜,从而激发实习师范生参与的主体性,使共同体真正发挥同伴指导的作用,互相指导,密切配合,相互监督,互相点评,促进彼此的发展。随着实习的深入,逐步形成实习管理的主体自觉,减少了导师在实习管理中的负担和工作量。实习进入尾声时,在对实习师范生的评价中,不仅发挥双导师的评价作用,也可发挥各共同体成员的主体性,实现实习师范生同伴之间的互评。同伴之间接触较多,对彼此的了解也更全面到位,评价也会更加真实有效。

## 八、监督推进机制

建立与制定监督管理和推进措施是实现"双导师制"有效运行的双重保障。一般而言,校级教务部门(一般为教务处)与承担有教师教育任务的二级学院的教学行政部门共同承担加强实习监管,完善双导师监管体系和落实监管措施的职责任务。

首先,校级教务部门成立校级实习工作管理小组,主要工作是负责从宏观上制定实习期间双导师制的实施办法,把握双导师制的实施理念和目标,从整体上监督各院系双导师制实施情况,定期召开会议,组织各学院的实习负责人汇报实习工作,尤其是双导师制工作进展,定期组织导师与实习师范生进行双方交流讨论,从而及时解决导师和师范生实习期间反馈的紧迫问题。必要时可召开师范生单方座谈会,要求师范生如实反映各院系导师指导情况,知无不言言无不尽,再将了解到的具体实际情况及时反馈到各学院或相关导师,使监督达到应有效果。

其次,院系教学管理部门成立各院系导师工作小组,负责导师遴选、培训、监督以及考核评价等具体事项,定期召开导师会议,监管导师指导行为。"术业有专攻",承担有教师教育任务的二级学院的教学行政部门可根据本院的专业情况进行适度调整,因院制宜,探索和推广符合自己专业特点的双导师制实施模式。

### (一)建立并完善合理的实习监督管理体系

规范教育实习管理工作,实施实习全过程质量监控。在实习期双导师制实施过程中,高校要注意建立有效的实习监督管理体系,确保相应的监管措施落实到位,加强对双导师制落实情况的跟踪监控,确保双导师的指导不流于形式、浮于表面。

1. 对大学导师和实习师范生职责任务的监督推进

首先,高校应把师范生实习环节全过程规范化、科学化、制度化、系统化。其中,要对动态督导推进措施建章立制,做到有章可循,有据可依。

其次,支持和鼓励导师积极主动参与教学实习指导工作,强化自我监管和自我要求,提升对教师教育者的认同感、责任心和使命感,对照实习计划,深刻反思有无定期去中小学看望学生,了解实习情况,观课议课并做出教学反馈。遇到师范生实习的棘手问题,畅通举报反馈渠道。

最后,落实教务处及二级学院的教学行政管理人员的监管职责,要通过实地视察、电话、网络等方式不定期了解大学导师的实习指导工作情况,以及实习师范生的实习进展情况。对长期坚守岗位,做好实习师范生教学指导工作的大学导师予以公开表扬,对不负责任,擅自离岗的导师进行严肃批评。

2. 对中小学实习基地学校以及合作导师职责任务的监督推进

双导师制监管工作还要包括实习学校及合作导师有无积极与大学导师沟通,实习基地学校有无为每一位实习生落实一名指导教师。为避免中小学合作导师有名无实,流于形式等现象,大学导师要与中小学合作导师、实习师范生建立每月一次的指导例会,了解实习生的实习情况以及指导情况,互通信息,有效沟通,确保双导师制指导工作落实到位。

**(二)实习监督管理要以人为本,真心实意关心师范生**

除了对双导师的监管,还要加强对师范生的监督和关心,"以人为本",从而使实习管理更加人性化,重点提升师范生的实习积极性和实践反思能力[①]。

1. 监管师范生实习积极性和主动性的动态

师范生才是教学实习的主体,在实习过程中导师起引导者和帮助者的作用,而再严厉的监督和管理如果不能激发实习师范生的内部动机,实习效果也很难保障,实习效果好坏最终取决于其自身主观因素。本书第三章第一节调查研究发现,少数师范生实习积极性不高,甚至从未主动与导师沟通交流,几乎没有向大学导师汇报过实习进展,只是按学校统一实习进度随大流被迫完成,可以预见这部分师范生教学实习效果并不理想。而那些积极

---

① 曲亚丽. 本科师范生"双导师＋"教学实践能力培养模式研究[D]. 青海师范大学,2017.

完成实习,主动找大学导师沟通、找中小学合作导师请教教学技巧的师范生对实习满意度较高,个别优秀同学在实习后参加山东省省级师范生教学技能大赛就能拿一等奖和二等奖。因此,增强师范生实习积极性和主动性对实习质量起着重要保障作用。

首先,高校负责实习监管及双导师制落实的相关工作人员要调研师范生对教学实习的感知和认识,引导学生增强对教学实习的认同感和重视度,明确实习规划和目标,让师范生在实习目标指引下不虚度时光,不浪费实习机会。

其次,高校负责实习监管及双导师制落实的相关工作人员要以人为本,真正关心师范生的发展和成长,而非自上而下的强硬管理。例如,对实习师范生多加关注,师范生实习期间突然有事,可以允许请事假;给实习积极性不够的师范生以其身边的同学或教师作为榜样对其进行激励;若反映相关导师不负责任,可以追究到底,临时换导师,直到师范生满意为止。

### 2. 重点督导师范生的教学反思能力

督导双导师制工作切实在教学实习期间落实和推进,不能胡子眉毛一把抓,要击中要害,抓住重点。反思能力都对师范生专业发展起着举足轻重的作用。研究发现教学反思有两类:在行动中反思(reflection-in-action)和对行动反思(reflection-on-action)[1],二者有微妙的些许差异,前者更倾向于指在课堂教学中反思,后者主要指反思周志、备课、观课、评课等活动。可见,只有通过反思才能发现教学设计与教学技能之不足,进而查缺补漏,在进一步的实习工作中有针对性训练教学设计与教学技能。因此,在督导双导师制工作中,重点督导导师师范生反思能力的培养是否到位,让师范生在反思中实践、在实践中反思,最终成长为"反思性实践者"。

### 3. 充分使用互联网平台监督推进实习工作

充分运用以互联网为代表的现代教育技术手段,通过互联网平台实现师范生与双导师之间的沟通和交流,同时也满足对实习工作的动态监管目的。

校友邦 App 和微信小程序、实习小组微信群、QQ 群、在线实习日志和周记,这些方便多样的互联网通讯工具也都是实习监管的阵地,实现着同伴监督和点评的功能。专门为实习管理开发的实习管理系统平台也已在医学

① Cirocki A，Madyarov I，Baecher L. *Current Perspectives on the TESOL Practicum*［M］. Springer International Publishing，2019.

本科生的双导师制中实现①,值得我们教师教育机构引入师范生实习管理工作当中。总之,先进的现代教育技术既是师范生教学实践能力培养的重要平台,也是实习监管利器。

## 九、考核评价机制

### (一)重要意义

以双导师制为代表的卓越教师培养模式需要一系列制度保障,其中最为重要的是考核评价制度。对双导师指导工作的考核评价是当前整个实习评价的难点、痛点和盲点。一方面,一些中小学导师作为双导师制参与方,只是配合项目的实施,基本上尚未受到评价或者很少参与评价②;另一方面,负责大学导师评价的教务部门,也不可能时刻跟踪评价参与指导师范生的每位教师。鉴于此,建立实习工作及双导师制指导工作的考评制度,完善学院自我评估,督促导师自觉进行双导师制质量监测与评价,提高自身素质、遵循教学规范、履行应尽职责,非常急迫,时不我待。

双导师制在师范生实习培养环节的实践中遭遇到形式主义,其中一剂"良药"便是加强考核,避免流于形式。建立健全考核制度,完善考核制度,绝不是表面功夫,而是要变成常态化的内生动力。

### (二)具体措施和实施路径

传统上,在实习结束后,承担有教师教育任务的二级学院一般会召开一个实习总结会,对本届师范生教育实习工作在会上做一个整体性的总结评价,让实习师范生代表在会上汇报自己在实习中的苦辣酸甜,畅谈实习过程中收获与不足、经验与教训等亲身体会。实习总结大会的传统做法对应着实习启动之前的动员大会,有头有尾,善始善终。但就实习考核评价制度创新而言,只有这一做法显然不够。

#### 1. 厘清双导师制评价理念与目的

导师评价是一项复杂的系统工程。导师评价有效性的影响因素较多,其中,科学规范的导师评价首先要有端正的指导理念和明确的评价目的,否则,导师评价工作不仅不会有效,还有可能影响导师指导工作的积极性。因

① 张春艳. 医学本科生"双导师制"管理系统平台构建研究[D]. 昆明理工大学,2016.
② 李正超. 高校与中小学在对接中"双导师"制的实施[J]. 黑龙江畜牧兽医,2017(4):217-219.

此,需要明确的是,导师制中的导师评价机制是以促进导师发展,进而推动师范生专业成长,培养卓越教师为主要目的的,并不是为了问责和选拔。

当前,欲将双导师制评价纳入教师绩效考核,首先要树立科学的绩效考核理念。大学应从宏观上牢固树立导师制评价的根本目的是促进导师发展,改变以选拔先进、职称晋升、奖励惩罚为目的的传统考核体系。考核导师的实习指导工作,不仅仅是为了区分导师指导工作的优劣,更重要的是为了分析问题找出原因,并在下一次师范生实习安置中加以改进和完善。这种以促进导师发展的考核评价理念,既鼓励导师自己查找在指导能力上与大学实习要求的差距,又可以让导师认识到自己取得的成绩和存在不足,大学也可以从中找出影响导师绩效提升的因素,并针对这些因素提供必要的帮助工作,从而促进导师成长和提高。

可见,双导师制评价应以促进导师及其所指导的师范生专业发展与成长为动力源,以激励导师的工作积极性为指导思想,以客观评价导师指导行为的效果与质量为基本内容。这一评价理念既遵循了中共中央、国务院于2020 年 10 月 13 日印发的《深化新时代教育评价改革总体方案》中的要求:"改进师范院校评价,把办好师范教育作为第一职责,将培养合格教师作为主要考核指标",又符合国际研究趋势,与美国教育心理学家布卢姆的评价理念不谋而合,他认为:"评价的作用是提供适合的证据,以帮助学生按照目标要求的方式变化。"同理,双导师制评价的主要作用应是帮助导师及其所带的实习师范生,按照人才培养方案中的教育实践教学目标的要求而成长变化。

总之,导师评价机制的优劣决定着双导师制的实施质量,是双导师制优化与发展的动力,值得未来进一步探究。

### 2. 双导师制评价应纳入所有利益相关者作评价主体

为保证双导师制评价的有效性,应尽可能扩大导师制评价的主体,建立广泛的群众基础,让导师充分参与制定考核评价体系,厘清师范生、两位导师对双导师制本身的看法和评价,形成共同的考核评价理念和取向。使用多主体评价,既要调研师范生与两位导师之间的相互评价,也要调研两位导师之间的相互评价。最终评价主体从大学转向中小学,中小学作为实习用人单位和毕业就业出口,其反馈评价在师范生实习评价中起重要作用。

### 3. 采用综合的评价方法

为激发双导师的工作热情,调动他们指导师范生的积极性、主动性和创造性,提高指导质量,大学应坚持全面性、科学性、可行性、动态性等评价原则,采取过程性评价与终结性评价相结合、他人评价与自我评价相结合、定量评价与定性评价相结合、相对评价与绝对评价相结合等多元评价方式相结合的综合评价方法,全面反映导师教学与实习指导的基本情况,建立科学有效、客观的评价体系。

值得一提的是,综合评价方法应加大中小学合作导师的评价权和话语权,这在本书第三章第二节中的摸底调查研究中已明确表明。此外,该综合评价体系还应将师德伦理指标纳入双导师制评价,强调在实习期间双导师制对专业精神和师德伦理的培养,以凸显卓越教师培养 2.0 中对涵养师德的要求。

### 4. 建立健全双导师制评价的指标体系与标准体系

评价指标和指标体系是对被评价对象全部或部分特征的真实反映,是评价的标准和尺度。严格实行教育实习工作和导师指导行为评价与改进制度,最重要的应是健全教育实习与导师指导行为的评价指标和标准体系,尤其是对评价权重比较高的教育实践能力和教学反思能力的指导进行科学有效的评价。先前有研究也发现,有些导师认为正是因为没有合理健全的导师指导工作评价体系,才使导师指导工作的可操作性不强,存在随意性、散漫性等问题。

所以,构建一套科学的双导师制评价指标体系与标准体系,在双导师制落实中起着核心抓手的作用,更是对导师指导工作进行考核评价的重点和难点。为了以评促建、以评促改、以评促强,评价指标设计应尽可能多角度、全方位考察教师教育双导师制,尽可能做到全面反映师范生的实习现状,尽可能做到指标合理清晰、权重恰当、信效度较高、可操作性较强等要求,宜细不宜粗,从而确保评价结果的有效性①。

根据上述双导师制评价理念和教师教育领域导师指导行为的特点,建议采取以下措施:

(1)制订导师考核计划

对本学期导师的指导时间、指导次数、指导方式、指导内容等,根据导师的个人情况与相关教务管理部门认真协商,在达成最终共识后,导师应对自己的指导工作目标做出计划和完成计划的承诺。

(2)严格督促并检查导师贯彻执行考核计划情况

导师应按考核计划实施指导工作,在双导师制实施过程中,大学教务管理部门或实体的双导师制工作小组要对导师指导工作进行监督和推进。应

---

按照建立好的评价指标体系,针对导师指导行为及遇到的问题、实施的进度等进行逐条评价,紧跟考核计划,严格督促、检查导师是否贯彻执行了该计划,定期检查导师指导工作推进情况,包括指导次数与听课记录等定量与定性情况描述,可以根据导师制实施的进展情况,对考核计划进行适当调整。如此一来,一方面可发现在双导师制实施过程中出现的问题;另一方面也可督促个别偏离评价指标规定标准的导师要纠偏纠错,根据评价指标与标准,认真完成自己的职责任务。

(3)依据制订的考核计划,多元评价导师指导工作完成情况

"屁股决定脑袋",为避免不同的评价主体因立场不同而影响评价结果的公正客观,应坚持如上所述的综合评价方法,提倡定量评价与定性评价相结合,自我评价与他人评价相结合、师范生评价、双导师评价以及导师制工作小组评价等多元评价主体相结合。

5. 导师指导相关的数据采集与监测应科学全面

根据构建好的双导师制评价指标,编制考核评价工具,使用该工具对双导师采集数据、分析数据、撰写评价报告[①]。

导师评价数据主要考核指导学生教学实习情况,可通过问卷调查,了解双导师与实习师范生正式建立师生关系后的沟通次数、沟通方式、指导内容、指导作用、指导质量、实习师范生教学实践能力现状及实习满意度等定量数据;导师听课记录、教案批改记录、指导聊天记录等材料定性数据。这些定量与定性数据,方便大学教务部门通过导师听评课记录进行考核评价与定期督导检查。并将考核成绩作为评奖、提职和晋升职称的重要依据,对完成任务的教师给予奖励,对没有完成任务的教师要给予批评教育。年度考核评优时,指导师范生可以作为职称评审的加分项,同等条件下优先考虑师范生优秀导师。

6. 对师范生的评价宜采用个性化、多样化的评价方式

对学生采取个性化、多样化的评价方式指的是从多个角度、多种手段对学生进行评价,不能仅限于对师范生见习、实习与研习手册成绩的评价。还可以对实习师范生的出勤率、违纪率、导师指导活动参与率、教学比赛奖等进行量化考核,对上课教案、课件、课堂实录视频、上课照片等进行质化考核。

进一步而言,应以实习基地和师范生的同伴评价为主。重视同伴评价,

---

① Ochanji M K,Twoli T W,Bwire A M,et al. *Mentoring in Pre-service Teacher Education：The Case of a Developing Country,Kenya*[C]// Proceedings of the ICE. 2015：311-326.

还可以实习互助小组共同体为单位进行考核,每个共同体中给予一定的时间准备,规定时间截止后,随机抽取其中一人作为代表,该代表所得成绩也是其他共同体成员所得成绩,这种共同体评价一定程度上能促进共同体成员的互帮互助。

除此以外,实习结束后,大学导师还可以自行组织实习师范生开展实习座谈会,通过个人当面实习报告等形式进行面试考核。面试时,导师可以从实际教学情境出发,提炼出具体问题让学生进行解答。还可以要求实习师范生陈述自己在实习过程中大学导师、中小学合作导师的指导情况,对"双导师制"的工作开展,让实习学生畅所欲言,总结"双导师制"在落实过程中值得借鉴的地方以及存在的问题。同时在评价过程中不能只重视对回答结果的评价,还要分层次注重对实习师范生的回答表现的过程性评价。

7. 考核评价结束后,要注意进一步持续改进完善

严格按照师范类专业认证的要求,在评价后注意持续改进,严抓工作完善关。一个好的管理制度总是在实践中不断总结、不断完善的。实习结束后,要在认真总结经验教训的基础上,及时修改和完善实习期双导师制等各项实习管理制度,根据实习师范生的具体实习情况修订本科生培养方案,制订出切实可行的实习计划,进一步探讨出具有实际可操作性的指导标准和实施细则,使实习师范生的实习工作得到真正的指导和帮助,从而进一步使"双导师制"得到有效落实和改善①。

## 十、质量保障机制

任何制度的落地和落实都离不开其他相关配套举措的保障。双导师制亦然。因此,要深化质量保障机制改革,保障导生二者的权利均得到尊重,保障导师制稳定运行,维持一定质量。导生之间是双选,在指导过程中双方都有权拒绝彼此,有权终止指导关系。我们须知,内部保障是根本,外部保障是督促。修炼内功才能强大自己,但外部压力也是成长动力。

### (一)内部保障

1. 学院内部建设对双导师制友好的组织文化

承担有教师教育职能的二级学院(有时就是教师教育学院)内部要形成

---

① 何妍. 师范生顶岗实习"双导师制"问题研究[D]. 山西师范大学,2015.

尊重双导师制,贯彻落实好双导师制的友好环境,营造推崇双导师制的组织文化氛围,这是组织文化保障。卓越教师培养是一个长期的熏陶、涵养过程,组织文化环境建设不能忽视。

学院组织文化指的是学院在长期教育实践与各项环境要素互动过程中创造和积淀下来,并为其他成员认同和共同遵循的信念、价值、假设、态度、期望等观念体系,以及制度、氛围、教学方式等行为规范体系①。组织文化是全体师生面对组织发展时形成的共识,一旦形成便能对组织内全体成员产生影响,成为全体师生所共有和必须遵循的普通文化。组织文化的建设与保障,有利于营造团结合作、积极健康的教学工作氛围,同心协力拧成一股绳,有利于促进学院组织内的双导师制及导生关系的健康发展。

为保障双导师制长期有效运行,学院有必要提升双导师制在所有管理制度中的地位,有必要将双导师制明确确立为一项基本的教学制度,从而改变过去传统地将双导师制作为班级教学和教育实践的辅助制度。这要求学院领导高度重视双导师制工作,把这一制度看作学院深入贯彻卓越教师培养计划的"质量工程"、提升师范生培养质量及核心素养的重大举措,并坚决在本学院的"十四五"规划中贯彻落实。

总之,当前双导师制缺乏有利的组织文化氛围,而且学院内部又往往容易忽视创造环境层面的氛围。学院组织文化是犹如"随风潜入夜,润物细无声"一样的环境力量,良好的软环境和硬环境有利于导师和学生在导师制指导中相得益彰。学院应在创建导师指导的优良氛围上下功夫,需从组织文化上加强建设。只有在制度形态、精神形态和物质形态上都形成良好的导师指导的氛围,导师制的推行才能游刃有余,如鱼得水。

## 2. 学院成立实体的双导师制工作小组

一般来说,可以成立校、院、系三级驱动的双导师制管理机制。双导师制实施需要不同层次的密切配合,需要教务部门、学生管理部门、承担有教师教育职能的二级学院等相关部门提供专门的管理和服务,二级学院要加强师范生双导师相关配套制度的衔接与协调。具体表现为,二级学院应成立专门的实体的双导师制工作小组,设立专门的实习协调员(university coordinator)一职(或院长助理),负责双导师制工作的领导、协调和指导,还负责实习学校设置和实习生入校安置、安排、实习工作管理等工作。工作小组人员构成可包括但不限于:辅导员、团委书记、系主任、教学副院长、教授委员会主任等。工作小组的具体职责可包括:普及宣传、设

---

① 何齐宗. 导师制与本科人才培养研究[M]. 北京:中国社会科学出版社,2014.

计、实施、监督、推进、评价考核双导师制。这是双导师制的领导管理保障。

学院创办双导师制活动新媒体简报,通过微信公众号和学院官方网站向全院师生推送,系统介绍双导师制的内涵、理念、功能、实施进展及效果、活动反思等,发挥新媒体的宣传功能。鼓励导师和学生在简报上投稿,分享导师制指导的成功经验和教训,使其成为导师制重要的普及和宣传平台。

依靠双导师制工作小组协调相关部门、教师、辅导员等利益相关者相互配合。因为随着师范院校和综合性大学教师教育机构规模的发展和壮大,教师教育机构越来越成为具有正式社会组织特征的、由许多部门和工作构成的一个整体有机的组织系统。作为正式组织的二级学院,其内部有组织的党政工团学等活动不断增多,这就对学院内部组织协作和提出了更高要求。因此,有必要建立专门的实体的双导师制工作小组,以实现双导师制的最优化和管理组织效率的最大化。

### 3. 政府—大学—中小学"三位一体"协同建设实习基地

实习基地是大学实施教育实习的根据地,保障教育实习顺利开展并落实双导师制。首先须建设好中小学实习基地。具体而言,实习师范生的实习班级安置、中小学合作导师分派、实习计划和任务制定,甚至饮食住宿等生活事项安排都需要实习基地费心配合,中小学实习基地对卓越教师培养具有举足轻重的作用。事实上,师范生实习会打扰一些实习基地的正常教学,尤其是教学质量和水平相对较好的中小学,担心实习师范生会影响其总体的教学质量和口碑,从而视实习为额外负担,最终会影响实习基地对双导师制的支持。

所以,从政府一方来看,分管实习基地的各级教育行政部门的有效介入,能够统筹和协调大学与中小学实习基地学校的关系,促进大学和中小学的伙伴合作,加强对师范生实习工作的关心和重视,从而落实好实习师范生的导师指导工作。以实践能力培养为重点,以政府—大学—中小学"三位一体"协同育人为途径,持续加强实习基地建设,强化教学实践能力培养,在优化培养方案、强化教学实践、健全评价体系、加强双导师队伍建设等方面深入推进实习基地建设。

从中小学实习基地一方来看,中小学要在互利互惠的大前提下积极与大学建立实习基地,可与大学签订实习基地建设与合作协议,努力建立一种与大学的共生关系,并结成平等的伙伴①。因为地方教师教育机构具有服务地方基础教育的功能,有为基础教育提供理论指导和社会服务的使命,中

---

① 张永军. 合作共生:美国的 U-S 伙伴协作[M]. 上海:上海教育出版社,2011.

小学实习基地应以更加开放的心态,更加主动拥抱合作,改进乡村教学质量。中小学在确保教育实习顺利实施的同时,优秀的师范生也为实习基地学校注入了新鲜血液,提高了乡村学校的整体教学水平和教学质量。

从大学一方来看,大学与实习基地共同研究和实施师范专业培养方案和实习方案,经过多轮讨论请教,形成比较成熟的实习方案,为实习基地建设做好规划;要直接与自愿接纳实习生的学校签订实习基地建设协议,商议所需实习师范生专业、人数及所教科目,积极主动与中小学实习基地协商弥补师资缺口,可减少实习师范生的教学实习任教科目与所学专业不对口的现象;要建设实习基地合作导师配套制度,积极健全并出台符合实习基地实际情况的导师指导工作实施细则,明确实习基地合作导师选派、岗位职责、管理规定以及奖惩明细,形成一整套明确规范的管理制度。

**4. 高要求严规格选派中小学实习基地合作导师**

教学实习是师范生走上工作岗位的重要环节,由于实习师范生人数众多、地区分散等客观原因,大学导师很可能鞭长莫及,所以中小学实习基地学校合作导师对实习生的指导效果与重要性更加凸显。本书第三章的调查研究也发现,对实习师范生的指导工作很大程度上要依托中小学合作导师,毫不夸张地说,中小学合作导师的专业精神、教学水平、教科研工作水平以及指导能力都对实习师范生的实习质量产生强大影响。因此,实习基地学校应严格参照双导师制评价指标体系和评价标准,高要求严规格抓好中小学合作导师的选派工作,尽最大努力地选派出教学经验丰富、指导能力强的优秀骨干教师,避免选派的盲目性和随意性。

**5. 扎实做好中小学实习基地合作导师培训**

中小学实习基地合作导师一经选派,为了加强合作导师对教育实习的准确理解,强化合作导师的角色和职责,进一步做好师范生实习的指导工作,指导实习师范生能应付教育实习过程中出现的各种问题。鉴于此,有必要组织中小学合作导师接受教育实习及导师指导知识与技能的培训,使合作导师明确认识并真心认同自己作为“教师教育者”的角色。

培训内容详见培训机制一节,此处需强调的是一个必不可少的培训理念,即实习师范生与中小学合作导师之间是合作伙伴关系,在相互促进和帮助的过程中,导师帮助实习师范生提高教学技能;同时,导师也会借此机会教学相长,反思自己的教学技能、教学风格,在反思中不断优化教学技能,提升教学境界。

6. 资金投入与经费保障机制

实习基地建设、双导师有偿聘请与激励、公费师范生的支教实习等，涉及双导师制落实的各个环节均需充足的经费保障，甚至个别实习基地与大学距离较远，教师需自费开车前往看望实习师范生，还有聘请 L 市中小学名师和一批"齐鲁名师"为师范生上示范课及专题讲座，都需要切实的经费保障。这是一个非常琐碎、让院系行政管理人员头疼难受的现实问题。

教师教育学院等承担有教师教育任务的二级学院应持续加大实习经费投入额度、力度和持续度，确保学院财政性经费及创收经费投入向支持实习及双导师制倾斜，将支持双导师制实施与推进作为保障重点。

此外，加大经费投入的同时，还要完善经费管理。探索建立"基本保障＋发展专项"，优先积极支持双导师制的财政拨款制度，设立双导师制专项经费使用明细标准及报销机制，在合法合规的基础上，逐步提高实习师范生生均拨款、导师激励与导师去实习基地差旅公费报销额度。长此以往，构建起导向清晰、科学规范、讲求绩效、公平公正的实习培养环节的双导师制预算拨款制度，会激发大学导师的竞争活力和内生动力。

**（二）外部保障**

教师教育外部质量保障体系以促进培养单位内部质量保障体系的不断完善为主要目的，能协助内部质量保障体系的良好运行，同时还具有外部监督与统筹规划的功能。外部保障体系的主体通常是政府，有时还会引入社会第三方评价机构以及用人单位[1]。

就教师教育领域而言，当前教师教育双导师制的外部保障主要指教育行政部门的评估与考核。例如，教育部出台《普通高等学校师范类专业认证标准》中对双导师制做出了明确要求，师范类专业认证结果会作为师范类专业准入、质量评价及教师资格认定的重要依据，并向社会公布。此外，教育部普通高等学校本科教育教学审核评估、全国专业学位水平评估等举措，也对实习教学指明了工作方向。

## 十一、激励惩罚机制

谈到对教师的奖励，很多人会沉默不言，认为教师是红烛，燃烧自己，照

---

① 高昊．基于制度质量的培养单位研究生教育内部质量保障体系建设研究[M]．成都：西南财经大学出版社，2020．

亮别人,只讲奉献,不求回报。将心比心,导师花了大量时间来指导师范生,如果没有任何物质或精神奖励,这无疑会打击导师指导的积极性。事实上,激励是人类内心的一种动机活动,一切内心要争取的希望、愿望、动力等都构成对人的激励。正向激励具有发掘人的潜能、激发创造欲望、提高工作效率等功能。因此,如果对双导师及师范生采取有效的激励方法,可以充分调动各方的积极性,使双导师制的实施达到事半功倍的效果。此外,惩罚机制也是必需的,约束规范双导师及师范生的越轨行为,否则会影响激励效果,进而无法保障双导师制的有效实施。

激励惩罚机制的设计目的旨在让导师晓动机、明利弊。有研究表明,导师参与导师制的动机多样,而且导师制对导师也是有利有弊①。所以,要设计一种内部动机激励机制,让导师明白知晓导师指导行为有助于自己的专业发展,并且能帮助导师个人成长。

### (一)分类激励,手段多样,将激励工作做实做细做好

为激励大学教师教育机构和中小学实践教学基地安排实践教学经验丰富、责任心强、教学技能过硬的优秀教师共同指导师范生实习实训,齐心协力推进"双导师制",首先便要区分双导师的不同角色及不同需求,根据大学导师和中小学导师的内心需求,制定差异化的激励措施。例如,指导实习师范生是大学导师的本职工作,他们需要有客观公正的工作量考核。因此,对大学导师可根据其工作情况合理计算教学工作量,并以此为重要评价依据,在教师岗位年度考核、职称(职务)评聘和表彰奖励等方面给予倾斜②,对于主动承担实习实训教学任务,参与实习实践基地建设的大学导师,应完善其到中小学一线兼职锻炼制度,配合其工作想法,切忌打击其工作积极性;但是,对于中小学导师而言,指导师范生并非其本职工作,无法考核其指导师范生的工作量,只有在荣誉表彰上做足功夫,满足其荣誉感。完善荣誉表彰体系和聘任体系,对参与实习师范生指导工作的中小学合作导师颁发由大学编制的聘任书,纸张考究,证书低调又不失华丽,以增强导师的责任感和荣誉感;对已顺利完成实习师范生指导工作并达到实习目标的中小学合作导师,授予荣誉证书;加强奖励和聘任仪式感,并在高校和中小学官方网站、官方微信公众号上等新媒体平台灵活地做好宣传工作。

奖励形式和手段宜多样化,只有采取多种多样的奖励办法,才能满足不

---

① Nikolovska A. Mentoring Pre-service English Teachers: Mentors' Perspectives[J]. *International Journal of Scientific and Research Publications*, 2016, 6(5): 741-744.

② 关于加强师范生教育实践做好实习支教工作的意见. 鲁教师字〔2016〕10 号. http://edu. shandong. gov. cn/art/2016/7/5/art_11990_7738641. html

同角色、不同专业、不同学历学位、不同年龄教师的不同需求,包括但不限于奖金、岗位津贴、晋职晋级、授予荣誉称号、选派访学进修、鼓励参加提升学历学位项目等,不一而足,因人而异。比如,教学经验丰富的中年教师,教学能力较强,渴望得到学院领导及同事的认可,职称晋升或职务提拔对其比较有吸引力;而学历学位较高的年轻教师,教学经验稍有欠缺,但工作热情较高,与学生也容易打成一片,渴望得到即时的物质奖励,可在工作量计算以及绩效工资上有所体现;年龄稍大的老教师,不再过度重视物质奖励,比较看重荣誉和身体保健,更希望得到学校领导及同事的尊重,也希望自己身体健康,因此可在省级等高级别评优树先工作、高级别荣誉宣传及工会康健疗养等方面给予优先考虑;对于优秀实习师范生的奖励,重点在于评比和认可,授予相应等级的优秀实习生等荣誉证书,并纳入奖助学金评比加分项等,每学期分别选出数量充分的优秀导师及师范生,根据他们具体的需要给予物质奖励或精神奖励。只有在优越且合乎人心的奖励政策下,才能大大提升双导师及师范生的实习工作积极性,顺利完成实习目标。

### (二)惩罚措施以"治病救人"为主,督促改进

对于导师指导行为不到位、敷衍塞责、考核不合格的导师,也可由书记或院长等学院领导进行严厉警告和约谈,甚至进行公开处分,年终绩效考核给予不合格评定,将其指导工作改由他人担任等。由于我国高校人事机制体制的制约,一般的原则是"治病救人",督促改进,而非简单粗暴地辞退了事。

# 第三节　总结与展望

教师教育双导师制,经过本书系统梳理与研究,其重要性不言而喻,这也已得到国际教师教育研究领域众多研究证实[1]。我国官方政策也给予了高度重视。自 2018—2019 学年起,教育部颁布实施卓越教师培养计划 2.0,全面推动以师范生为中心的教学方法变革和实践导向的教师教育课程内容改革,全面落实高校教师与优秀中小学教师共同指导教育实践的双导师制,为师范生提供全方位、及时有效的实践指导[2]。

---

[1]　Hobson L D,D Harris,Buckner-Manley K,et al. The Importance of Mentoring Novice and Pre-service Teachers:Findings from a HBCU Student Teaching Program[J]. *Educational Foundations*,2012,26:67-80.

[2]　王定华. 中国教师教育教育:观察与研究[M]. 北京:人民教育出版社,2020.

本书构建的上述长效机制不止有效，而且有长效，为新时代卓越教师培养提供了清晰而系统的实施路径、指明了具体的摸索方向。值得注意的是，上述部分长效机制，有的已在 L 大学经过实践检验、合乎 L 大学实际校情、并在 L 大学广泛接受，通过"十管"齐下，L 大学正全力打造卓越教师培养和教师教育振兴的"沂蒙样板"。有的长效机制虽缺少实践检验，但都基于国内外相关研究证据。

本研究目的是为了在 L 大学教师教育学院构建卓越教师培养的双导师制长效机制。因此，在 G-U-S"三位一体"协同育人的指导思想下，开展合作性行动研究，使用定量与定性的混合方法研究设计收集数据资料，定量数据主要来自 Likert 式调查问卷，旨在调查双导师及师范生对双导师制长效机制的态度和反应，从而验证本研究提出的长效机制在利益相关者群体中的可接受程度；定性数据主要来自对大学导师、小学导师及师范生的访谈，辅之以师范生的实习日志、周志、教案、听课记录及大学导师对师范生微课视频的观察。这些数据采集的方法既可行又便利，得益于本研究负责人及多数团队成员均为教师教育学院的导师，也在小学实习基地挂职锻炼，与中小学导师合作，参与全程指导。

需要指出的是，本研究所构建出的这些长效机制并不完美，也不应期待它们完美。比如，除了限于案例研究本身方法学的局限之外，这些长效机制在 L 大学实施起来可能会有重叠，并且在内容本质上也可能有重复之嫌。但这种系统总结的尝试仍难能可贵，因为当前学界对双导师制长效机制的类似总结太稀缺了，不只是 L 大学这一家单位缺，而是国内大多数教师教育机构做得都不尽人意。

未来研究还应进一步探讨以下几个重要问题：

（1）基于 L 大学所构建出来的双导师制长效机制能否适用于其他高校？这需要继续扩大样本量，进一步积累实证证据。

（2）本研究构建的双导师制长效机制主要用于师范生实习教学，实习学期仅有半年时间，能否延长实习期至一学年，而非一学期，从而使双导师制实施效果更长效？或者，能否将该长效机制继续用于师范生在大学四年的全过程指导，而非实习期？这些长效效果都值得未来继续探索。

（3）长效机制需长期投入，尤其是财政支持，如何将资金和荣誉等资源切实投入双导师及师范生身上，并发挥效果？这不只是一个教育学、管理学问题，更是一个经济学、政治学问题。

（4）双导师制长效机制的决定因素在于导师，而非大学或中小学这些组织单位，尤其是中小学导师的遴选匹配更是关乎卓越教师培养质量的关键要素。基于此，未来的师范生教学实习安置能否以导师匹配为依据，而非当前常见的以实习基地的便利条件来作为师范生教学实习的安置依据？"以导师为本"来安置实习师范生，其满意度是否优于"以实习基地为本"？

卓越教师培养计划和师范类专业认证都明确要求实施双导师制，这督促教师教育机构尽快建立健全组织良好、运行长效的双导师制。基于本书政策、理论和实践研究，笔者在此呼吁：作为承担有卓越教师培养任务的地方师范院校和综合性大学等教师教育机构，我们要全面落实好、维护好、发展好双导师制，让师范生在大学导师（校内学业导师）和中小学合作导师（校外实践导师）的共同引领下，教学理论与实践技能全方位发展、全方位成长。

# 参考文献

[1] 高景成.常用字字源字典[M].北京:语文出版社,2008.

[2] 秦惠民.学位与研究生教育大辞典[M].北京:北京理工大学出版社,1994.

[3] 何齐宗.导师制与本科人才培养研究[M].天津:中国社会科学出版社,2014.

[4] [英]大卫·帕尔菲曼.高等教育何以为高——牛津导师制教学反思[M].北京:北京大学出版社,2011.

[5] 丁长青.中外科技与社会大事总览[M].南京:江苏科学技术出版社,2006.

[6] 谢红星.武汉大学校史新编:1893—2013[M].武汉:武汉大学出版社,2013.

[7] [美]汉弗莱.医学院的导师制[M].北京:中国协和医科大学出版社,2014.

[8] 中国军事后勤百科全书编审委员会.中国军事后勤百科全书:卫生勤务卷[M].北京:金盾出版社,2002.

[9] 靳希斌.教师教育模式研究[M].北京:北京师范大学出版社,2009.

[10] 曲中林,胡海建,杨小秋.教师教育的实践性研究[M].哈尔滨:哈尔滨工业大学出版社,2016.

[11] 陈时见,周琴.综合大学教师教育的国际比较 侧重综合大学教师教育发展的案例分析[M].重庆:西南师范大学出版社,2011.

[12] 陈永明.教师教育学[M].北京:北京大学出版社,2012.

[13] 杜伟,赵德平,任立刚.高等师范院校与基础教育协同改革与实践[M].北京:科学出版社,2014.

[14] 邓李梅.教育实习的理论与实践研究[M].北京:光明日报出版社,2020.

[15] 吕康清,龙宝新.论教育生态学视域下的教师成长力[J].教育理论与实践,2013(2):35-37.

[16] 陈向明.质性研究:反思与评论[M].重庆:重庆大学出版社,2008.

[17] 王蔷,张虹.高校与中学英语教师合作行动研究的实践探索:在行动中研究 在研究中发展[M].上海:上海教育出版社,2012.

[18] 吴寒斌.永远的生命线:党的群众路线教育实践活动长效机制[M].北京:光明日报出版社,2015.

[19] 马晓春.教师教育专业质量评估指标体系研究[M].哈尔滨:黑龙江人民出版社,2017.

[20] 张永军.合作共生:美国的U-S伙伴协作[M].上海:上海教育出版社,2011.

[21] 高昊.基于制度质量的培养单位研究生教育内部质量保障体系建设研究[M].

成都：西南财经大学出版社，2020.

[22] 王定华.中国教师教育教育：观察与研究[M].北京：人民教育出版社，2020.

[23] 应跃兴，刘爱生.英国本科生导师制的嬗变及启示[J].浙江社会科学，2009(03)：87-92＋128.

[24] 赵云伟，魏召刚.基于企业群的现代学徒制人才培养模式[J].中国冶金教育，2019(05)：122-124.

[25] 邓明阳.基于校企合作的"三位一体"双导师制人才培养模式探索[J].职业技术教育，2013,34(20)：57-59.

[26] 张宁.MBA双导师制建设：问题、逻辑与三螺旋[J].中国成人教育，2019(06)：37-40.

[27] 朱顺东.基于"双导师制"的校外教育实践存在的问题及思考——以丽水学院小教专业为例[J].丽水学院学报，2014,36(06)：95-100.

[28] 靳玉乐，朱德全，范蔚，等.小学教育专业(本科)"延伸课堂"的实践探索[J].高等教育研究，2009(3)：74-81.

[29] 杨松柠."协同育人"机制下实践教学"双导师制"模式的构建——以大庆师范学院小学教育专业为例[J].黑龙江教师发展学院学报，2020,39(09)：24-27.

[30] 潘金林.小学教育专业"全过程双导师制"人才培养模式初探[J].常州工学院学报(社科版)，2010,28(06)：102-105.

[31] 王伟平.培养音乐教师教育人才"双导师制"教学模式研究——以黄淮学院音乐表演系为例[J].中国高校科技，2017,(S1)：115-116.

[32] 罗丹.教师教育一体化背景下双导师制的实施策略——以河南师范大学为例[J].继续教育，2014,28(08)：63-64.

[33] 金奉.基础音乐教育与高师音乐教育携手发展——首都师范大学"双导师"人才培养模式浅析[J].曲靖师范学院学报，2009,28(02)：126-128.

[34] 郑柳萍，颜桂炀，吴茜.基于双导师制的卓越教师培养研究与实践[J].宁德师范学院学报(自然科学版)，2014,26(03)：294-297.

[35] 张浩.教育类实践课程"双导师制"实施现状及提升路径——以周口市为中心的调查分析[J].周口师范学院学报，2014,31(06)：131-133.

[36] 蔡红梅."全学程双导师制"职前英语教师培养模式探究——以地方师范院校英语专业为例[J].湖北师范学院学报(哲学社会科学版)，2014,34(01)：141-144.

[37] 朱华，罗海萍.关于小学教育本科学生推行双导师制的思考[J].成都大学学报(教育科学版)，2008(08)：45-47＋52.

[38] 官卫星，徐冬香，余亚坤.双导师制：高师语教专业教育与基础教育对接的有效策略[J].语文学刊，2012(16)：110-112.

[39] 吴志勤，张祎."双导师制"在培养高师学生实践能力中的作用与研究[J].考试周刊，2013,(56)：153-154.

[40] 韩运侠，赵志国.教师教育类课程"双导师制"的实施与思考[J].时代教育，2014,(07)：15-16.

［41］王大磊.教师教育"双导师制"的理论支撑与实践路径研究［J］.广西职业技术学院学报,2013,6(05):18-21.

［42］王念利.教育类课程实施"双导师制"的成效及问题［J］.石家庄学院学报,2020,22(04):55-59.

［43］张芳玲."双导师制"在我国教育硕士培养中的实施现状与改进策略［J］.高教学刊,2019,(24):150-152.

［44］刘晓红,段作章.中外几种教育实习模式的比较研究［J］.比较教育研究,2000,(04):56-59.

［45］李霞.英国卓越教师培养的经验及启示［J］.外国中小学教育,2015,(12):38-43.

［46］郭芬云,孟欣.文化——历史活动理论视角下的师生交往研究［J］.中国成人教育,2021(11):52-58.

［47］李中国,辛丽春,赵家春.G-U-S教师教育协同创新模式实践探索——以山东省教师教育改革为例［J］.教育研究,2013,(12):144-148.

［48］封喜桃.双导师制与教师教育一体化［J］.教育评论,2011,(6):54-56.

［49］董志霞,郑晓齐.技术培训机构学员专业实践能力不足的归因分析——一项基于NVivo的质性研究［J］.高等工程教育研究,2014(06):80-85＋111.

［50］李正超.高校与中小学在对接中"双导师"制的实施［J］.黑龙江畜牧兽医,2017(4):217-219.

［51］曲亚丽.本科师范生"双导师＋"教学实践能力培养模式研究［D］.青海师范大学,2017.

［52］纪冰心.英美职前教师教育实习之比较研究［D］.上海师范大学,2010.

［53］张春艳.医学本科生"双导师制"管理系统平台构建研究［D］.昆明理工大学,2016.

［54］顾晓诗.以卓越教师培养为导向的教育实习"双导师制"研究［D］.南京师范大学,2020.

［55］郭方兵.双导师制对职前英语教师教学反思能力的影响研究——以教学学术理论为视角［D］.东北师范大学,2019.

［56］何妍.师范生顶岗实习"双导师制"问题研究［D］.山西师范大学,2015.

［57］徐光明 胡文烽.树立特色品牌 培养创新人才［N］.中国教育报,2008-10-29(003).

［58］华筑信.关于独立学院及其人才培养模式的思考［N］.中国教育报,2008-12-15(006).

［59］Debolt G P. *Teacher induction and mentoring：school-based collaborative programs*［M］.State University of New York Press,1992.

［60］Dikilitas,K.,Mede,E.,& Atay,D.(Eds.).*Mentorship Strategies in Teacher Education*［M］.IGI Global,2018.

［61］Nguyen H T M.*The Design of Mentoring Programs,In Models of Mentoring in Language Teacher Education*［M］.Springer,Cham,2017:71-81.

［62］Grierson,A.,Wideman-Johnston,T.,Tedesco,S.,Brewer,C.,& Cantalini-Williams,M.*Teacher candidates' perceptions of participating in a peer mentorship practicum model*［M］.Toronto：Higher Education Quality Council of Ontario.2014.

［63］Nguyen H.*Models of Mentoring in Language Teacher Education*［M］.Springer International Publishing,2017.

［64］Langenhove L V,R Harré.*Introducing Positioning Theory*［M］.Cambridge,MA：Blackwell.1999.

［65］Mcniff J.*You and Your Action Research Project*［M］.Routledge,2016.

［66］Burns M.*Distance Education for Teacher Training：Modes,Models and Methods*［M］.Education Development Center Inc,2011.

［67］Cirocki A,Madyarov I,Baecher L.*Current Perspectives on the TESOL Practicum*［M］.Springer International Publishing,2019.

［68］Çapan,S.A.(2021).*Reciprocal Peer Mentoring：Practical Implications in Practicum.In Emerging Strategies for Public Education Reform*（pp.215-234）.IGI Global.

［69］Cosgrove R.Critical thinking in the Oxford tutorial：a call for an explicit and systematic approach［J］.*Higher Education Research and Development*,2011,30(3)：343-356.

［70］Bargar R.R.,Daloz L.A.Effective Teaching and Mentoring：Realizing the Transformational Power of Adult Learning Experiences［J］.*The Journal of Higher Education*,1988,59(4)：477.

［71］Franke,A.,Lars O.D.Conceptions of Mentoring：An Empirical Study of Conceptions of Mentoring during the School-Based Teacher Education［J］.*Teaching and Teacher Education*,1996,12(6)：627-641.

［72］Ambrosetti,A.,Knight,B.A.,Dekkers,J.Maximizing the Potential of Mentoring：A Framework for Pre-Service Teacher Education［J］.*Mentoring & Tutoring：Partnership in Learning*,2014,22(3)：224-239.

［73］Gershenfeld S.A Review of Undergraduate Mentoring Programs［J］.*Review of Educational Research*,2014,84(3)：365-391.

［74］Wear D,Zarconi J.Can compassion be taught? Let's ask our students.［J］.*Journal of General Internal Medicine*,2008,23(7)：948-953.

［75］Caruso T J,Kung T,Piro N,et al.A Sustainable and Effective Mentorship Model for Graduate Medical Education Programs［J］.*Journal of Graduate Medical Education*,2019,11(2)：221-225.

［76］Dolan D M,Willson P.Triad Mentoring Model：Framing an Academic-Clinical Partnership Practicum［J］.*Journal of Nursing Education*,2019,58(8)：463-467.

［77］Oban M.,Atay D.,Yemez N.History of Mentoring in Pre-Service Teacher Education in Turkey［J］.*Egitim Fakültesi Dergisi*,2021：1-12.

［78］Huling-Austin,L.Research on Learning To Teach：Implications for Teacher Induction and Mentoring Programs［J］.*Journal of Teacher Education the Journal of Policy Practice & Research in Teacher Education*,1992,43(3)：173-180.

[79] Bressman S，Winter J S，Efron S E.Next generation mentoring：Supporting teachers beyond induction[J].*Teaching & Teacher Education*，2018，73：162-170.

[80] Najmuddeen P，Areekkuzhiyil.What Mentors and Supervisors Do? An Analysis in the Light of NCTE School Internship Framework and Guidelines for Two Year B Ed Course[J].*Edutracks*，2019，18(9)，26-33.

[81] Ambrosetti A，Dekkers J.The Interconnectedness of the Roles of Mentors and Mentees in Pre-service Teacher Education Mentoring Relationships[J].*Australian Journal of Teacher Education*，2010，35(6)：42-55.

[82] Clarke，A.，Triggs，V.，Nielsen，W.Cooperating Teacher Participation in Teacher Education A Review of the Literature[J].*Review of Educational Research*，2014，84(2)，163-202.

[83] Alemdag E，Simsek P Ö.Pre-Service Teachers' Evaluation of Their Mentor Teachers，School Experiences，and Theory-Practice Relationship [ J ]. *International Journal of Progressive Education*，2017，13(2)：165-179.

[84] Izadinia，Mahsa.Talking the Talk and Walking the Walk：Pre-service Teachers' Evaluation of their Mentors[J].*Mentoring & Tutoring Partnership in Learning*，2015，23(4)：341-353.

[85] Ambrosetti A.Mentoring and Learning to Teach：What do Pre-service Teachers Expect to Learn From Their Mentor Teachers? [J].*International Journal of Learning*，2010，17(9)：117-132.

[86] Smith L，Spiteri D.A Tale of Two Cities：a comparison of the PGCE Secondary English programmes at the Universities of Bristol and Malta，with particular emphasis on the student teachers' school-based experience and the role of the mentor [J].*English in Education*，2013，47(3)：213-228.

[87] Irby B J，Lynch J，Boswell J，et al.Mentoring as professional development[J].*Mentoring & Tutoring：Partnership in Learning*，2017，25(1)：1-4.

[88] Ben-Harush A，Orland-Barak L.Triadic mentoring in early childhood teacher education：the role of relational agency[J].*International Journal of Mentoring and Coaching in Education*，2019，8(1)：1-15.

[89] Ambrosetti，A.，Dekkers，J.，Knight，B.Mentoring Triad：An Alternative Mentoring Model for Preservice Teacher Education? [J].*Mentoring & Tutoring：Partnership in Learning*，2017，25(1)：42-60.

[90] Lawy R，Tedder M.Mentoring and individual learning plans：issues of practice in a period of transition[J].*Research in Post-Compulsory Education*，2011，16(3)：385-396.

[91] Buatip S，Chaivisuthangkura P，Khumwong P.Enhancing Science Teaching Competency among Pre-Service Science Teachers through Blended-Mentoring Process[J].*International Journal of Instruction*，2019，12(3)：289-306.

［92］Eli L，Eyvind E，Vikan S L，et al.Mentors of preservice teachers：The relationships between mentoring approach，self-efficacy and effort［J］.*International Journal of Mentoring and Coaching in Education*，2018，7（3）：261-279.

［93］Grima-Farrell，Christine.Mentoring pathways to enhancing the personal and professional development of pre-service teachers［J］.*International Journal of Mentoring & Coaching in Education*，2015，4（4）：255-268.

［94］Moulding L R，Stewart P W，Dunmeyer M L.Pre-service teachers' sense of efficacy：Relationship to academic ability，student teaching placement characteristics，and mentor support［J］.*Teaching and teacher education*，2014，41：60-66.

［95］Naidoo L，Wagner S.Thriving，not just surviving：The impact of teacher mentors on pre-service teachers in disadvantaged school contexts［J］.*Teaching and Teacher Education*，2020，96（3）：103185.

［96］Yuan，Rui E.The dark side of mentoring on pre-service language teachers' identity formation［J］.*Teaching & Teacher Education*，2016，55：188-197.

［97］Ingersoll R M，Strong M.The Impact of Induction and Mentoring Programs for Beginning Teachers：A Critical Review of the Research［J］.*Review of Educational Research*，2011，81（2）：201-233.

［98］Lu H L.Pre-service Teachers' Issues in the Relationship With Cooperating Teachers and Their Resolutions［J］.*US-China Education Review B*，2013，3（1）：18-28.

［99］Murtagh L.Remote tutor visits to practicum settings and the changing dynamics between university tutors，school-based mentors and pre-service teachers［J］.*Journal of Further and Higher Education*，2021：1-14.

［100］Reese，J.Virtual Mentoring of Preservice Teachers Mentors' Perceptions［J］.*Journal of Music Teacher Education*，2016，25（3）：39-52.

［101］Tarihoran N.Mentoring EFL Teaching During the Covid-19 Pandemic［J］.*İlköğretim Online*，2021，20（1）：717-726.

［102］Mizukami，M.da G.N.，Reali，A.M.de M.R.，Tancredi，R.M.S.Construction of Professional Knowledge of Teaching：Collaboration between Experienced Primary School Teachers and University Teachers through an Online Mentoring Programme［J］.*Journal of Education for Teaching*，2015，41（5）：493-513.

［103］Mueller S.Electronic mentoring as an example for the use of information and communications technology in engineering education［J］.*European Journal of Engineering Education*，2004，29（1）：53-63.

［104］Bock M，Caballero M，O'Neal-Hixson K.The TCSEFP Hybrid e Mentoring Model：a distance education mentoring model［J］.*Educational Renaissance*，2020，9（1）：23-30.

［105］Lu H L.Collaborative Effects of Cooperating Teachers，University Supervisors，and Peer Coaches in Preservice Teachers' Field Experiences［J］.*Journal of Edu-*

*cational Research and Development*,2014,10(1):1-22.

[106] Godden L,Tregunna L,Kutsyuruba B.Collaborative application of the Adaptive Mentorship model:The professional and personal growth within a research triad [J].*International Journal of Mentoring and Coaching in Education*,2014,3(2): 125-140.

[107] Sheridan L,Young M.Genuine conversation:the enabler in good mentoring of pre-service teachers[J].*Teachers & Teaching*,2017,23(6):658-673.

[108] Ciavaldini-Cartaut,Solange.Moving beyond the reflectivity of post-lesson mentoring conferences in teacher education and creating learning/development opportunities for pre-service teachers[J].*European Journal of Teacher Education*,2015,38 (4):496-511.

[109] Quinones G, Rivalland C, Monk H.Mentoring positioning:perspectives of early childhood mentor teachers[J].*Asia-Pacific Journal of Teacher Education*,2019 (8):1-17.

[110] Robert,V,Bullough,et al.Making Sense of a Failed Triad:Mentors,University Supervisors,and Positioning Theory[J].*Journal of Teacher Education*,2004,55(5): 407-420.

[111] Hatton N, D Smith.Reflection in teacher education:Towards definition and implementation[J].*Teaching and Teacher Education*,1995,11( 1):33-49.

[112] Hudson P.Mentors Report on Their Own Mentoring Practices[J].*Australian Journal of Teacher Education*,2010,35(7):30-42.

[113] Hudson, P. Developing and Sustaining Successful Mentoring Relationships[J].*Journal of Relationships Research*,2013,4(1),1-10.

[114] Hudson P.B.,Usak M.,Savran-Gencer A.Employing the five-factor mentoring instrument:analysing mentoring practices for teaching primary science [J].*European Journal of Teacher Education*,2009,32(1):63-74.

[115] Li P.B.,Sani,B.B.,Azmin,N.A.B.M.Identifying Mentor Teachers Roles and Perceptions in Pre-Service Teachers Teaching Practicum:The Use of a Mentoring Model[J].*International Journal of Education and Practice*,2021,9(2):365-378.

[116] Li P.B., Sani, B.B., Azmin, N.A.B.M.Investigating Mentor Teachers' Roles in Mentoring Pre-Service Teachers' Teaching Practicum:A Malaysian Study[J].*English Language Teaching*,2020,13(11),1-11.

[117] Orland-Barak L, J Wang.Teacher Mentoring in Service of Preservice Teachers' Learning to Teach:Conceptual Bases,Characteristics,and Challenges for Teacher Education Reform[J].*Journal of Teacher Education*,2020,72(1):86-99.

[118] Ambrosetti,Angelina,et al.Mentoring Triad:An Alternative Mentoring Model for Preservice Teacher Education? [J].*Mentoring & Tutoring :Partnership in Learning*, 2017,25(1):42-60.

[119] Wilkins, Elizabeth A., and Jeanne E. Okrasinski. Induction and Mentoring: Levels of Student Teacher Understanding[J]. *Action in Teacher Education*, 2015, 37(3): 299-313.

[120] Jilin Zou, Chengyan Yang. Case Study of Mental Health Education Teacher Preparation from the Perspective of Ideological and Political Theory Education in China [J]. *Advances in Social Science, Education and Humanities Research*, 2021, 561: 310-314.

[121] Arshavskaya, Ekaterina. Complexity in Mentoring in a Pre-Service Teacher Practicum: A Case Study Approach[J]. *International Journal of Mentoring and Coaching in Education*, 2016, 5(1): 2-19.

[122] Chen Y, Watson R, Hilton A. A review of mentorship measurement tools[J]. *Nurse Education Today*, 2016, 40: 20-28.

[123] Badiali B, Titus N E. Co-teaching: Enhancing student learning through mentor-intern partnerships[J]. *School University Partnerships*, 2010, 4(2): 74-80.

[124] Garza, R., Reynosa, R. J., Werner, P. H., Duchaine, E. L., Harter, R. A. Developing a Mentoring Framework through the Examination of Mentoring Paradigms in a Teacher Residency Program. [J]. *Australian Journal of Teacher Education*, 2019, 44(3): 1-22.

[125] Chizhik E. W., Chizhik A. W., Close C., et al. SMILE (Shared Mentoring in Instructional Learning Environments): Effectiveness of a Lesson-Study Approach to Student-Teaching Supervision on a Teacher-Education Performance Assessment [J]. *Teacher Education Quarterly*, 2017, 44, 27-47.

[126] Catapano, Susan. Teaching in urban schools: mentoring pre-service teachers to apply advocacy strategies[J]. *Mentoring & Tutoring Partnership in Learning*, 2006, 14(1): 81-96.

[127] Furlong, John. School Mentors and University Tutors: Lessons From the English Experiment[J]. *Theory Into Practice*, 2000, 39(1): 12-19.

[128] Murtagh L, Dawes L. National Standards for school-based mentors: the potential to recognise the "Cinderella" role of mentoring? [J]. *International Journal of Mentoring and Coaching in Education*, 2020, 10(1): 31-45.

[129] Hankey, Jenny. The good, the bad and other considerations: reflections on mentoring trainee teachers in post-compulsory education[J]. *Research in Post-Compulsory Education*, 2004, 9(3): 389-400.

[130] Hawkey, Kate. Emotional intelligence and mentoring in pre-service teacher education: a literature review[J]. *Mentoring & Tutoring Partnership in Learning*, 2006, 14(2): 137-147.

[131] Zeegers M. From Supervising Practica to Mentoring Professional Experience: Possibilities for education students[J]. *Teaching Education*, 2005, 16(4): 349-357.

[132] Betlem, E., Clarya D., Jones, M. Mentoring the Mentor: Professional Development through a School-University Partnership[J]. *Asia-Pacific Journal of Teacher Education*, 2019, 47(4): 327-346.

[133] Ambrosetti A., Allen J.M., Turner D. How school and university supervising staff perceive the pre-service teacher education practicum: A comparative study[J]. *Australian Journal of Teacher Education*, 2013, 38(4): 108-128.

[134] Young K. Innovation in Initial Teacher Education through a School-University Partnership[J]. *Journal of Curriculum and Teaching*, 2020, 9(1): 15-29.

[135] Janice, Koch, Ken, et al. The Effect of a Mentoring Model for Elementary Science Professional Development[J]. *Journal of Science Teacher Education*, 2007, 18(2): 209-231.

[136] Wilson A, Huynh M. Mentor-mentee relationships as anchors for pre service teachers' coping on professional placement[J]. *International Journal of Mentoring and Coaching in Education*, 2020, 9(1): 71-86.

[137] Ellis N J, Alonzo D, Nguyen H. Elements of a quality pre-service teacher mentor: A literature review[J]. *Teaching and Teacher Education*, 2020, 92: 1-13.

[138] Guillaume, Escalié. Supporting the work arrangements of cooperating teachers and university supervisors to better train preservice teachers: a new theoretical contribution: European Journal of Teacher Education[J]. *European Journal of Teacher Education*, 2016, 39(3): 302-319.

[139] Çapan, S. A., & Bedir, H. Pre-service teachers' perceptions of practicum through reciprocal peer mentoring and traditional mentoring[J]. *Journal of Language and Linguistic Studies*, 2019, 15(3), 953-971.

[140] Gülbahar Ylmaz, Bkmaz F. Revealing the professional learning needs of teachers for the successful mentoring of teacher candidates[J]. *European Journal of Teacher Education*, 2020, 1-17.

[141] Ersin P., Atay D. Exploring online mentoring with preservice teachers in a pandemic and the need to deliver quality education[J]. *International Journal of Mentoring and Coaching in Education*, 2021, 10(2): 203-215.

[142] Phang, B.L., Sani, B.B., Azmin, N.A.B.M. Investigating Mentor Teachers' Roles in Mentoring Pre-Service Teachers' Teaching Practicum: A Malaysian Study[J]. *English Language Teaching*, 2020, 13(11), 1-11.

[143] Dorner H, Kumar S. Online Collaborative Mentoring for Technology Integration in Pre-Service Teacher Education[J]. *TechTrends*, 2016, 60(1): 1-8.

[144] Mena, Juanjo, García, et al. An analysis of three different approaches to student teacher mentoring and their impact on knowledge generation in practicum settings [J]. *European Journal of Teacher Education*, 2016, 39(1): 53-76.

[145] Heeralal PJH. Mentoring Needs of pre-Service Teachers During Teaching Practice.

A Case Study at a South African University[J]. *Journal of Educational and Social Research*, 2014, 4(1): 511-515.

[146] Silbert P, Verbeek C. Partnerships in action: establishing a model of collaborative support to student and mentor teachers through a university-school partnership [J]. *Journal of Education*, 2016, 64: 111-136.

[147] Eriksson, A. Positive and Negative Facets of Formal Group Mentoring: Preservice Teacher Perspectives[J]. *Mentoring & Tutoring: Partnership in Learning*, 2013, 21(3): 272-291.

[148] Brinia V, Psoni P. Multi-level mentoring practices in a Teacher Education Program in Greece: How their effectiveness is perceived by mentors[J]. *Journal of Applied Research in Higher Education*, 2018, 10(3), 256-270.

[149] Baeten M, Simons M. Innovative field experiences in teacher education : student-teachers and mentors as partners in teaching[J]. *International Journal of Teaching & Learning in Higher Education*, 2016, 28(1), 38-51.

[150] Erdogan S, Haktanır G, Kuru N, et al. The effect of the e-mentoring-based education program on professional development of preschool teachers[J]. *Education and Information Technologies*, 2021: 1-31.

[151] Journal A., Moussaid R., Zerhouni B. Enhancing Mentoring Quality: The Tri-spheric Ecological Approach to Mentor Selection (TEAMS)[J]. *Arab World English Journal*, 2018, 9(2): 414-428.

[152] Ko E M. Idiographic roles of cooperating teachers as mentors in pre-service distance teacher education[J]. *Teaching & Teacher Education*, 2012, 28(6): 818-826.

[153] Sandvik L V, Solhaug T, Lejonberg E, et al. School mentors' perceived integration into teacher education programmes[J]. *Professional Development in Education*, 2019(6): 1-16.

[154] Jessica Aspfors, Göran Fransson. Research on mentor education for mentors of newly qualified teachers: A qualitative meta-synthesis[J]. *Teaching and Teacher Education*, 2015, 48: 75-86.

[155] Graves, S. Mentoring pre-service teachers: A case study[J]. *Australasian Journal of Early Childhood*, 2010, 35(4): 14-20.

[156] Ambrosetti A. Are You Ready to be a Mentor? Preparing Teachers for Mentoring Pre-service Teachers[J]. *Australian Journal of Teacher Education*, 2014, 39(6): 30-42.

[157] Lynn S, Nguyen H. Operationalizing the mentoring processes as perceived by teacher mentors[J]. *Mentoring and Tutoring*, 2020(4): 1-23.

[158] Randi, Nevins, Stanulis. Classroom teachers as mentors: Possibilities for participation in a professional development school context[J]. *Teaching and Teacher Education*, 1995, 11(4): 331-344.

［159］Aderibigbe S，Colucci-Gray L，Gray D S. Conceptions and Expectations of Mentoring Relationships in a Teacher Education Reform Context［J］.*Mentoring & Tutoring*，2016，24(1)：8-29.

［160］Campbell D E，Campbell T A.The mentoring relationship：Differing perceptions of benefits［J］.*College student journal*，2000，34(4)：516-523.

［161］Gao S，Liu K，Mckinney M.Learning formative assessment in the field：Analysis of reflective conversations between preservice teachers and their classroom mentors ［J］.*International Journal of Mentoring and Coaching in Education*，2019，8(1).

［162］Hvidston，David.How Faculty Supervise and Mentor Pre-Service Teachers：Implications for Principal Supervision of Novice Teachers［J］.*International Journal of Educational Leadership Preparation*，2013，8(2)：43-58.

［163］Nikolovska A.Mentoring Pre-Service English Teachers：Mentors' Perspectives［J］. *International Journal of Scientific and Research Publications*，2016，6（5）：741-744.

［164］Hobson L D，D Harris，Buckner-Manley K，et al.The Importance of Mentoring Novice and Pre-Service Teachers：Findings from a HBCU Student Teaching Program［J］.*Educational Foundations*，2012，26：67-80.

［165］Pinkston S P.*Characteristics associated with successful mentoring and induction programs of new teachers*［D］.Capella University，2008.

［166］Perry R K.*Influences of co-teaching in student teaching on pre-service teachers' teacher efficacy*［D］.University of the Pacific，2016.

［167］Tunney J.*A Model of Professional Development for Field-Based Teacher Educators：Addressing Historical Problems through Local Collaboration*［D］. University of California，Irvine，2016.

［168］Hammad，I.M.S.*The function of mentors in teacher training programmes：toward a new mentoring model for student teachers teaching the subject of Islamic Education in Jordan*［D］.University of Portsmouth（United Kingdom），2005.

［169］Brisard E.*National variations in the initial teacher education process in France，England and Scotland：a study of influencing factors*［D］.University of Leeds.2004.

［170］Ambrosetti，Angelina.*Reconceptualising mentoring using triads in pre-service teacher education professional placements*［D］.Central Queensland University，2012.

［171］Lin，P.J.& Tsai，W.H.(2007).*Learning in Mentoring Through the School-University Partnership.Proceedings of the International Academic Conference of Preparing Quality Science Teachers for Elementary and Secondary Schools～Perspectives of Partnership in Mentoring*.Mar 31-June 2，National Taipei University of Education.

［172］Hallenbeck M，Bockorny J，Schnabel G，et al.*First-Hand Knowledge of Learning Disabilities：Online Mentoring for Preservice Teachers*［C］.Academic

Accommodations, 2000, Poster presentation at the Annual Convention of the Council for Exceptional Children Vancouver, British Columbia April 8, 2000.

[173] Zou J, Yang C, Zhang C. *Survey of Mentorship Model in Teaching Practicum of Student Teachers in Primary School Teacher Education Program: A Mixed Method Study*[C] //2020 2nd International Conference on Education, Economics and Information Management (EEIM 2020). DEStech Publications, 2021:700-705.

[174] Hudson, P., Hudson, S., Kwan, T., Chan, C., Maclang-Vicencio, E., & Ani, A-L. (2015). *Making connections within the Asia-Pacific region: Case study around the Mentoring for Effective Teaching (MET) program*. Refereed paper presented at ' Strengthening partnerships in teacher education: Building community, connections and creativity', the annual conference of the Australian Teacher Education Association (ATEA), Darwin, 8-10 July.

[175] Zou J, Yang C. *Implementation of Mobile Internet APP-based Portfolio Management System of Student Teachers' Teaching Practicum: Advantages and Problems* [C].//2021 2nd International Conference on Big Data and Informatization Education (ICBDIE). IEEE, 2021:501-504.

[176] Ochanji M K, Twoli T W, Bwire A M, et al. *Mentoring in pre-service teacher education: the case of a developing country, Kenya*[C] // Proceedings of the ICE. 2015:311-326.

[177] Chin P, Kutsyuruba B. *The potential of the Adaptive Mentorship? model in teacher education practicum settings*[P]. Adapting Mentorship Across the Professions, Detselig Enterprises Ltd, Calgary, 2011:361-378.

[178] Whitebook M, Sakai L. The Potential of Mentoring: An Assessment of the California Early Childhood Mentor Teacher Program. National Center for the Early Childhood Work Force, 733 Fifteenth Street, N. W. Suite 1037, Washington, DC 20005-2112.1995.

[179] A Reflective Guide to Mentoring and being a teacher-mentor. 2016. State of Victoria (Department of Education and Training) Treasury Place, East Melbourne, Victoria.

# 附录

# 附录一 临沂大学教育学院教育实习及双导师制支撑材料

### 我院领导慰问支教实习生并出席大学教学实习基地揭牌仪式

发布时间：2017-03-30 浏览次数：291

为表达对支教实习生的惦念之情，鼓励他们更好的投入实习工作。3月22日，我院副院长马晓春，教学办主任姜开岩，辅导员王建民，学业导师邹吉林一行赴沂南县青驼中心小学、朱家里庄中心小学、第五实验小学慰问支教实习生，并出席了在沂南县第五实验小学举行的临沂大学教学实习基地揭牌仪式。

我院领导老师，沂南县教体局局长王家恩及第五实验小学校领导、老师出席了授牌揭牌仪式。仪式上，马晓春、实习基地学校王校长分别作了讲话并签订了实习基地共建协议书，马晓春与王家恩为临沂大学教育实习基地揭牌。会后，与会领导参观了沂南第五实验小学整体办学环境，了解了该校办学特色。本次教育实习基地的建立是我校教师教育与临沂市基础教育的良好对接，是校校合作双赢、共谋发展的重要举措，将有力地推动我校教育教学实习工作的开展。

本次慰问，每来到一所学校，我院领导都会深入到支教实习生的宿舍和办公场所，了解他们的基本生活情况和工作情况，与他们亲切交谈。勉励他们要在新的环境里不断学习，踏实工作，高效、优质地完成支教任务，为农村教育事业添砖加瓦。支教实习生对学院领导的关心和支持表达衷心的感谢，纷纷表示一定会珍惜来之不易的锻炼机会，为临沂大学争光！受援学校领导对我院支教实习生优良的职业精神、认真的工作态度、过硬的业务素质给予了高度赞扬。双方领导共同探讨、交流在教育教学和学校建设方面的想法和思路，以达到取长补短，互相学习，共同发展的目标。

本次慰问，带去了我院师生对支教实习生的关心和问候，调动了支教实习生的积极性，同时也为校际合作奠定了基础。

当前位置：首页 教育教学 专业建设

## 我院举行2020届毕业生实习动员大会

发布时间：2019-02-23 浏览次数：143

为全面提升师范生的教师基本功，培养新时代高素质专业化的"四有"好老师，2月21日，我院在G3111报告厅召开了2020届毕业生实习动员大会。临沂大学教务处处长郑秀文，我院党委书记白金山、院长张洪高、副院长赵金巍出席会议。实习学校代表、指导教师、辅导员、全体实习学生参加了此次会议。我院党委副书记刘元兴主持大会。

郑秀文指出教育实习是师范生培养工作中的一个重要环节，也是培养适应新时期基础教育教学需要的"四有"好教师的重要途径。他通过回忆自身实习的经历，告诫同学们在教书育人一线要做到眼到、心到、手到，实习不仅有助于毕业论文的选题和研究，升华理论知识，而且通过发现工作中存在的问题，促进对教育教学工作的再认识；他希望同学们带着临大特质去实习岗位，严格遵守实习学校的基本要求，顺利实现角色转变，以教师的身份严格要求自己，在教书育人的工作中书写青春奋斗的诗篇，用优异成绩诠释临大人的形象。

张洪高从实习是什么、为什么实习、实习做什么、怎样展开实习四个方面进行了实习动员讲话，指出实习是教育的必修课，是走上教师岗位必不可少的环节；在实习过程中，要准确把握从学生向老师的角色转变，找准自身定位，缩短从教的适应期，成长为一名"四有"好老师；要注重师德养成，要谨记自己的一言一行都代表着学校的形象，严守学校规章制度，注意请假相关流程，提高安全意识。他强调学生如果遇到自身无法解决的问题要及时和实习学校的老师、实习指导老师以及辅导员联系，妥善处理实习中的出现的工作生活问题。赵金最后传达了《临沂大学教育学院师范生教育实习管理细则》和《临沂大学教育学院关于选派教师到中小学挂职锻炼的规定（试行）》。

实习学校代表张兆全、指导教师代表李永烨、实习生代表任家宜先后发言，希望实习学生可以沉下心、俯下身，脚踏实地做好教书育人工作，保质保量地完成实习任务，收获满满的知识和经验。

会后，实习学生在指导老师带领下奔赴临沂育才小学、临沂兰山小学、如意小学等10所学校开展实习工作。

## 我院开展实习督导检查工作

发布时间：2019-02-28 浏览次数：108

为了加强我院师范生教育实习的过程指导和管理，保证教育实习质量，2月27日，我院党委书记白金山、院长张洪高带队分别赴育才小学联校、兰山小学联校和如意小学开展实习督导检查，系主任、实习指导教师、辅导员共同参加检查工作。

老师们察看了实习学生的教学环境和居住环境，认真聆听了校方对我院实习学生的评价和建议，并与实习单位老师、实习学生座谈交流。白金山关切地询问了同学们出行、住宿和就餐等事宜，叮嘱大家提高安全意识，严格遵守学校的纪律要求，密切与学院指导老师的沟通交流；叮嘱学生要牢牢把握此次实习机会，将教育学院的优良学风贯彻在实习岗位上，爱岗敬业，教书育人；勉励大家以实习为契机，向优秀教师前辈学习，做教育的有心人、追梦人，为今后的教学生涯打下坚实的基础。张洪高充分肯定了实习学生态度端正、组织纪律性强等优良品质，要求学生深入到课堂当中，提高讲课能力和水平；虚心向老教师请教，提高课堂管理能力，展现良好的精神风貌，为母校增光，为教院添彩。

实习单位的领导对我院实施教师到中小学挂职制度、实习"双导师"制度和学生实习过程纪实考核给予高度评价，希望我院教师为中小学的实践管理、教学给予理论支持，共同做好基础教育实践提升。对于实习学生的表现给予了充分肯定，表示同学们备课认真，专业知识扎实，对学生有热情、有耐心和爱心，同时也指出要学会与孩子沟通、注重沟通协调、切实转变身份，全方位融入到教育教学管理工作中。

对于学院领导和老师们的到来，同学们感到非常激动和亲切，积极与老师们分享了实习期间的感悟与体会，表示感谢学院和实习单位提供的良好的实习机会，一定利用好此次实习机会，锻炼好教师的职业技能，不断提高自身素养，为将来成为一名合格的教师打好基础。

当前位置：首页 教育教学 专业建设

## 我院举行2017级学生实习动员大会

发布时间：2020-01-03 浏览次数：203

1月3日下午，教育学院2017级实习动员大会于致远楼3号报告厅顺利举行。临沂大学教务处副处长朱凤春、我院院长张洪高、党委副书记刘元兴、院长助理姜开岩出席会议。实习指导老师、全体实习学生参加会议。我院副院长赵金霞主持大会。

朱凤春指出，实习是人才培养的重要组成部分，是培养学生综合运用所学专业知识、分析解决实际问题的关键教学环节，是提高学生专业技能的根本途径。他强调，同学们要认真学习并贯彻落实省教育厅以及学校下发的一系列文件，严明实习纪律，维护学校声誉，自觉遵守实习学校的规章制度，以一名人民教师的标准来严格要求自己；实习指导教师应加强对学生的安全管理，与实习单位保持密切联系，指导学生做好实习记录、实习鉴定表及实习报告，定期开展经验交流座谈会，确保实习工作规范、顺利的开展。

张洪高从实习是什么、为什么实习、实习做什么、怎样开展实习四个方面进行了实习动员讲话。他要求同学们在实习过程中要准确把握学生向老师的角色转变，找准自身定位、注重师德养成，丰富自己师德体验，增强自己的使命感与责任感，将理论转化为实践，以饱满的热情和良好的表现完成实习任务，为成为新时代"四有"好老师做出努力。

刘元兴讲解实习期间的纪律安全问题，他要求同学们严格遵守国家的法律法规，增强安全防范意识，提高自我保护能力，服从实习期间的纪律和实习单位的相关规定，力争成为师德高尚、业务精湛、充满活力的高素质专业化创新型教师，不辜负实习学校师生对临大教院学子的期望。

姜开岩具体解释实习资料并强调说明教育教学实习工作的具体要求与注意事项。曹彦杰作为指导教师代表，介绍了自己对于实习工作的认识，并代表指导教师向实习学生做出具体承诺；学生代表王伟科表达了对实习工作严谨认真的态度及决心，表示将圆满完成实习必修课，发挥教院"学高为师、身正为范"的风采，做到只争朝夕，不负韶华。

### 我院邀请中小学名师为2021届毕业生开展实习培训

发布时间：2020-01-07 浏览次数：158

为使学生更好了解基础教育课程与教学改革现状，为下学期实习作好充分准备，1月7日下午，我院特邀临沂第四实验小学副校长、特级教师冯浩，临沂商城实验学校幼儿园教师王芳，临沂实验中学教师、二级心理咨询师毛艳婷分别于沂蒙大讲堂一楼报告厅、教育学院G3111报告厅和智慧教室分别为小学教育、学前教育、应用心理学专业学生开讲，帮助学生转变思想，提高认识，尽快进入准教师的状态。

冯浩围绕做"专业"教师主题，浅谈教师专业素养，重点向学生讲解教育教学实践中"28节课与2节课""学生与教师""教学与管理"三种关系。她谈到，新课程改革下要求教师要注重合作学习、项目学习，引导学生积极主动参与教学，重视同伴的作用，鼓励学生充分讨论，相互帮助、相互合作，提升学生的交往合作、系统学习能力。冯浩还结合自身教学经历和典型案例，演示了如何具体开展语文教学，并勉励同学们脚踏实地地夯实前期积累，逐步实现课堂设计创新和突破。

王芳结合自己的活动经验强调，在幼儿园集体教学活动的组织与实施中，应明确教学活动设计的基本理念与原则，科学进行教学活动的内容选择与分析，确定教学活动的目标定位，根据实际教学情境合理选择教学活动材料、安排教学活动环节，灵活运用指导策略，信任发现每一个孩子。

毛艳婷走进应用心理学系学生课堂，给心理学子带来难得的心理理论滋养和体验。毛老师根据自己在中学心理辅导及心理课过程中遇到的问题和积累的经验，循序渐进、深入浅出地阐述了"如何上好一堂心理课"。她指出，扎实的心理理论素养和丰富的活动经验是应用心理学专业学生的核心竞争力，并结合"用事实说话"，仔细分析了心理课教学过程和教学优化的关注因素，赢得了同学们的阵阵掌声。

当前位置：首页 教育教学 专业建设

**我院召开学前教育专业2020届毕业生实习动员大会**

发布时间：2019-03-13 浏览次数：99

为适应新时代师范教育发展需要，提高学前教育队伍人才培养质量，3月11日，我院于致远楼①G3111报告厅召开学前教育专业2020届毕业生实习动员大会。我院党委书记白金山、院长张洪高出席大会，实习学校代表、指导教师、辅导员、学前专业全体实习学生参加此次会议。我院党委副书记刘元兴主持会议。

白金山从"吃苦意识、担当意识、学习意识、融入意识"四个方面要求实习生牢记"厚德笃学 求真励新"的院训，崇尚师德、师风，服从学校的管理，严格要求自己；勉励同学们继续发扬"能吃苦，善创新，敢担当，乐奉献"的临大特质，展现临大学子积极向上的青春风采，关爱学生，教书育人，为人师表。希望同学们力争成为师德高尚、业务精湛、充满活力的高素质专业化创新型教师，不辜负实习学校师生对临大学子的期望。

张洪高从为什么要实习、如何实习、实习效果三个维度完整地介绍了实习工作，明确了实习基本情况及途径、实习时间、实习任务与要求、实习注意事项等。他要求同学们要端正实习态度、积极参加学习调研活动，按时按质按量完成实习报告；严格遵守实习单位和学校的纪律、时刻注意安全。他强调学生如果遇到自身无法解决的问题要及时和实习学校的老师、实习指导老师以及辅导员联系，妥善解决实习中出现的工作生活问题，耐心听取幼儿园及指导老师意见和建议。

赵金霞传达了《教育实习内容与要求》《实习学生管理细则》《指导老师管理细则》等文件，向同学们简要介绍了顶岗实习的政策依据和现实意义。指导教师代表任伟伟发言，指导同学们要将理论知识与实践经验相结合，提高实习水平，利用学科优势，创造性地开展好教育实习。实习生代表门韵在发言中表达了对母校的感谢，表示在实习过程中会严于律己，严格遵守实习管理规定，服从指导教师的具体安排，在实习过程中不断扎实教师基本功。

### 我院举行2019级小学教育专业硕士研究生实习动员大会

发布时间：2020-09-19 浏览次数：106

明实习使命，树教育初心。9月17日，教育学院2019级小学教育专业硕士研究生实习动员大会在我院学术报告厅举行。我院研究生导师张朝珍，临沂市朴园小学副校长、实践教师代表孙艳霞出席本次会议。本次会议由我院院长张洪高主持。

孙艳霞讲到这次实习锻炼是一次难得的与学校、与老师、与学生亲密接触的机会，针对这次实习锻炼给同学们提出四点建议：一是多看，观察学校内不同身份的人，深入了解其工作状态，为日后工作提前打下心理基础；二是多听，在学校老师的只言片语中获得宝贵学识，利用一线教学机会精心打磨教学；三是多思考，鼓励同学们充分发挥主观能动性，以宏观视野分析问题；四是多积累，将自己思考记录到本子上，融入到文字里，让"现场版"资料充分发挥作用。孙老师以自身经历为同学们提供宝贵经验，深情寄语各位同学，鼓励努力创新、脚踏实地的开启实习之旅。

研究生代表毕晶萍表示将秉承"实"的校风，沉下心、俯下身、脚踏实地的去努力，以支教同学为榜样用爱心播撒希望的种子，在奉献中诠释青春的精彩。在之后的实习磨炼过程中首先要学会适应，提高自身抗压能力，应变能力和解决问题的能力，顺利完成从一名学生到社会人的转变；其次是学会沟通，遇到专业问题要多与老师沟通，向老师学习，向实践求证；最后要学会严于律己，把握自我，合理利用身边资源，积累教学经验，用知识和青春书写教育硕士荣光，为教育学院争光。

张朝珍就实习工作中的制度规范做了简要的说明。张老师强调，全体实习同学在实习期间要遵守规范，注意言行举止，虚心学习，在纪律方面，要遵守学校的规章制度，不能随意进出校门，进出要严格按照学校规定，在时间观念方面，要具备"时间意识"，做好自身的时间规划；同时注重团队意识，要求每个实习小组之间相互配合、相互帮助，共同努力，共同进步。

### 我院召开2018级学前教育专业学生实习协调会

发布时间：2021-02-26 浏览次数：230

2月25日上午，学前教育专业2018级学生教育实习协调会在线上召开。参加会议的有教育学院院长张洪高、副院长曹彦杰，学前教育专业的负责人、学生辅导员以及各实习幼儿园的园长。会议由院长助理娄开岩主持。

张洪高首先对实习单位表示感谢，为确保学生顺利完成实习任务，针对实习工作提出三点希望：一是强调实习单位对学生严格要求，为实习学生配备实习指导教师，落实好双导师制。二是希望幼儿园为学生提供生活方便；三是注重安全问题，包括学生的食宿安全、交通安全等等。曹彦杰强调了实习是人才培养工作的重要环节，要求提高认识，严格要求，顺利完成实习工作。娄开岩老师就实习的时间、实习学生的安排等实习具体问题做了总体的介绍。

小龙人教育信息咨询有限公司人力资源部长夏桂玲作为实习学校代表发言，就公司旗下的幼儿园对实习学生的安排作了详尽地说明，希望学院领导和老师们放心。

教育学院一直高度重视学生的实习工作，疫情常态防控下，此次线上协调会议的召开为后期实习工作的顺利开展奠定了良好的基础，为培养高水平应用型人才提供了保障。

当前位置：首页 学院新闻

## 临沂实验中学教师为我院师生作专题报告

发布时间：2021-01-06 浏览次数：177

1月5日，临沂实验中学专职心理教师毛艳婷以"如何讲好一堂心理健康课"为主题在智慧教室为我院师生作专题报告。报告会由心理学系教师张涵主持，部分骨干教师及2018级应用心理学专业全体学生参加了报告会。

毛艳婷老师开场以非常有趣的砸金蛋谐游戏谈幸福的互动，引出示范课的主题，同时活跃了氛围。随后，她运用深入浅出的语言、视频、音频、文字、图片等形式相结合的方式，向大家展示了一堂精彩的示范课。此外，毛老师还给即将实习的学生们讲述了如何去设计一堂心理健康课及心理教师的工作内容等。

通过这场精彩的报告，老师和学生都收获颇丰。毛老师的授课方式给老师带来启迪，学生们也通过报告更全面深刻地理解了实习工作以及心理教师的责任与担当，对于提高实践能力具有很好的促进作用。

当前位置：首页 学院新闻

## 我院开展与临沂第九中学教学实践基地共建活动

发布时间：2020-07-15 浏览次数：240

7月14日上午，我院开展与临沂第九中学教学实践基地共建活动。学校党委委员、副校长马凤岗，兰山区教育工委副书记、区教体局副局长李公德，临沂第九中学校长孙静出席，我院院长张洪高、心理学系党支部书记参加。

仪式上，马凤岗、李公德共同为教学实习基地授牌。我校教务处处长郑秀文、孙静为心理健康教育基地授牌；孙静为我院李树军教授颁发临沂第九中学心理咨询与家庭教育顾问聘书。我院院长张洪高与临沂第九中学校长孙静进行教学实习基地签约，共有六个学院参与签约。

马凤岗讲话时向基地揭牌表示祝贺，向兰山区教体局和临沂第九中学表示感谢。他指出，临沂大学传承红色基因，弘扬沂蒙精神，始终扎根沂蒙、服务沂蒙，积极发挥教育学科优势，为沂蒙革命老区教育贡献力量；临沂第九中学有着优良的办学传统，办学特色鲜明，育人理念科学，教育成果丰硕。希望双方加强交流与合作，共同把基地建设好，为师范生教学实践搭建平台，提升人才培养质量，为老区教育输送高素质人才，继续推进我市教育全面提升。

## 我院举行挂职研修人员见面会

发布时间：2020-09-18 浏览次数：225

9月18日下午，我院挂职研修人员见面会在致远楼①二楼南会议室举行，学院党委书记任庆大、院长张洪高、党委副书记刘元兴、副院长赵金霞等以及学院挂职研修人员出席，会议由院长张洪高主持。

我院党委书记任庆大首先代表党委向全体员工表示热烈的欢迎，并对挂职研修工作提出了几点建议。一是要珍惜机会，无缝对接，扎实做好为期一年的研修工作。二是要多听报告、多读书，夯实自己的理论基础。三是要主动参与到中心工作中来，主动和导师联系。四是希望照顾好挂职人员的生活，加强沟通交流，创造好的研修环境，在工作中一视同仁，生活中真诚关心，学习上相互促进，预祝在一年时间内取得丰硕的工作成果。

张洪高在见面会上介绍了学院情况，突出强调小学教育、学前教育、应用心理学和教育技术学四个核心专业的优势与特色，加强学科专业建设发展，同时也对挂职人员的研修工作提出了几点希望，他指出挂职研修重在研究和进修，希望大家通过一年的时间，充分利用教育学院优质的教育资源，多读书，多思考，提升理论高度，和导师加强联系交流，不断解决自身实践中存在的问题和疑惑，提升自身业务素养，迅速转变角色，树立主体意识，抓住机会参与院内管理、学生指导等，多参加各项活动，争取有所收获。

## 我院组织开展师范类学生从业技能大赛选拔提升比赛活动

发布时间：2019-07-11 浏览次数：115

为进一步提高我院师范类学生专业素养，促进优良学风建设，进一步做好师范生就业创业指导服务工作，提高其从业能力和就业竞争力，我院7月8日至14日于各微格教室组织开展师范类学生从业技能选拔提升比赛活动。2016级小学教育专业及学前教育专业学生、2018级专升本学生踊跃报名参加，学院各个学系老师担任评委。

试讲学生围绕"新课标"要求，认真解读师范生从业技能大赛要求，立足教材，对授课内容进行精细剖析，运用教具、课件、板书等多种灵活教学工具展开试讲。

评课教师严格把关，结合实习任务及大赛规定要求，根据学生授课准备、课件制作、教学仪态、教学语言以及教学组织等方面做了详细而客观的点评，有目的指导学生进行讲课训练，提高学生的讲课水平，初步推选学生参加校级比赛。

此次备赛采取学生试讲、小组互评、名师评课等方式，组织开展多种形式的教学活动，以赛促学，加快我院师范专业建设力度，推进师范专业人才培养模式改革，不断提高师范类学生教育教学能力、实践创新能力、就业创业等综合竞争力。师范类学生从业技能大赛的开展对我院强化一流专业建设、促进师范类专业认证工作的开展具有重要的促进意义。

## 教师教育双导师制长效机制的理论与实践研究

### 关于做好实习支教师范生教师资格面试工作的通知

发布时间：2016-12-14 阅读次数：1047

016年我省组织开展全省师范生实习支教工作。为保障实习支教工作的顺利进行，维护中小学校正常教育教学秩序，经研究并报教育部教师工作司同意，现就做好2016年实习支教师范生教师资格面试有关事宜通知如下：

一、报名程序

经商教育部考试中心，在本次面试考务管理信息系统中，为承接实习支教任务的相关市地增设1个专门用于实习支教师范生报名管理的考区(标有"实习支教师范生"字样)。凡参加2016年度省统一组织的师范生实习支教工作，完成不少于4个月实习支教任务，经实习支教师范生所在高校和实习学校及所属市县教育行政部门审核认定，符合参加教师资格面试工作的，可在实习学校所在地通过专设考区报名参加面试。

(一)网上报名。符合报名条件的实习支教师范生于12月18日-19日登录国家中小学教师资格考试网(www.ntce.cn)进行面试网上报名，报名时选择相应实习支教所在市标有"实习支教师范生"字样的考区为面试考区。例如：齐鲁师范学院派出到菏泽市进行实习支教的师范生，报名时应选择"菏泽市考区(实习支教师范生)"考区作为面试考区。

(二)资格审核。实习支教师范生面试审核工作由市教育局统一办理，考生无需现场办理。

(三)网上缴费

实习支教师范生及时登录报名网站查看本人审核状态，审核通过后于12月21日前进行网上缴费，缴费成功后即为报名成功。

二、工作要求

做好实习支教师范生教师资格面试工作是全面贯彻落实教育部和我省有关文件精神，加强师范生教育实践，做好实习支教工作的重要举措，是推进教师教育改革发展的工作抓手，工作要求高、时间紧、任务重，各市、各高校要高度重视，明确专人负责此项工作，按照规定时间，完成各项任务。

(一)各市要统筹安排，周密准备，依据国家和我省面试考务工作规定和本市实际，科学设计工作方案，清晰把握工作流程，严格加强考务管理；要对实习支教师范生面试单独立考点，并根据考生人数和学科学段分布情况科学设置考场，聘用相应数量的考官；要在面试相关考务系统中同步管理实习支教师范生与其他考生的考区、考点和考场，分别进行评卷编排、考官分配、数据下载导入等考务准备相关工作；要加强对考前准备工作的监督检查力度，确保面试工作的平稳顺利进行。

(二)各高校要及时通知本校实习支教师范生按规定时间进行面试网上报名和缴费，逾期不补报；要对本校实习支教师范生报名信息进行认真审核，确保信息准确无误，并在规定时间内报送有关材料。各高校要对报送信息的真实性、准确性负责，未及时报送材料或报送信息不准确造成考生不能顺利报名的，责任由相关高校承担。

(三)实习支教师范生所在区县要根据当地教育局工作安排协助做好报名和考试工作；将《山东省实习支教师范生2016年下半年中小学教师资格面试报考须知》告知实习支教师范生；各区县应积极创造便利条件，统一组织本区县实习支教师范生参加面试，确保不影响中小学校教育教学秩序。

### 教育学院召开援疆学生回校座谈会

发布时间：2021-07-10 作者：张娟娟 来源：教育学院 供稿审核：魏元栋 浏览次数：341

一段援疆情，一生援疆情。教育学院41名云飞支教队队员圆满完成援疆各项任务，载誉而归。7月7日，援疆学生回校座谈会在学院党建会议室召开，学院党委副书记魏元栋出席会议并讲话。

魏元栋表示同学们通过支教实习了解了新疆的风俗风貌，服务了新疆，增强了独立处理问题、独立生活的能力，为今后的成长发展奠定了坚实的基础。他希望同学们：怀揣梦想，永葆初心，终身践行"厚德笃学、求真励新"的院训价值观，努力将短暂的经历升华为阅历，认真梳理在基层观察到的壮举、国情，常怀一颗公仆心，勇于承担起事业创业和民族复兴的责任，在有我的青春里不断奋斗和创造，积极作为，从点滴小事中树立远大理想，脚踏实地的从普通和平凡做起，坚守人生定力，守好自己做人的原则和底线，努力把自己锤炼成品学兼优、德才兼备的有用之才。

座谈会上，支教队员踊跃发言，详细介绍了在新疆工作、生活的情况，畅谈了自己的收获与感受，纷纷表示将有在风华正茂的年纪为祖国边陲的发展贡献绵薄之力。云飞支教队队长于晓倩分享了队员们三个多月来在麦盖提县留下的教育足迹。她说，大家秉持奉献初心，坚守教育情怀，将沂蒙红色基因、调腔教育热情播撒到西部边陲，孩子们眼睛里的光亮召唤我们将支教的爱心一直传递下去。

### 教育学院成立第二届理事会

发布时间：2021-05-22 浏览次数：191

　　2021年5月22日上午，教育学院第二届理事会第一次大会在临沂宾馆（大学店）召开。大会选举产生了教育学院第二届理事会组成人员。临沂大学党委委员、副校长马凤岗，临沂市教育局党组成员、副局长吴广江出席会议并发表讲话。大会由教育学院党委副书记魏元栋主持。

　　马凤岗代表学校接受了山东士博教育文化发展有限公司、山东开慧教育科技股份有限公司、临沂市锦岗幸福树教育咨询有限公司、全景未来教育科技（山东）有限公司、临沂小龙人教育信息咨询有限公司和临沂贝优乐教育咨询有限公司等理事单位的捐赠并致欢迎词。他指出，临沂大学是一所具有光荣革命传统的大学，建校80年来，始终根植琅琊文化沃土，传承红色基因，弘扬沂蒙精神，培育临大特质，为党和国家培养了35万余名优秀毕业生，熔铸形成了浓厚红色基因和鲜明办学特色，成为一所千万沂蒙老区人民引以为豪的高水平综合性大学。教育学院的前身是滨海建国学院的师范部，具有悠久的师范教育传统，目前已成为临沂大学办学实力最强、办学特色最鲜明、发展前景最好的学院之一。

# 附录二 师范生实习的"双导师制"实施情况调查(实习师范生版)

亲爱的同学:

　　您好!我们是临沂大学"双导师制"课题组的成员,想要了解在实习中"双导师制"的落实情况以及存在的问题,旨在为进一步完善管理制度,从而促进师范生全面和谐的发展提供参考意见。请您在空格处填上合适的选项,衷心感谢您对本研究的帮助!问卷是匿名的,您的个人信息和回答将被严格保密,请不要顾虑,实事求是回答即可。

　　首先,请填写一下个人信息。

　　性别:_____出生年月:_____入学年份:_____所学专业:_____

　　实习学校:_____实习所教科目:_____实习班级的学生数:_____

　　实习指导教师姓名:_____(临沂大学)_____(小学)

　　1."双导师制"是指为师范生配备两个导师,其中一个是高校选派的带队导师,负责实习学生各项工作的落实和管理;另一个是由实习学校选派的小学实习导师,负责指导学生的教学实践;双导师各取其长,各司其职,共同承担培养优秀师范生的责任。您之前了解"双导师制"吗?(　　)

　　A. 非常了解　　　　B. 比较了解　　　　C. 一般

　　D. 比较不了解　　　E. 非常不了解

　　2. 您认为"双导师制"有无必要开展(　　)

　　A. 有必要　　　　　B. 一般　　　　　　C. 比较有必要

　　D. 没必要　　　　　E. 比较没必要

　　3. 您的高校带队导师所指导的学生总数是_____人。(请注明)

　　4. 您的小学实习导师所指导的学生总数是_____人。(请注明)

　　5. 与导师的沟通

　　(1)您是否主动地与两位导师沟通过您学习的进展与难处?

　　高校带队导师:(　　)　小学实习导师:(　　)

　　A. 主动　　　　　　B. 比较主动　　　　C. 一般

　　D. 不太主动　　　　E. 不主动

(2)在整个实习期间,您与您的高校带队导师大约交流过_____次?(请填空)

(3)在整个实习期间,您与您的小学实习导师沟通频率如何?(　　)

A. 非常频繁　　　　　　B. 比较频繁　　　　　　C. 一般

D. 比较少　　　　　　　E. 非常少

(4)在整个实习期间,您觉得您接受两位导师的指导充足吗?

高校带队导师:(　　)　小学实习导师:(　　)

A. 没有指导　　　　　　B. 很不充足　　　　　　C. 一般

D. 较充足　　　　　　　E. 很充足

(5)您觉得导师在对您的指导上负责任吗?(　　)

高校带队导师:(　　)　小学实习导师:(　　)

A. 非常负责任　　　　　B. 比较负责任　　　　　C. 一般

D. 比较不负责任　　　　E. 非常不负责任

(6)如果让您给自己的实习表现打分,您会打_____(百分制)

(7)如果让您对高校带队导师的指导打分,您会打_____(百分制)

(8)如果让您对小学实习导师的指导打分,您会打_____(百分制)

(9)如果您和您的导师交流少,您认为(主要)原因是:(可多选)

高校带队导师:(　　)　小学实习导师:(　　)

A. 个人可以解决,没有必要去找老师

B. 导师很忙,联系不上

C. 寄希望于导师主动找我们

D. 不知道该与导师沟通什么

E. 其他(请写在右边)_____

6. 以下项目是对导师指导内容的描述,请在符合的选项上划"√"

(1)高校带队指导教师的指导内容

| 项目 ＼ 选项 | 非常符合 | 符合 | 一般 | 不符合 | 非常不符合 |
|---|---|---|---|---|---|
| 实习前准备工作充分(了解实习状况、强调纪律、布置任务) | | | | | |
| 落实饮食、安全等各项保障工作 | | | | | |
| 协助校外导师给实习生制订实习计划 | | | | | |
| 督促检查实习生的教学工作 | | | | | |
| 帮助并指导实习生开展班主任工作 | | | | | |
| 督促、指导学生与校外指导教师的沟通与交流 | | | | | |
| 指导实习生开展教研工作 | | | | | |
| 要求实习生定期反馈实习教学情况 | | | | | |

(2)小学实习导师的指导内容

| 项目 ＼ 选项 | 非常符合 | 符合 | 一般 | 不符合 | 非常不符合 |
|---|---|---|---|---|---|
| 引导实习生进入教学实习工作角色 | | | | | |
| 向实习生介绍课程和学生情况 | | | | | |
| 帮助实习生制订教学实习计划 | | | | | |
| 指导实习生备课,审批实习教案 | | | | | |
| 听实习生讲课,帮助实习生不断改进 | | | | | |
| 指导批改作业和课外辅导 | | | | | |
| 传授教学经验,增进课堂教学的有效性 | | | | | |
| 指导实习生制订班主任工作计划,传授管理经验 | | | | | |

7. 您对导师的满意度评价

(1)指导质量： 高校带队导师:(   )   小学实习导师:(     )

A. 质量高　　　　　　B. 质量较高　　　　　C. 一般

D. 质量较低　　　　　E. 质量低

(2)指导满意度： 高校带队导师:(     )   小学实习导师:(     )

A. 非常不满意　　　　B. 较不满意　　　　　C. 一般

D. 较满意　　　　　　E. 非常满意

(3)如果您对导师的指导不满意,那么您认为主要原因是:(可多选)

高校带队教师:(   )   小学实习导师:(     )

A. 导师指导水平不高

B. 导师指导学生的责任感不够

C. 导师指导内容不全面

D. 自己不够积极主动

E. 其他,请描述_____

(4)您认为是否有必要定期评价双导师对您的指导?

高校带队教师:(   )   小学实习导师:(     )

A. 有必要　　　　　　B. 比较有必要　　　　C. 一般

D. 比较没必要　　　　E. 没必要

(5)您是否参与了对导师的民主测评?

高校带队导师:(   )   小学实习导师:(     )

A. 是　　　　　　　　B. 否

8. 您在实习中和实习后是否对您实习中遇到的教学问题或困难进行反思?

A. 是　　　　　　　　B. 否

9. 您在实习中写过教学日志吗?

A. 是　　　　　　　　B. 否

10. 您所在的高校会对您的实习表现进行评价考核吗?

A. 是　　　　　　　　B. 否

11. 您觉得一个月的实习时间让您获得多大成长?

A. 非常大　　　　　　B. 较大　　　　　　　C. 一般

D. 比较小　　　　　　E. 非常小

12. 如果想要在实习期间获得足够大的成长,您认为应该将实习时间定为多长? (     )个月?

13. 双导师交流与合作

(1)高校带队导师与小学实习导师是否有必要沟通,共同商定您的培养方案?（　　）

    A. 有必要　　　　　　B. 比较必要　　　　　C. 一般

    D. 没必要　　　　　　E. 比较没必要

(2)据您所知,您的高校带队导师与小学实习导师彼此有直接沟通吗?（　　）

    A. 非常多　　　　　　B. 比较多　　　　　　C. 一般

    D. 比较少　　　　　　E. 非常少　　　　　　F. 没有过

14. 据您所知,您所在院系的领导会到您的实习学校去了解您的实习情况吗?

    A. 非常多　　　　　　B. 比较多　　　　　　C. 一般

    D. 比较少　　　　　　E. 非常少　　　　　　F. 没有过

15. 据您所知,您所在院系的领导会到实习学校去了解双导师的指导情况吗?

    A. 非常多　　　　　　B. 比较多　　　　　　C. 一般

    D. 比较少　　　　　　E. 非常少　　　　　　F. 没有过

16. 您认为"双导师制"实施中存在哪些问题?（可多选）_____

    A. 没有落实

    B. 校外导师"挂名"现象严重

    C. 校外导师作用发挥不够

    D. 双导师沟通太少

    E. 双导师协调难,合作困难

    F. 其他

17. 总体上,您认为"双导师制"实施状况与效果如何?（　　）

    A. 落实了,且效果很好

    B. 落实了,但效果一般

    C. 落实了,但效果不好

    D. 没有落实

18. 您对教育实习中的"双导师制"的实施有什么建议呢?（请写在下面）

---

**再次感谢您的参与,祝您生活愉快!**

# 附录三 小学教育师范生实习的"双导师制"实施情况调查（大学导师版）

尊敬的老师：

您好！我们是临沂大学"双导师制"课题组的成员，想要了解在小学教育本科生实习中"双导师制"的落实情况以及存在的问题，旨在为进一步完善管理制度，从而促进师范生全面和谐的发展提供参考意见。衷心感谢您对本研究的帮助！

请您在空格处或括号内填上合适的选项。问卷是匿名的，您的个人信息和回答将被严格保密，不会透露给任何人，请不要有顾虑，实事求是回答即可。

首先，请填写一下个人信息。

性别：_____ 年龄：_____ 教龄（从教年限）：_____

学历：_____ 所在小学：_____ 所教的科目：_____

所教年级：_____ 所教班级的学生人数：_____

本次指导实习本科生人数：_____

1. "双导师制"是指为师范生配备两个导师，其中一个是高校选派的带队导师，负责实习学生各项工作的落实和管理；另一个是由实习学校选派，负责指导学生的教学实践；双导师各取其长，各司其职，共同承担培养优秀师范生的责任。您之前了解"双导师制"吗？（　　　）

 A. 完全不了解   B. 基本不了解   C. 一般

 D. 基本了解    E. 完全了解

2. 与学生的沟通

（1）您是否主动地与本科实习生沟通？（　　　）

 A. 主动     B. 比较主动   C. 一般

 D. 不太主动    E. 不主动

（2）学生是否主动与您沟通？（　　　）

 A. 主动     B. 比较主动   C. 一般

 D. 不太主动    E. 不主动

（3）在整个实习期间，您与学生沟通频率如何？（　　）

A. 非常频繁　　　　　　B. 比较频繁　　　　　C. 一般

D. 比较少　　　　　　　E. 非常少

（4）根据您的整体印象，您与学生见面交流时间最长的一次大约多少分钟？请填空_____

（5）您对实习生的指导主要有哪些方面？可多选（　　）

A. 教育理论知识　　　　B. 教育实践知识　　　C. 教学技能

D. 教学机智　　　　　　E. 其他，请写在右边_____

（6）如果您和您指导的本科实习生交流少，您认为主要原因是：可多选（　　）

A. 认为学生个人可以解决

B. 自己很忙，没有时间

C. 寄希望于学生主动找

D. 不知道该与学生沟通什么

E. 其他，请注明：_____

3. 与临沂大学负责本科生实习的带队导师的沟通

（1）在本次实习过程中，您与临沂大学带队导师就实习生的指导方面彼此沟通过吗？（　　）

A. 非常多　　　　　　　B. 比较多　　　　　　C. 一般

D. 比较少　　　　　　　E. 非常少　　　　　　F. 没有

（2）与临沂大学带队老师的沟通，您最常用的沟通方式是什么？（　　）

A. 面对面沟通　　　　　B. 电话或短信　　　　C. E-mail

D. QQ　　　　　　　　　E. 微信　　　　　　　F. 其他，请注明

（3）您与临沂大学带队导师的合作指导有什么困难？可多选（　　）

A. 沟通不畅　　　　　　B. 没有时间

C. 双方教学观点不一致　　D. 不知道沟通什么

E. 其他，请注明：_____

4. 您在指导实习生的过程中，对您自己是否有帮助？（　　）

A. 没有　　　　　　　　B. 较少　　　　　　　C. 一般

D. 较多　　　　　　　　E. 非常多

5. 临沂大学或贵校对您指导本科实习生是否有奖励激励（　　）

A. 是　　　　　　　　　B. 否

6. 临沂大学或贵校对您指导本科实习生是否有监督或评价？（　　）

A. 是　　　　　　　　　B. 否

7. 您觉得什么样的方式和做法可以更好地激发您对实习生指导的热情？可多选(　　　)

　　A. 给予相应的补贴、奖金等酬劳

　　B. 增加评奖评优机会

　　C. 节假日福利

　　D. 增加评职称优先机会

　　E. 领导的支持与鼓励

　　F. 其他,请注明：_____

8. 您认为我们的实习生在实习过程中主要存在哪些问题？如何改进？(请写在下面)

———————————————————————————

**再次感谢您的参与,祝您生活愉快!**

# 附录四　小学教育师范生实习的"双导师制"实施情况调查(小学合作导师版)

尊敬的老师:

您好! 我们是临沂大学"双导师制"课题组的成员,想要了解在小学教育本科生实习中"双导师制"的落实情况以及存在的问题,旨在为进一步完善管理制度,从而促进师范生全面和谐的发展提供参考意见。衷心感谢您对本研究的帮助! 请您在空格处填上合适的选项。问卷是匿名的,您的个人信息和回答将被严格保密,不会透露给任何人,请不要有顾虑,实事求是回答即可。

首先,请填写一下个人信息。

性别:_____　年龄:_____　教龄(从教年限):_____

学历:_____　所在学院:_____　所教专业:_____

所教科目:_____　本次实习指导学生人数:_____

1."双导师制"是指为师范生配备两个导师,其中一个是高校选派的带队导师,负责实习学生各项工作的落实和管理;另一个是由实习学校选派,负责指导学生的教学实践;双导师各取其长,各司其职,共同承担培养优秀师范生的责任。您之前了解"双导师制"吗?(　　　)

A. 完全不了解　　　　B. 基本不了解　　　　C. 一般

D. 基本了解　　　　　E. 完全了解

2. 您对学生的基本情况(如学习成绩、教学能力等)了解吗?(　　　)

A. 完全不了解　　　　B. 基本不了解　　　　C. 一般

D. 基本了解　　　　　E. 完全了解

3. 与学生的沟通

(1)您是否主动地与本科实习生沟通?(　　　)

A. 主动　　　　　　　B. 比较主动　　　　　C. 一般

D. 不太主动　　　　　E. 不主动

（2）学生是否主动与您沟通？（　　　）

A. 主动　　　　　　　　B. 比较主动　　　　　　C. 一般

D. 不太主动　　　　　　E. 不主动

（3）在整个实习期间,您与学生大约交流_____次？（请注明）

（4）您对实习生的指导主要有哪些方面？可多选（　　　）

A. 教育理论知识　　　　B. 教育实践知识　　　　C. 教学技能

D. 教学机智　　　　　　E. 其他,请写在右边_____

（5）如果您和您指导的本科实习生交流少,您认为主要原因是:可多选

（　　　）

A. 认为学生个人可以解决

B. 自己很忙,没有时间

C. 寄希望于学生主动找

D. 不知道该与学生沟通什么

E. 其他,请写在右边_____

（6）在师范生的教育实习中,您认为您对您所指导的师范生的指导充足

吗？（　　　）

A. 没有指导　　　　　　B. 很不充足　　　　　　C. 一般

D. 较充足　　　　　　　E. 很充足

4. 与小学负责本科生实习的指导导师的沟通

（1）在本次实习过程中,您与小学实习指导导师就实习生的指导方面彼

此沟通过吗？（　　　）

A. 非常多　　　　　　　B. 比较多　　　　　　　C. 一般

D. 比较少　　　　　　　E. 非常少　　　　　　　F. 没有

（2）您与小学实习指导导师的合作指导有什么困难？可多选（　　　）

A. 沟通不畅　　　　　　B. 没有时间

C. 双方教学观点不一致　D. 不知道沟通什么

E. 其他,请注明:_____

5. 您在指导实习生的过程中,对您自己是否有帮助？（　　　）

A. 没有　　　　　　　　B. 较少　　　　　　　　C. 一般

D. 较多　　　　　　　　E. 非常多

6. 如果对您有帮助的话,有哪些方面的帮助？（　　　）

A. 为教育研究提供素材

B. 丰富有关教育实践的知识

C. 验证教育理论

D. 了解真实的小学现状

G. 其他（请注明）_____

7. 临沂大学对您指导本科实习生是否有奖励激励？（    ）

A. 是                    B. 否

8. 临沂大学对您指导本科实习生是否有监督或评价？（    ）

A. 是                    B. 否

9. 您觉得什么样的方式和做法可以更好地激发您对实习生指导的热情？可多选（    ）

A. 给予相应的补贴、奖金等酬劳

B. 增加评奖评优机会

C. 节假日福利

D. 增加评职称优先机会

E. 领导的支持与鼓励

F. 其他，请注明：_____

10. 您认为我们的实习生在实习过程中主要存在哪些问题？如何改进？（请写在下面）

11. 从制度高度上，您对我们双导师制有何建议？（请写在下面）

**再次感谢您的参与，祝您生活愉快！**

# 附录五　访谈提纲

## 一、针对实习学校负责任人的访谈提纲

1. 您认为小学单位在这种"双导师制"中是什么地位或者作用？

2. 您认为应该怎样更好地发挥小学单位在培养小学教师中的作用？在制度设计上有什么建议？

3. 如何激发指导本科生实习的小学教师对实习生的指导热情？

4. 临沂大学想和小学之间建立更好更顺畅的沟通交流，从制度设计上您有什么建议？包括：小学教师和大学教师互相聘任、兼职任教等。

5. 您觉得临沂大学这种"双导师制"落实效果怎么样？

6. 临沂大学打算把这种双导师制长期实施下去，请问您对改进这种双导师制有什么建议？

## 二、针对高校负责任人的访谈提纲

1. 您觉得我们现在的小学教育实习是双导师制吗？

2. 您会亲自到小学视察"双导师制"的落实情况吗？通过视察，您觉得目前，"双导师制"落实效果怎么样？

3. 双导师是否增加了管理难度？如果有难度的话，具体体现在哪里？

4. 您觉得限制我们实施双导师制的因素有哪些？为什么？

5. 从制度设计的高度上（比如临沂大学可以制定一些规定或者政府制定一些制度），您认为应该如何改进我们当前的这种双导师制？比如应该如何激发双导师对实习生的指导热情？

## 三、针对高校带队导师的访谈提纲

1. 您认为高校（比如临沂大学）在这种"双导师制"中是什么地位或者作用？

2. 您觉得高校应该怎样在教育实习中更好地发挥"双导师制"的作用？在制度设计上有什么建议？

3. 您觉得应该如何激发"双导师制"中的高校带队导师的指导热情？（如奖励制度，监督机制）

4. 您觉得临沂大学这种双导师制落实效果怎么样？

5. 临沂大学打算把双导师制长期实行下去，请问您对改进双导师制有什么建议？

## 四、针对实习生的访谈提纲

1. 在这次实习中，您的小学指导老师对您的教学有哪些帮助？小学指导老师对您的最大帮助是什么？

2. 在这次实习中，您的大学指导老师对您的教学有哪些帮助？大学指导老师对您的最大帮助是什么？

# 附录六　教师教育双导师制认知调查问卷

下面是一些句子,它们描述了你目前是如何看待师范生实习期间的双导师制实施情况的。对于这些描述,请你根据自己的真实情况,在相应的数字上打"√",其中 1 表示"非常不同意";2 表示"不同意";3 表示"不确定";4 表示"比较同意";5 表示"非常同意"。

| 题项 | 非常不同意 | 不同意 | 不确定 | 比较同意 | 非常同意 |
|---|---|---|---|---|---|
| 1. 导师必须有丰富的教学经验 | 1 | 2 | 3 | 4 | 5 |
| 2. 应根据导师的教学能力来遴选导师 | 1 | 2 | 3 | 4 | 5 |
| 3. 应根据学院或学校评价来遴选导师 | 1 | 2 | 3 | 4 | 5 |
| 4. 应根据是否有高学历高学位来遴选导师 | 1 | 2 | 3 | 4 | 5 |
| 5. 导师在他的学科领域上必须有教师资格证 | 1 | 2 | 3 | 4 | 5 |
| 6. 应根据是否有意愿想成为导师来遴选导师 | 1 | 2 | 3 | 4 | 5 |
| 7. 导师应遵循实习管理办法 | 1 | 2 | 3 | 4 | 5 |
| 8. 当导师要经过面试 | 1 | 2 | 3 | 4 | 5 |
| 9. 应根据是否愿意参加导师培训来遴选导师 | 1 | 2 | 3 | 4 | 5 |
| 10. 导师应对培养师范生充满热情 | 1 | 2 | 3 | 4 | 5 |
| 11. 应根据是否愿意花时间给师范生来遴选导师 | 1 | 2 | 3 | 4 | 5 |
| 12. 导师应注意将德育融入教学 | 1 | 2 | 3 | 4 | 5 |
| 13. 应根据各方面的指导能力来遴选导师 | 1 | 2 | 3 | 4 | 5 |
| 14. 导师应带师范生了解中小学的学校文化、学校办学定位和同事们 | 1 | 2 | 3 | 4 | 5 |

续表

| 题项 | 非常<br>不同意 | 不<br>同<br>意 | 不<br>确<br>定 | 比较<br>同意 | 非常<br>同意 |
|---|---|---|---|---|---|
| 15. 大学导师、中小学导师、师范生，彼此之间有必要相互了解 | 1 | 2 | 3 | 4 | 5 |
| 16. 导师应帮助师范生获得必要的教材和教辅 | 1 | 2 | 3 | 4 | 5 |
| 17. 导师应熟悉合作学校的校园环境和设施 | 1 | 2 | 3 | 4 | 5 |
| 18. 导师应向合作学校介绍师范生 | 1 | 2 | 3 | 4 | 5 |
| 19. 导师应向中小学学生介绍师范生 | 1 | 2 | 3 | 4 | 5 |
| 20. 导师与师范生交往时应保持积极态度 | 1 | 2 | 3 | 4 | 5 |
| 21. 导师应与师范生亲切地交流想法和感受 | 1 | 2 | 3 | 4 | 5 |
| 22. 导师应能向师范生恰当发问 | 1 | 2 | 3 | 4 | 5 |
| 23. 导师应能灵活使用身体姿态语言 | 1 | 2 | 3 | 4 | 5 |
| 24. 导师应是一位好的倾听者 | 1 | 2 | 3 | 4 | 5 |
| 25. 导师应帮助师范生发展社交技能 | 1 | 2 | 3 | 4 | 5 |
| 26. 导师应与大学建立良好关系 | 1 | 2 | 3 | 4 | 5 |
| 27. 导师应与师范生彼此相互尊重 | 1 | 2 | 3 | 4 | 5 |
| 28. 导师应与他指导的师范生彼此相互尊重 | 1 | 2 | 3 | 4 | 5 |
| 29. 导师能与人和睦相处 | 1 | 2 | 3 | 4 | 5 |
| 30. 导师能对指导师范生表现出兴趣 | 1 | 2 | 3 | 4 | 5 |
| 31. 导师应平易近人 | 1 | 2 | 3 | 4 | 5 |
| 32. 导师能引导师范生 | 1 | 2 | 3 | 4 | 5 |
| 33. 导师能与师范生建立友谊 | 1 | 2 | 3 | 4 | 5 |
| 34. 导师能帮师范生直面问题并解决问题 | 1 | 2 | 3 | 4 | 5 |
| 35. 好导师应该真诚 | 1 | 2 | 3 | 4 | 5 |
| 36. 好导师应该主动 | 1 | 2 | 3 | 4 | 5 |
| 37. 好导师应该理智 | 1 | 2 | 3 | 4 | 5 |
| 38. 好导师应该公平 | 1 | 2 | 3 | 4 | 5 |
| 39. 好导师应能对教学活动流畅反思 | 1 | 2 | 3 | 4 | 5 |
| 40. 好导师应该镇静 | 1 | 2 | 3 | 4 | 5 |

续表

| 题项 | 非常<br>不同意 | 不<br>同<br>意 | 不<br>确<br>定 | 比较<br>同意 | 非常<br>同意 |
|---|---|---|---|---|---|
| 41. 好导师应该心情愉悦 | 1 | 2 | 3 | 4 | 5 |
| 42. 好导师应该耐心 | 1 | 2 | 3 | 4 | 5 |
| 43. 导师应能帮助师范生家校沟通 | 1 | 2 | 3 | 4 | 5 |
| 44. 导师应能在师范生犯错时指导他们，并不让他们感到尴尬 | 1 | 2 | 3 | 4 | 5 |
| 45. 导师应能与其他导师交流经验 | 1 | 2 | 3 | 4 | 5 |
| 46. 导师应能帮助师范生进行课堂管理 | 1 | 2 | 3 | 4 | 5 |
| 47. 导师应能提供支持和鼓励 | 1 | 2 | 3 | 4 | 5 |
| 48. 导师应告诉师范生他对他们的期待 | 1 | 2 | 3 | 4 | 5 |
| 49. 导师应对师范生观课评课 | 1 | 2 | 3 | 4 | 5 |
| 50. 导师应帮助师范生提高教学技能 | 1 | 2 | 3 | 4 | 5 |
| 51. 导师对师范生的评价应占更大比重 | 1 | 2 | 3 | 4 | 5 |
| 52. 导师应是一位教练 | 1 | 2 | 3 | 4 | 5 |
| 53. 导师应是一位咨询师 | 1 | 2 | 3 | 4 | 5 |
| 54. 导师应给师范生演示不同的教学方法 | 1 | 2 | 3 | 4 | 5 |
| 55. 导师应给师范生书面的反馈 | 1 | 2 | 3 | 4 | 5 |
| 56. 导师应在课后直接给出反馈 | 1 | 2 | 3 | 4 | 5 |
| 57. 导师应时刻准备给师范生给予指导 | 1 | 2 | 3 | 4 | 5 |
| 58. 导师应高效帮助师范生教好 | 1 | 2 | 3 | 4 | 5 |
| 59. 导师应向师范生展示如何做教学决策 | 1 | 2 | 3 | 4 | 5 |
| 60. 导师应指导师范生如何达成专业学习目标 | 1 | 2 | 3 | 4 | 5 |
| 61. 导师应能培养师范生成长为反思性实践者 | 1 | 2 | 3 | 4 | 5 |
| 62. 导师应能帮助师范生备课 | 1 | 2 | 3 | 4 | 5 |
| 63. 导师应能给师范生提供新的教学理念 | 1 | 2 | 3 | 4 | 5 |
| 64. 导师应能发展教学方法 | 1 | 2 | 3 | 4 | 5 |
| 65. 导师应是师范生的榜样 | 1 | 2 | 3 | 4 | 5 |
| 66. 导师应懂教育技术 | 1 | 2 | 3 | 4 | 5 |

续表

| 题项 | 非常<br>不同意 | 不<br>同<br>意 | 不<br>确<br>定 | 比较<br>同意 | 非常<br>同意 |
|---|---|---|---|---|---|
| 67. 导师应具备最新的学科知识 | 1 | 2 | 3 | 4 | 5 |
| 68. 导师应能注意到中小学生不同的学习策略 | 1 | 2 | 3 | 4 | 5 |
| 69. 好导师应能接受师范生的新教学理念和教学方法 | 1 | 2 | 3 | 4 | 5 |
| 70. 导师要参与导师培训课 | 1 | 2 | 3 | 4 | 5 |
| 71. 导师要接受每名学生都是独一无二的 | 1 | 2 | 3 | 4 | 5 |

**答题结束,谢谢您的合作!**